Dostoiévski

Série Biografias **L&PM** POCKET:

Albert Einstein – Laurent Seksik
Andy Warhol – Mériam Korichi
Átila – Éric Deschodt / Prêmio "Coup de coeur en poche" 2006 (França)
Balzac – François Taillandier
Baudelaire – Jean-Baptiste Baronian
Beethoven – Bernard Fauconnier
Billie Holiday – Sylvia Fol
Buda – Sophie Royer
Cézanne – Bernard Fauconnier / Prêmio de biografia da cidade de Hossegor 2007 (França)
Che Guevara – Alain Foix
Dostoiévski – Virgil Tanase
Freud – René Major e Chantal Talagrand
Gandhi – Christine Jordis / Prêmio do livro de história da cidade de Courbevoie 2008 (França)
Jesus – Christiane Rancé
Jimi Hendrix – Franck Médioni
Júlio César – Joël Schmidt
Kafka – Gérard-Georges Lemaire
Kerouac – Yves Buin
Leonardo da Vinci – Sophie Chauveau
Lou Andreas-Salomé – Dorian Astor
Luís XVI – Bernard Vincent
Marilyn Monroe – Anne Plantagenet
Martin Luther King – Alain Foix
Michelangelo – Nadine Sautel
Modigliani – Christian Parisot
Napoleão Bonaparte – Pascale Fautrier
Nietzsche – Dorian Astor
Oscar Wilde – Daniel Salvatore Schiffer
Pasolini – René de Ceccatty
Picasso – Gilles Plazy
Rimbaud – Jean-Baptiste Baronian
Shakespeare – Claude Mourthé
Van Gogh – David Haziot / Prêmio da Academia Francesa 2008
Virginia Woolf – Alexandra Lemasson

Virgil Tanase

Dostoiévski

Tradução de Gustavo de Azambuja Feix

www.lpm.com.br

Coleção **L&PM** POCKET, vol. 1270
Série Biografias/34

Texto de acordo com a nova ortografia.
Título original: *Dostoïevski*

Primeira edição na Coleção **L&PM** POCKET: março de 2018

Tradução: Gustavo de Azambuja Feix
Capa e projeto gráfico: Editora Gallimard
Ilustrações da capa: "Retrato de Dostoiévski" (1872), óleo sobre tela, de Vasily Perov (acima). Foto de *Noites brancas* (1957), filme de Luchino Visconti com Marcello Mastroianni e Maria Schell (abaixo).
Preparação: Marianne Scholze
Revisão: Patrícia Yurgel

CIP-Brasil. Catalogação na publicação
Sindicato Nacional dos Editores de Livros, RJ

T166d

Tanase, Virgil, 1945-
    Dostoiévski / Virgil Tanase; tradução Gustavo de Azambuja Feix. – 1. ed. – Porto Alegre, RS: L&PM, 2018.
    352 p. ; 18 cm.   (Coleção L&PM POCKET, v. 1270)

    Tradução de: *Dostoïevski*
    ISBN: 978-85-254-3721-1

    1. Dostoiévski, Fiódor, 1821-1881. 2. Escritores russos - Biografia. I. Feix, Gustavo de Azambuja. II. Título. III. Série.

17-41489   CDD: 928.9171
                                CDU: 929:821.161.1

© Éditions Gallimard 2012

Todos os direitos desta edição reservados a L&PM Editores
Rua Comendador Coruja, 314, loja 9 – Floresta – 90220-180
Porto Alegre – RS – Brasil / Fone: 51.3225.5777 – Fax: 51.3221.5380

Pedidos & Depto. comercial: vendas@lpm.com.br
Fale conosco: info@lpm.com.br
www.lpm.com.br

Impresso no Brasil
Verão de 2018

Sumário

Um tártaro convertido, um sacerdote uniata e um médico por acaso / 7
O palácio Mikháilovski / 19
Um romance "bastante original" e uma sociedade secreta / 32
Nossa juventude e nossas esperanças / 46
Casamento de um proscrito / 58
Vaudeville mundano / 78
Vaudeville fúnebre / 93
Vil metal / 106
Em busca de uma esposa / 119
Um homem totalmente bom / 133
Lutos e alegrias de um possesso / 148
O demônio do jogo / 163
Um estudo histórico para explicar fenômenos monstruosos / 175
Uma amizade de trinta anos / 189
A mala preta / 205
Otelo / 220
Nossa Senhora de Kazan / 233
Cinquenta e seis anos / 247
O assassino, a idiota e o niilista / 260
Um desfecho e dez folhas suplementares / 274
Uma imensa coroa de louros / 288
"Não pare" / 303
O cemitério Tikhvin do mosteiro Alexandre Névski / 318

ANEXOS
    Cronologia / 325
    Referências / 333
    Notas / 335
    Sobre o autor / 346

Um tártaro convertido, um sacerdote uniata e um médico por acaso

Preso em 23 de abril de 1849, o jovem Fiódor Dostoiévski é julgado e condenado em 13 de novembro do mesmo ano. Em 22 de dezembro, às sete da manhã, é levado para o pelotão de fuzilamento.

Se tivesse escrito sua própria biografia, a obra poderia passar, aos olhos de quem desconhece a história de sua vida, por um de seus romances. A tal ponto o herói, paradoxal e de atitudes surpreendentes, encontra-se às voltas com histórias tão inverossímeis que parecem inventadas.

Não são.

Essas histórias vão submeter o escritor a provações terríveis: para sobreviver, será obrigado a visitar recantos obscuros da alma, que escondem os mecanismos do comportamento humano. Uma vez ali, Dostoiévski aproveita para revelá-los, conduzindo os personagens. Não causa espanto que as criaturas se pareçam com o criador, tão surpreendentemente profundas quando roçam o mistério da existência, tão banais no dia a dia, em que são, como ele, iguais a qualquer um.

Nobre e russo, Fiódor Dostoiévski nasceu em 30 de outubro de 1821.

Sua linhagem, que pôde ser rastreada até o século XIV, segue o percurso acidentado de um povo em vias de formação, que pela língua e pela religião reúne indivíduos diversos. Em 1389, certo Aslan-Tchelebi-Murza teria fugido do cã tártaro para, uma vez batizado, servir ao príncipe de Moscou. Em 1506, como recompensa de lealdade, um de seus herdeiros recebe de seu senhor, o príncipe de Pinsk, o burgo Dostoiévo, localizado entre os rios Pina e Iatsolda. Ele incorpora o nome dessa propriedade, que atesta a sua nobreza.

Durante os dois séculos seguintes, os Dostoiévski vão se espalhar e passar por altos e baixos. Há entre eles magistrados, um bispo e oficiais cossacos. No século XVI, refugiado em terra católica, onde se julga seguro, certo Fiódor Dostoiévski, fidalgo, provoca em cartas de rara violência seu ex-amigo e senhor, o tsar Ivan, o Terrível. Mais ou menos na mesma época, proveniente de um ramo diferente da família, Maria Stefanóvna Dostoiévskaia é condenada à morte pelo assassinato do marido e por tentativa de homicídio do filho adotivo, de cujos bens desejava se apropriar utilizando documentos falsos. Mais tarde, por meados do século XVII, um Filip Dostoiévski é acusado de cometer pilhagens. A família entra em decadência, perde as terras, e dos títulos de nobreza restam apenas façanhas empoeiradas e sem utilidade. Os Dostoiévski de quem descende o escritor são popes de pai para filho há diversas gerações. O avô paterno é sacerdote uniata em Podolia, uma região de domínio otomano, também reivindicada pela Polônia católica. O padre Andrei volta para debaixo das asas da Igreja ortodoxa quando, em 1793, o Império Russo toma posse definitiva das terras que pertenceram ao Canato da Horda Dourada. Orgulhoso de sua ascendência, que talvez tenha interesse de reivindicar ao se tornar outra vez súdito do tsar, escreve em russo uma "canção de penitência" com o nome de suas origens – DOSTOIÉVSKI – em um acróstico. Casado, de acordo com os cânones da Igreja ortodoxa, tem vários filhos, entre eles Mikhail, nascido em 1789 e que o pai matricula em 1802 no seminário de Kamenets-Podolsk, a cidade mais importante da região, com esperança de um dia lhe deixar sua paróquia.

Quis o destino que a história fosse diferente.

Para tirar o país de uma inércia que o torna vulnerável em uma Europa em pleno desenvolvimento e para dar um basta a uma estagnação econômica e social – que em parte também é culpa da Igreja, que atrai e, depois de dar instrução, orienta as mentes brilhantes para funções sacerdotais em um momento em que a Rússia precisa de uma elite científica e técnica e de uma administração competente –, o tsar, por meio de um decreto em 5 de agosto de 1809, obriga certo número de jovens a deixar o seminário para se dedicar, às custas do Estado, aos estudos científicos. Mikhail Andréievitch vai para uma das cadeiras da Academia Imperial de Cirurgia e Medicina de Moscou, que abandona em 1812 para tratar os feridos de Borodino, onde os exércitos de seu país combatem os regimentos de Napoleão.

Quatro anos depois, é nomeado major-médico.

Ele deixa o exército em janeiro de 1820 para se casar com a filha de um mercador próspero de Moscou, Maria Fiódorovna Nietcháieva. Depois de sair do vilarejo de Kaluga e ir para Moscou sem um copeque no bolso, o pai de Maria fora contratado como vigia por um comerciante. Inteligente e empreendedor, alguns anos depois tinha a própria loja de roupa de cama. Ele se casa com Várvara Mikháilovna Kotelnitskaia, cujo pai, instruído, revisor em uma editora religiosa, passara para os filhos a paixão pelos livros e um sentimento religioso extremamente forte. Sem fazer fortuna, o casal consegue comprar uma casa e casar a filha mais velha com Aleksandr Kumánin, comerciante rico e conselheiro titular, patente civil da mais alta importância. A filha caçula se casa com o médico Mikhail Dostoiévski, o pai do escritor. O irmão das moças, Vassíli Fiódorovitch Nietcháiev, segue estudos científicos e se torna um intelectual renomado, professor de farmacologia e decano da faculdade de medicina de Moscou.

De acordo com as *Memórias* de seu filho Andrei, Mikhail Andréievitch teria tido um irmão e várias irmãs, que tentaria localizar sem sucesso mais tarde, vinte anos depois de sair da casa do pai. Essa busca tinha um interesse: ao sair de casa tão jovem e sem desconfiar de que seria para sempre, Mikhail Andréievitch não levara nenhum documento, de modo que, já estabelecido em Moscou, precisou comprovar sua nobreza e não tinha prova alguma.

O casal Dostoiévski tinha personalidades bem diferentes. Alcoólatra, Mikhail Andréievitch era carrancudo, irascível, às vezes brutal. Era desconfiado e ciumento, aparentemente sem razão. Sua esposa era doce e submissa. Em um retrato, ela aparece com um lindo vestido branco, bordado. Cachos negros caem sobre um rosto redondo, com traços delicados e lábios finos que não sorriem. Fiódor herda da mãe a testa alta e as pálpebras inclinadas para as têmporas. Culta, ela ama livros, adora poesia e canta romanças acompanhada do violão. Não há nada de especial nas cerca de vinte cartas remanescentes trocadas pelo casal. As missivas foram escritas com cuidado, em um estilo apurado e que permite ocasionalmente entrever sentimentos fortes, expressos com modéstia.

Na única vez em que fala sobre os pais, tema que parece evitar, Dostoiévski observa que eles estavam "à frente de seu tempo" e que "hoje também estariam".*[1] Acrescenta algumas palavras em uma carta a seu irmão Andrei: "Note [...] que essa ideia de querer estar sempre entre os melhores (no sentido literal, o mais elevado do termo) foi o princípio fundamental de nosso pai e de nossa mãe, apesar de todos os desvios".[2] Também dá a entender que a única preocupação dos pais era a felicidade dos filhos, que herdaram esse apego pela família e pelos valores que ela carrega, base de uma vida social pacífica.

Contratado como médico encarregado das "pacientes" – em outras palavras, ginecologista – no hospital filantrópico de Moscou, Mikhail Andréievitch se muda para uma das alas do recém-construído prédio, em um bairro bastante

---

* As notas estão reunidas no final do livro, p. 335.

miserável. O local fica perto do cemitério de indigentes, onde vão parar também os suicidas e criminosos, a quem é negada sepultura em solo sagrado. Pelas redondezas há também um hospício e um orfanato.

Nessa habitação cedida pelo hospital, em outubro de 1820, nasce o primogênito, que como manda a tradição leva o nome do pai, Mikhail. Um ano depois é a vez de Fiódor, que recebe o nome do avô materno, presente ao batismo na capela do hospital.

Os dois passam a primeira infância em um apartamento apertado em um dos quatro edifícios anexos, destinados aos funcionários. Os anexos ficam de ambos os lados do pátio, por onde se entra por quatro portais de arcada, encimados por estátuas de leões. Ao fundo, atrás de uma fileira de tílias, encontra-se o prédio principal de dois andares. Uma centena de janelas simples, mais altas do que largas, pontuam uma fachada austera à qual estão fixadas, na parte central, colunas e um frontão de templo grego. Corredores frios perpassam o edifício. Portas de vidro dão acesso aos quartos, retangulares, onde estão alinhados os leitos metálicos com colchões de fibra. Nos edifícios laterais que abrigam a equipe médica e os administradores, paredes brancas delimitam os quartos, que precisam ser aquecidos com cuidado no inverno. Alguns anos depois, a família, que cresceu com o nascimento de Várvara (1822) e de Andrei (1825), se muda para a ala direita, onde nascem Vera (1829) – cuja irmã gêmea, Liubov, morre nos primeiros anos de vida –, Nikolai (1831) e Aleksandra (1835). Nessa residência os Dostoiévski ficam menos apertados, e a colocação de uma divisória no amplo hall de entrada permite um quarto aos dois mais velhos. Eles preferem brincar no parque perto do hospital e no Bosque Maria, onde os feirantes armam suas barracas. Encontram domadores de urso, malabaristas, palhaços e atores de pequenos espetáculos populares no mercado de Smolensk, onde são levados pelo tio, o decano da faculdade de medicina, que quer agradar e cuja casa fica nas proximidades.

Mikhail Andréievitch acorda às seis da manhã, faz a toalete e reúne as crianças para o café da manhã. Às oito horas, vai para o hospital, para o "Palácio", como o chama. Às dez, as crianças começam a fazer o dever de casa, supervisionadas por Maria Fiódorovna, e Mikhail Andréievitch vai para a cidade visitar os pacientes. À tarde, de roupão, faz a sesta na sala. As crianças brincam nos quartos, sem fazer barulho, ou ao ar livre quando o tempo está bom. Depois do chá das quatro, Mikhail Andréievitch retorna ao hospital.

À noite, quando "papacha" acaba de anotar as observações do dia no registro dos doentes, a família se reúne na sala. Os pais se revezam lendo em voz alta longas passagens de grandes autores russos: Derzhavin, Jukóvski, Púchkin e, muitas vezes, páginas inteiras do sucesso editorial do momento: *A história da Rússia*, de Karamzin, apólogo tanto da mãe Rússia quanto da aristocracia imperial, que fez dela uma grande potência europeia. Para ensinar os filhos a ler, Maria Fiódorovna utiliza a tradução de um livro alemão que conta em linguagem acessível as histórias edificantes da Bíblia. Dostoiévski fica impressionado com a de Jó, que lhe arranca lágrimas, bem como com os romances góticos de Ann Radcliffe, que descobre pela leitura de sua mãe antes de devorá-los por conta própria e com paixão. Também sente fascínio pelos contos populares russos, narrados com simplicidade por suas diferentes aias, todas camponesas: Lukéria, com sapatos de casca de bétula, Dária, Katerina e, por fim, Aliena Frólovna, a "barril", assim apelidada em razão do apetite insaciável e dos pneuzinhos. Por sinal, Aliena continua servindo sem receber salário quando os patrões, em dificuldades financeiras, não podem mais pagar, e chega até a oferecer-lhes as próprias economias.

Dostoiévski afirma que foi de ouvir as histórias ingênuas dessas camponesas que passou a ter vontade de inventar as suas. Quarenta anos depois, ainda se lembrará de algumas aventuras imaginadas na época, gravadas para sempre na memória.

Em suas *Memórias*, Andrei se limita a informar que seu irmão Fiódor "se exaltava com facilidade", que era "muito levado" e que o pai mandava que se acalmasse, porque senão "as coisas iam acabar mal". Também menciona as peregrinações de uma semana a Serguiev Possad para a festa de Sérgio de Radonej, em 25 de setembro. Para as crianças, era o acontecimento do ano. Em compensação, Andrei não fala nada a respeito de um episódio que provavelmente ficou marcado na alma de seu irmão, embora este só mencione o fato uma vez, muito mais tarde e quase por acaso, durante uma conversa no salão de sua amiga Anna Pávlovna Filósofova, que registra o fato em seu livro de *Memórias*.*[3] Dostoiévski devia ter cerca de dez anos e brincava com a filha de um servo, uma menina da mesma idade, quando um bêbado se atirou sobre ela e a violentou. As pessoas que acorreram para ajudar mandaram Fiódor chamar seu pai, porque a menina perdia muito sangue, mas o médico chegou tarde demais para salvar aquela vida.

Dostoiévski também presencia a morte de Liubov, uma das irmãs gêmeas nascidas em 1829 – Vera, a outra, sobreviverá. Essa gravidez delicada acaba enfraquecendo a mãe, que, de saúde debilitada, se recuperará apenas parcialmente. Dois anos depois, o nascimento de um sétimo filho, Nikolai, vai esgotá-la tanto que seu corpo não poderá mais lutar contra a doença que se aloja nos pulmões e que vai matá-la em pouco tempo, após o nascimento de Aleksandra, em 1835.

---

* Estabelecido desde 1865 em Yaroslavl, a cerca de setecentos quilômetros de São Petersburgo, onde vive o irmão Fiódor, que pouco vê a partir de então, Andrei Mikháilovitch Dostoiévski (1825-1897) escreve no final de sua vida, às vezes com a ajuda de seu filho, *Memórias* [Воспоминанія] que serão utilizadas pelos primeiros biógrafos de Dostoiévski, mas que só serão publicadas em 1930, pelas Edições dos Escritores de Leningrado.

No entanto, os negócios do dr. Dostoiévski prosperam. Em 1827, ele chega à patente de assessor de colegiado e tem sua nobreza reconhecida. Promovido a conselheiro áulico, é registrado, assim como os filhos, no *Livro genealógico* da nobreza hereditária de Moscou. Por fim, em 1831, adquire Darovóie, uma propriedade com quarenta servos homens, ao lado de Tula, a cerca de duzentos quilômetros de Moscou. Criança de excessiva emotividade e já manifestando preferência pela solidão, Dostoiévski conhece a propriedade no momento em que um incêndio devastador, talvez provocado por um servo, destrói o lugar. Não resta, à distância, senão a casa senhorial de três cômodos: uma modesta cabana de madeira com base de pedra, no centro de um pátio coberto de relva onde despontam, imensos, majestosos carvalhos, bétulas e alguns pinheiros.

A terra está queimada, barracos improvisados são erguidos em volta das chaminés verticais de tijolos, único vestígio das casas de madeira devastadas, árvores esqueléticas e crestadas ladeiam a estrada. Ainda assim, nas redondezas, existem campos e, mais além, bosques.

Dostoiévski gosta em particular do bosque de Bríkov, para onde vai muitas vezes sozinho ou com seu irmão Mikhail: "Não há nada que eu ame mais na vida do que a floresta com seus cogumelos e frutos silvestres, seus insetos e pássaros, seus ouriços e esquilos, e aquele cheiro úmido que me agrada tanto, de folhas mortas em decomposição"[4], escreve 45 anos depois. Ele arranca galhos das aveleiras para bater nas rãs, observa os insetos e apanha escaravelhos para aumentar sua coleção. Persegue lagartos, colhe cogumelos, se assusta ao imaginar feras escondidas atrás de arbustos e de samambaias imensas, entre as quais as trilhas desaparecem e é possível ficar perdido e sem rumo no meio de uma vegetação sem fim.

Certa vez, tem a impressão de que um lobo está ali para valer, à espreita, prestes a atacar. Em pânico, Dostoiévski foge sem saber para onde, lançando-se nos braços de um camponês que tem a sorte de encontrar. Trata-se do velho Mark Efremov, vulgo Marei. Os dois se tornam amigos. A criança descobre nesse homem simples um coração generoso e terno, uma grandeza de alma que transparece à primeira vista naquele olhar claro, direto, sereno. Ele é bom por natureza, tem a paz de quem sabe por instinto de que lado está o bem. Dostoiévski está convencido de que essas pessoas rudes e incultas trazem dentro de si uma luz divina que é essencial preservar. As dificuldades de uma vida miserável de labuta e sofrimento põem em perigo esse grão milagroso que existe até nos mais infelizes, como Agrafena, a idiota do vilarejo, de quem guarda uma lembrança comovente. O escritor vai se espelhar nela quarenta anos depois, quando colocará entre os personagens do romance *Os irmãos Karamázov* Lizavieta Smierdiáschaia, uma tola que vive de esmolas na rua, sempre descalça e malvestida com uma camisa grosseira, mas cuja alma é iluminada por aquela centelha que a divindade doou a todos os homens.

Em 1833, a propriedade cresce com a aquisição de um vilarejo vizinho, Tcheremochnia, onde vivem uns oitenta servos.

A já grande família do dr. Dostoiévski passa as férias no campo mas, a partir dos primeiros dias do outono, as crianças voltam para o apartamento monótono e pouco acolhedor de Moscou. Mikhail e Fiódor aprendem latim com o pai, que se mostra exigente e severo. Para a instrução dos filhos, contrata dois preceptores: um sacerdote e um professor de francês, Souchard – que achara engraçado russificar seu nome criando um anagrama: Drassouchoussov. Souchard tem um internato onde os dois irmãos Dostoiévski continuam os estudos, a fim de adquirir o nível exigido para o ingresso em um dos mais famosos estabelecimentos de Moscou, o internato de Léopold Tchermak. Apesar de uma situação financeira precária, que lhe causa um temor obsessivo de deixar a família na miséria em caso de falecimento, Mikhail Andréievitch não hesita em se sacrificar a fim de pagar para os filhos uma escola com educação de qualidade e onde os alunos não corram o risco de sofrer punições humilhantes, como as aplicadas indiscriminadamente em escolas públicas a estudantes pobres e aos nobres – na mesma época, Liev Tolstói sentiu na pele essa amarga experiência. Muito apegado à mãe, Fiódor lhe escreve no final da primavera de 1834, na zona rural, onde ela foi passar o verão:

> Mãezinha querida, fui invadido por uma desolação terrível quando você nos deixou e agora, quando penso em você, mãezinha querida, fico arrasado com uma tristeza tão grande que nada é capaz de dissipar.[5]

Sente muita falta dela, como revelam as poucas cartas remanescentes de 1835 e 1836.

Alunos do internato Tchermak a partir de setembro de 1834, os irmãos Dostoiévski voltam para casa apenas nos fins de semana, para as Vésperas e a missa da manhã de domingo. Passam o resto da semana fechados entre os muros da escola, sujeitos ao regulamento rígido da instituição, que privilegia o estudo, mas deixa tempo livre suficiente para a leitura, a paixão de Dostoiévski. Os colegas não se esqueceriam daquele garoto pálido, distante, carrancudo, que espera o recreio para puxar um livro e continuar a leitura, que volta a interromper com tristeza quando o professor chega. Na época, Dostoiévski lê com grande satisfação os romances históricos de Walter Scott e as narrativas de um realismo água com açúcar de Dickens. Lê *Dom Quixote*, as peças de Shakespeare e os poemas de Goethe. Tem uma admiração incondicional pelo teatro de Schiller e fica marcado para sempre por uma representação de *Os bandoleiros*, encenada no Teatro Maly e com grande elenco: "Garanto que a fortíssima impressão que me causou na época teve efeito benéfico na minha mente"[6], vai se lembrar o escritor quase cinquenta anos mais tarde. Depois de ganhar do pai uma assinatura da "Biblioteca de leitura", uma coleção popular que publicava com regularidade traduções e as obras eminentes dos escritores russos, Dostoiévski tem a oportunidade de travar contato com textos bem variados em qualidade e estilo, mas que, sem exceção, o transportam para o mundo da ficção, onde ele se descobre através das experiências vividas por personagens imaginários.

O professor de russo Nikolai Ivánovitch Bilevitch, amigo pessoal de Gogol – que admira –, coloca nas mãos dos alunos, assim que são publicadas, as narrativas daquele que vai ser o grande escritor de sua geração e lê em aula os versos de um jovem poeta pouco conhecido: Mikhail Liérmontov. Bilevitch fala de literatura com tanto ardor e elogia de tal maneira a missão do escritor que não é absurdo pensar que tenha sido naquela época que surgiu na mente de seu aluno a ideia de dedicar a vida a essa atividade excepcional.

No momento da morte de Púchkin, que considera não apenas um grande poeta como também o homem que elevou a literatura russa ao patamar das grandes literaturas europeias, Dostoiévski teria entrado em luto, se não já estivesse pelo falecimento da mãe, que ocorrera alguns dias antes.

Tísica, atingindo o último estágio da doença, Maria Fiódorovna se retirara para Darovóie havia alguns meses.

Extremamente debilitada, não saía mais da cama. Como desejava rever os filhos, mandam buscá-los de Moscou, mas ela não consegue falar com eles. Os lábios se movem, porém não há mais fôlego suficiente para formar palavras. Na noite de 26 para 27 de fevereiro de 1835, Maria Fiódorovna abençoa as crianças e se despede da vida fitando-as. Mikhail e Fiódor escolhem juntos uma frase de Karamzin para inscrever na lápide da mãe. Apesar de Dostoiévski nunca tocar no assunto, esse falecimento o afetou de maneira profunda. Como respeita e estima o pai sem sentir ternura, e como tem um temperamento que o impede de se apegar aos outros, de repente se vê privado de uma pessoa fundamental em sua solidão. Ele se volta para o irmão mais velho, que provavelmente experimenta os mesmos sentimentos. Os dois criam uma profunda e inabalável relação de amor fraterno, que dá a cada um a sensação de não poder fazer nada no mundo sem o outro.

A morte de Maria Fiódorovna acaba levando ao desmembramento da família. Abalado pela perda da esposa, a quem tanto mal fizera nos últimos anos com as bebedeiras diárias e as injustificadas crises de ciúme, Mikhail Andréievitch pede demissão. Ele se retira para a propriedade de Darovóie com as três filhas, confiando Andrei e Nikolai à sua irmã, Aleksandra Kumánina. Desprezando as aspirações literárias dos filhos mais velhos, cujas primeiras tentativas na escrita considera "versalhadas" que precisam ter fim o quanto antes, ele não volta atrás em sua decisão de matriculá-los na Escola Central de Engenharia Militar de São Petersburgo, onde os custos do ensino seriam bancados pelo Estado. Sua solicitação recebe parecer favorável, contanto que os candidatos passem no exame de admissão. Mikhail Andréievitch planeja transferir Mikhail e Fiódor imediatamente para São Petersburgo, para que os dois façam cursos preparatórios.

Prevista para abril, a mudança é adiada: Dostoiévski pega um resfriado forte, que atinge com gravidade suas vias respiratórias. As cordas vocais são afetadas de maneira irreversível, e sua voz ganha um timbre particular, rouco.

Enfim recuperado, chega a São Petersburgo em maio de 1837.

O palácio Mikháilovski

Em 1837, o percurso entre Moscou e São Petersburgo é feito por diligência.

Em uma estação dos correios, durante uma pausa, Dostoiévski vê um mensageiro imperial que, ao entrar em sua troica, a fim de avisar ao cocheiro para se apressar, lhe desfere uma violenta pancada na nuca. Este, refletindo o gesto, começa a chicotear os cavalos com uma violência assustadora, continuando com a mesma brutalidade mesmo quando os animais já estão a galope, ensandecidos pela dor. "*Minha primeira ofensa pessoal*: o cavalo, o mensageiro"[1], registra Dostoiévski muito mais tarde, nos cadernos do romance *Crime e castigo* – prova, se fosse necessária, da vivacidade dessa lembrança. Ele explica em outro lugar: "Aquela cena tinha uma espécie de simbologia, era a ilustração extraordinariamente viva de uma relação de causa e consequência. Cada golpe desferido no animal brotava, por assim dizer, de cada golpe desferido no homem".[2]

Ele continua seu caminho.

Nascido e tendo passado toda a infância em Moscou, só saindo da cidade para ir aos campos e às florestas de Darovóie, Dostoiévski tem motivos para ficar surpreso ao chegar à capital. Ele se depara pela primeira vez, e de maneira espetacular, com a existência de duas Rússias, que se enfrentam em uma luta que também será a sua, na medida em que defende com unhas e dentes um lado, depois outro da barricada.

Moscou dá a sensação de acolher, em uma área provisoriamente extraída da floresta, aquela Rússia profunda cujo habitat tradicional é reconstituído pelos nativos que chegaram ali. As casas de Moscou – pelo menos na época

– ora evocam as de um vilarejo, ora uma cabana de caça isolada à beira de uma lagoa escondida por bétulas, ora uma casa senhorial a que se chega por uma estrada de terra ao longo de um rio ladeado por campos de trigo. Os pátios são tomados pela vegetação, e em junho a cidade cheira a lilás e tília. Em meados do século XIX, a maioria das casas é de madeira. A exceção fica por conta de alguns prédios oficiais de concepção mais militar, de pedra, que reproduzem em maçonaria uma arquitetura projetada com o machado e com a serra para pessoas que apreciam uma beleza simples. O poder ali está escondido atrás do Kremlin e suas muralhas, com apenas algumas torres; e os espaços de oração são intimistas: escuras e mais altas do que largas, as igrejas da Praça das Catedrais não são feitas para receber multidões, e na Praça Vermelha, apesar das dimensões, a Catedral de São Basílio é apenas uma soma de capelas contíguas interligadas por corredores e escadarias estreitas e sinuosas.

Cidade de pedra, cidade imperial, São Petersburgo é exatamente da maneira que desejou, no começo do século XVIII, o tsar Pedro I, que havia decidido construir naquele lugar pantanoso e desabitado sua futura capital. São Petersburgo vira as costas à Rússia e às suas tradições para rivalizar com as grandes metrópoles europeias, construídas durante longos séculos de prosperidade e um florescimento artístico ininterrupto. Pouco importa. Pela vontade dos monarcas absolutos de um vasto império que descobre suas riquezas extraordinárias, essa cidade à moda ocidental oferece um brilho emprestado de grandes civilizações europeias, artificial mas resplandecente. Tramadas de maneira talvez original, embora falsa, ali as artes do Ocidente dão à luz uma arquitetura sem história, réplica de pedra de uma vontade de fazer avançar o povo russo conforme normas que não são aquelas do seu progresso ao longo dos séculos.

Erguido em volta de um suntuoso pátio octogonal, ricamente ornamentado com baixos-relevos e estátuas da antiguidade acima de nichos separando as portas-janelas, decoradas nos moldes do Renascimento italiano, o palácio Mikháilovski – que abriga a Escola Superior de Engenharia – fora construído havia cerca de quarenta anos por Paulo I. O arcanjo Miguel teria aparecido para o imperador em um sonho, pedindo-lhe que construísse uma capela em sua homenagem no coração de um novo palácio imperial cuja proteção ele asseguraria. Paulo I teria se apressado a obedecer a ordem divina: sentindo que corria perigo nas suítes do Palácio de Inverno, onde formigavam incontáveis cortesãos e militares – entre os quais alguns conspiravam contra ele –, o imperador se presenteia com uma nova residência cercada por fossos e cujo acesso espera controlar melhor. Por volta de quarenta dias após se mudar, Paulo I é assassinado, aparentemente com o consentimento do filho, Aleksandr I, que compreensivelmente prefere não morar no lugar do parricídio. Abandonado por uns vinte anos, o prédio, de um tom vermelho-escuro e localizado no cais do rio Fontanka, é cedido à Escola Superior de Engenharia em 1819. Embora, é claro, ofereça educação na área das exatas e cursos de engenharia, a qualidade intelectual de seus ex-alunos e sua participação na vida política e social fazem da escola uma dessas ainda raras instituições de ensino superior que formam uma elite capaz de pensar a evolução da sociedade russa e seu futuro, em um momento em que o país, agitado pela revolução industrial e pelo desenvolvimento do capitalismo, perde seus pontos de referência tradicionais.

  Dostoiévski ingressa na instituição em janeiro de 1838, não sem dificuldade. Ainda que tenha passado na prova de admissão considerada difícil e que o Estado arque com os custos da moradia e dos estudos, ele precisa pagar uma quantia considerável para as despesas pessoais e para o material. Mikhail Andréievitch tem apenas setenta rublos dos quatrocentos necessários. Com muita generosidade,

Aleksandra Kumánina, a irmã do pai de Dostoiévski, oferece o restante, disposta também a cobrir as custas de Mikhail se, depois das intervenções feitas junto ao tsar, o primogênito for aceito na escola, apesar do parecer contrário dos médicos, que recusaram sua candidatura por motivos de saúde. Como as tentativas fracassam, Mikhail entra para o corpo dos junkers de engenharia e, nomeado em Reval, na Estônia, sai de São Petersburgo, deixando o irmão, que deve encarar sozinho o rigor de uma escola parecida com um quartel.

Os estudantes acordam e vão dormir ao som do clarim. Praticam exercícios militares extenuantes e passam o resto do tempo em aulas rigorosas de exatas e de cultura geral: língua e literatura russas, alemão, francês, história, arquitetura, religião. O programa não oferece trégua. Dostoiévski escreve ao pai um mês depois de entrar para a escola:

> Consegui com muito custo um momento de liberdade, sem aulas, nem deveres, nem serviços, precioso momento em que posso conversar com você, paizinho amado.[3]

Ao mesmo tempo, como fará em cada carta, muitas vezes em vão, pede alguns rublos para as despesas correntes:

> Só não morremos de fome por aqui porque não temos apenas chá para beber. Sobreviverei de um jeito ou de outro, mas peço que me envie ao menos algum dinheiro para comprar botas...[4]

Dostoiévski é um aluno estudioso e exigente. Cumpre com perseverança os compromissos escolares e, depois de terminá-los, agradece a Deus por permitir que conseguisse. Muitas vezes carrega consigo os *Evangelhos* e um *Livro das horas*, o que leva os colegas, surpresos por seu temperamento carrancudo e seu apreço à solidão, a chamá-lo de "Fotia, o eremita". Ele não participa dos jogos com os outros e prefere se retirar a um canto tranquilo para ler. De constituição física frágil, passa – com mais frequência do que os demais – diversos dias na enfermaria, onde se refugia com seus livros.

Aos domingos, os internos só podem deixar a escola se tiverem um "correspondente" na cidade, o que não é o caso de Dostoiévski. Ele não reclama disso com veemência: seja como for, não tem muito tempo para estudar para os exames de junho. Vai tirar a nota máxima em quase todas as disciplinas "intelectuais", embora fique abaixo da média geral em decorrência das dificuldades em desenho, "que conta mais do que as matemáticas".[5]

O professor de russo, Vassíli Timoféievitch Plaksin, autor de um romance educativo que lhe rendeu alguma notoriedade, não aprecia os novos autores, em particular Gogol. No entanto, grande admirador de Púchkin, insufla nos alunos o amor pela poesia e pelas belas-letras. Josèphe Cournant, que ensina francês, apresenta os escritores em voga em Paris: Balzac e Victor Hugo, George Sand e Eugène Sue. Dostoiévski nem precisava de tanto para se lançar aos livros. No retorno das manobras de verão, em uma carta ao irmão Mikhail, se gaba de ter lido "quase tudo de Balzac". Está fascinado: "Balzac é gigante! Seus personagens são fruto da genialidade universal! Milênios inteiros e seus embates, e não o espírito da época, prepararam este desenvolvimento na alma humana...".[6] Acrescenta à lista de leituras recentes "tudo de Hoffmann", em traduções e no original em alemão, o *Fausto* de Goethe e suas pequenas peças em versos, o teatro de Victor Hugo, *Ondina* de Vassíli Jukóvski e *Ugolino* de Nikolai Polevoi. Sem falar de Homero: "Na *Ilíada* ele deu a todo o mundo antigo uma organização de vida ao mesmo tempo espiritual e terrena, com a mesma força da que Cristo deu ao novo mundo".[7]

Diferente de Mikhail, que escreve poesia, Dostoiévski acredita que sua vocação está em outro estilo: "A ave do paraíso da poesia não me visitará, não acalentará minha alma fria"⁸, revela em uma das cartas ao irmão, indicando que também se arrisca na literatura, mais atraído pela prosa. Esse gênero, teria dito a Aleksandr Iegórovitch Riesenkampf, que reproduz as palavras do amigo, não é um entrave para a imaginação porque não necessita de uma forma elaborada demais. A ação de seu primeiro romance, que não passou de esboço e data provavelmente de 1837 ou 1838, ocorre na Itália, porque Dostoiévski ainda está influenciado pelas leituras de George Sand, como confessa anos mais tarde no *Diário de um escritor*. Também poderia muito bem ter citado o *Inferno* de Dante, que parece ter lhe causado grande impressão, ou reminiscências de leituras mais antigas: alguns romances de Ann Radcliffe ou o teatro de Shakespeare.

Infelizmente, as obrigações escolares forçam o autor a suspender o projeto "de um afresco da vida veneziana".⁹

Em outubro de 1838, é informado de que vai repetir de ano. Embora suas notas sejam excelentes – uma média de 9,5 de 10 –, ele teve "desentendimentos" com alguns professores, como o de álgebra, que se recusa peremptoriamente a passá-lo de ano, mesmo que tenha tirado 11 de 15 na disciplina. O general que dirige a escola consente em explicar que se soma a isso a pouca aplicação nas disciplinas militares. Seu colega e amigo Konstantin Aleksándrovitch Trutóvski evoca um rapaz de compleição frágil, com dificuldade para executar determinados exercícios físicos e que não faz esforço para superar essa deficiência. Desajeitado, ele se enrosca no equipamento, que carrega "como grilhões"¹⁰, incapaz de adquirir os automatismos viris de um bom soldado.

Dostoiévski tenta em vão explicar ao pai que a reprovação é uma decisão injusta. Este o repreende em palavras que levam o filho a considerá-lo limitado e fora da realidade: "Tenho pena de nosso pobre pai. Papai não sabe nada da vida: vive há cinquenta anos e mantém a respeito dos homens a mesma opinião que tinha trinta anos atrás. Bendita ignorância"[11], escreve ao irmão Mikhail.

Talvez seja uma opinião tolerante demais.

Em junho do ano seguinte, o corpo de Mikhail Andréievitch é encontrado em um campo perto de Darovóie. A morte do pai de Dostoiévski acontecera cerca de 48 horas antes. Um ataque de apoplexia, segundo a autópsia, que não aponta vestígios de violência física. O mais provável é que tenha sido assassinado por servos exasperados com sua brutalidade e seus abusos, segundo o relato de seu filho Andrei, que estava presente e tinha catorze anos na época. No vilarejo, diziam que camponeses o teriam estrangulado, depois de fazê-lo engolir álcool. Seja como for, em caso de assassinato, os familiares da vítima não têm interesse em buscar justiça. Do contrário, os culpados e os suspeitos de não encaminhar a denúncia correm o risco de ir para a galé, de modo que sobrariam no vilarejo pouquíssimos homens capazes de trabalhar no campo e melhorar, por pouco que fosse, as contas de uma propriedade que havia muito tempo não era gerida de maneira adequada.

A situação dos filhos Dostoiévski é no mínimo preocupante.

"Derramei muitas lágrimas com a morte de nosso pai!", escreve Dostoiévski dois meses depois a seu irmão Mikhail, ainda na Estônia, "mas no momento nossa situação é ainda mais assustadora."[12] A tia Aleksandra Kumánina e seu marido se recusam a ser os tutores das crianças, embora arquem com as despesas, com exceção de Mikhail e Fiódor, pois acreditam que os dois já têm condições de se virar, um como militar, o outro como bolsista do Estado, sem dúvida desconhecendo a que ponto aquela renda é insuficiente. Vão se dar conta disso alguns meses depois, passando a enviar com regularidade pequenas quantias aos sobrinhos, que agradecem em cartas convencionais. A administração pública nomeia por dever de ofício um tutor, um certo Elaguin, chefe da polícia estadual. Ele é substituído no ano seguinte por Piotr Andréievitch Karepin, que, depois de perder a esposa, se casa pela segunda vez com Várvara, a mais velha das irmãs Dostoiévski. Piotr constata que a herança foi saqueada pelo antecessor e que os sete filhos de Mikhail Andréievitch não têm quase nada para dividir. Com dificuldades e empenhando o próprio dinheiro, consegue salvar a propriedade, para onde se muda com a esposa.

Aos dezoito anos, Dostoiévski percebe que seu futuro é uma incógnita. Sem fortuna e sem proteção, terá que se virar sozinho.

Confinado em uma escola destinada a fazer dele um militar com habilidades científicas e técnicas, Dostoiévski já sabe que sua vocação está em outro lugar:

> O homem é um mistério que precisa ser elucidado. Mesmo que passemos a vida inteira fazendo isso, não devemos dizer que perdemos tempo. Estou ocupado com esse mistério porque quero ser um homem.[13]

Sempre que pode, se refugia nos livros. Para a leitura, tem apreço particular por uma janela cujo apoio é largo o bastante para que possa se sentar e ler contemplando o rio Fontanka. Essa janela fica ao final de um amplo corredor que dá para a parte arredondada do edifício.

Embora introvertido e sempre distante daqueles colegas que não têm outras preocupações além de aproveitar a vida, faz algumas amizades duradouras. Dostoiévski se dá muito bem com os irmãos Bekétov – um deles se tornará um naturalista célebre – e com Konstantin Aleksándrovitch Trutóvski, que tem talento para pintura e faz seu primeiro retrato. Aconselha Dmítri Vassílievitch Grigórovitch a ler, para começar, Walter Scott e Hoffmann, depois James Cooper e Thomas de Quincey. Não é por acaso que Dostoiévski procura a companhia de Ivan Nikoláievitch Chedlovski: vê no rapaz um quê de personagem trágico de Shakespeare e de herói de Byron. Sem dúvida Chedlovski, que trabalha na administração e ficou conhecido por versos de um romantismo flamejante, tem uma natureza excepcional: já atormentado pelos contraditórios conflitos internos, entra para uma ordem e sai logo em seguida, renunciando seus votos, ainda que vivendo recluso e sem nunca abandonar o hábito de noviço.

Esses jovens conversam sobre literatura, fazem planos para o futuro e para a carreira artística, se incentivam de maneira recíproca. Vão juntos ao concerto – Liszt causa grande impressão em Dostoiévski, que paga 25 rublos pelo ingresso, uma fortuna! – e muitas vezes à ópera e aos espetáculos de balé do Teatro Aleksandrinski. Frequentam os teatros de São Petersburgo, incluindo salas com peças alemãs e francesas, e os aplausos que recompensam o talento acalentam seus desejos de glória. Dostoiévski cogita se tornar um dramaturgo como Schiller. Começa a escrever uma peça romântica, *Maria Stuart*, que permanece inacabada. Trabalha durante um ano em outra, *Boris Godunov*, entusiasmando Andrei, que lê escondido os rascunhos. O autor não pensa da mesma maneira e abandona a peça para se dedicar a uma tragédia shakespeariana, *O judeu Iánkel*, que mais uma vez não chega a concluir, talvez também por falta de tempo. Ambicioso, provocado por alguns colegas que fazem chacota e acreditam que ele nunca será um bom militar, Dostoiévski quer provar com notas que é superior a eles. Por isso, passa horas a fio estudando disciplinas muito distantes de suas preocupações: geodesia, táticas e estratégias militares, arquitetura, matemáticas aplicadas, física e química, mineralogia... Quase não lhe sobra tempo para as leituras.

Depois de dois anos, enfim reencontra Mikhail, que passa alguns dias em São Petersburgo. Os dois irmãos, que trocam cartas com regularidade, estão mais unidos do que nunca pelas afinidades literárias, pelas aspirações, pelo desejo mútuo de abandonar o mais depressa possível o exército para seguir a vocação artística. Mikhail conhece os amigos do irmão, que também se tornam os seus. Acompanha o grupo ao teatro e à ópera, e todos passam muito tempo debatendo o futuro, o de cada um deles e o da Rússia. Depois retorna a Reval, onde em janeiro de 1842 se casa com uma mulher natural de lá, Emília Fiódorovna Ditmar: o primeiro filho do casal nasce em novembro, e Dostoiévski é convidado para ser padrinho.

Aceita com prazer, agora livre para fazer suas escolhas.

Promovido a suboficial em novembro de 1840, Dostoiévski é admitido na escola de oficiais em agosto do ano seguinte, depois de ter sido aprovado com notas brilhantes nos exames, o que lhe dá o direito de morar na cidade. É o fim da "vida selvagem" levada na escola. Aluga com o amigo Adolf Ivánovitch Totleben um apartamento na rua Karavanaia, perto do Campo de Marte, onde está localizado o palácio Mikháilovski. Ainda que não pareça muito feliz em receber nesse espaço apertado o irmão Andrei – que viera estudar arquitetura –, quando este contrai febre tifoide, Dostoiévski cuida dele com muito carinho, tentando não negligenciar os estudos. Em seguida, se muda de novo. As somas modestas enviadas pelo tutor Piotr Karepin e as ajudas de custo da tia Aleksandra Kumánina possibilitam que more sozinho. O apartamento é mais modesto, e a rua Grafski, do outro lado do rio Fontanka, menos apreciada do que a Karavanaia. Dostoiévski não tem mobília, apenas uma escrivaninha, um sofá-cama, algumas cadeiras e centenas de livros empilhados no chão, mas pode receber sem restrições os amigos, cujo círculo aumenta com visitas casuais, companheiros de jogo ou de noites de farra. Os jovens continuam debatendo temas mais ou menos sérios e, sempre apaixonados por literatura, conversam sobre Gogol, que acaba de publicar a primeira parte de seu romance *Almas mortas*. Eles bebem, fumam, viram a madrugada jogando cartas. Algumas vezes, passam a noite em um café jogando bilhar. Quando recebe algum, Dostoiévski convida todos para irem ao Dominique, um restaurante chique e caro, mesmo que no dia seguinte tenha que pedir dinheiro emprestado para comprar cigarros.

Essa vida desregrada não é obstáculo para que Dostoiévski passe nos exames finais. Em junho de 1843, promovido a subtenente, é nomeado para o Departamento de Plantas da Direção de Engenharia de São Petersburgo. Depois de obter licença médica de um mês para tratar uma doença que parece inventada, Dostoiévski viaja de barco a Reval para encontrar o irmão Mikhail, que fica feliz em recebê-lo. Descobre uma cidade hanseática muito diferente das que conhece, construída em torno de um castelo da ordem dos cavaleiros teutônicos. As casas brancas com telhados íngremes, as torres redondas das fortificações e aquelas quadradas – encimadas por flechas – das igrejas, as ruas estreitas pavimentadas com seixos, tudo isso lhe parece o cenário de um dos romances góticos que lia no passado e cujo encanto requintado e misterioso redescobre.

Realizado, dissipa o pouco dinheiro que tem e volta para São Petersburgo de mãos abanando, o que não é motivo de preocupação porque conta com os ordenados seguintes. Que faz por merecer! Toda manhã, às nove horas, Dostoiévski vai para o palácio de Mikháilovski, onde, em outro anexo de edifícios, fica a seção de desenho industrial. Ali rabisca plantas até as duas da tarde, um trabalho que considera desanimador, entediante, e que já cogita abandonar. No entanto, sabe que não conseguiria sobreviver com as quantias modestas enviadas pelo tutor. Enquanto isso, generoso e esbanjador, desapegado do capital e preocupado com a ideia de que possa faltar, vivendo um dia depois do outro, sendo roubado pelo ordenança, pelo barbeiro e pela lavadeira, Dostoiévski acumula dívidas cobertas apenas em parte pelo dinheiro que entra, sendo obrigado a fazer um empréstimo para pagar o outro, a pedir um terceiro para dar uma respirada, contando com o bilhar ou o jogo de cartas para reequilibrar as finanças, sem perceber que às vezes é ingenuamente afanado por inescrupulosos amigos interesseiros. Ele penhora bens pessoais, que nem sempre recupera, pede dinheiro emprestado a agiotas, assina promissórias e chega a passar vários dias sem comer, sem fumar, sem ter como se aquecer, mendigando "nem que seja um rublo" ao irmão Andrei ou a amigos. Envia cartas insistentes a Piotr Karepin para pedir, além do valor que lhe é dado regularmente, quantias de que alega ter necessidade urgente, vítima de acidentes imaginários...!

A ideia de ganhar algum dinheiro traduzindo seus autores favoritos lhe ocorre naturalmente. Contando com a popularidade de Balzac, que fizera uma viagem a São Petersburgo em julho do ano anterior, Dostoiévski traduz *Eugénie Grandet*, publicado nas edições de junho e de julho de 1843 da revista *Repertório e Panteão*. Incentiva o irmão Mikhail a traduzir *Dom Carlos*, de Schiller. Depois de começar e abandonar uma tradução de *Mathilde*, de Eugène Sue, Dostoiévski se dedica à de *La Dernière Aldini*, de George Sand, até perceber, depois de alguns meses de trabalho, que uma versão em russo já havia sido publicada.

Apesar dos pesares, em 21 de agosto de 1844, o jovem Dostoiévski formaliza um pedido de licença não remunerada do Departamento de Plantas, convencido de que pode viver de sua pena, contanto que tenha tempo necessário para escrever uma obra de peso. Faz uma proposta ao tutor: renuncia à sua parte da herança em troca de três mil rublos pagos no ato. Piotr Karepin repreende com severidade o jovem subtenente, que por razões desvairadas renuncia a uma situação conveniente e estável, obtida depois de tantos anos de estudo. Também observa que os incessantes pedidos de dinheiro não levam em conta os interesses dos irmãos e das irmãs que, por sua vez, se contentam com aquilo a que têm direito e não levam uma vida desregrada e esbanjadora. Por fim, aconselha-o a desistir dessas "bolhas de sabão à la Shakespeare" e seguir carreira na administração pública, que lhe abriu as portas. A resposta é imediata e inequívoca: "Minha licença entrará em vigor a partir de 1º de outubro. Não insista".[14]

Efetivamente, ela será homologada em 19 de outubro de 1844 por decisão do imperador que, na mesma ocasião, nomeia Dostoiévski tenente.

Para acalmar a ira de Piotr Karepin, que tem a chave do cofre, Mikhail precisa acrescentar suas próprias explicações àquelas, provocadoras e irreverentes, do irmão. Ele informa ao tutor que Dostoiévski já escreveu diversas peças de teatro, publicou traduções e tem boas razões para querer se dedicar à literatura: "Uma tarefa difícil o aguarda: abrir um caminho, fazer um nome. Ele sacrificou tudo pelo talento, e tenho certeza de que o talento não vai traí-lo".[15]

Sem que soubesse, Mikhail estava sendo profético. Uma semana depois, em 30 de setembro de 1844, seu irmão lhe escreve:

> Tenho uma esperança. Estou terminando um romance da envergadura de *Eugénie Grandet*. Um romance bastante original. Estou contente com meu trabalho.[16]

Um romance "bastante original" e uma sociedade secreta

A primeira tentativa foi um golpe de mestre.

O próprio Dostoiévski, que possivelmente já tivesse seu talento em alta conta, não podia esperar uma recepção dessas.

Em janeiro de 1844, durante uma caminhada às margens do rio Neva, de repente pensou nesse pequeno romance epistolar – o que para ele sempre significa que vislumbrou um personagem. Nesse caso específico, trata-se de um conselheiro titular, homem generoso e de extrema ingenuidade, pobre, que afunda na miséria tentando ajudar a vizinha, uma parente distante, uma moça doente demais para ser capaz de trabalhar e tão calejada que já não tem mais vontade de viver, nem energia para lutar. Transcorridos oito meses, o romance está acabado, e Dostoiévski parece satisfeito, como confidencia ao irmão. Em seguida, muda de ideia e, descontente, recomeça: "Eu havia terminado tudo por volta de novembro, mas em dezembro me ocorreu de modificar completamente: eu retalhei a obra, reescrevi. Depois, em fevereiro, comecei outra vez a burilar, a polir, a fazer cortes e acréscimos. Por volta de meados de março estava completamente pronto e fiquei satisfeito".[1]

Nos últimos meses, Dostoiévski se mudara outra vez. No primeiro momento, ficou na casa de Aleksandr Riesenkampf. Depois de se formar em medicina, este, para abrir seu consultório, havia alugado um grande apartamento e oferecido um quarto ao amigo, cuja inteligência e cultura admira. Dostoiévski gosta de conversar com as pessoas de condição modesta com que esbarra na sala de espera, mas não consegue trabalhar: muita agitação, muitas idas e vindas e muito barulho naquele lugar onde os pacientes tocam a campainha até mesmo à noite. Dmítri Grigórovitch, seu ex-colega na Escola Superior de Engenharia, propõe que dividam um apartamento, algo que aceita sem pestanejar. Como ele, Grigórovitch também sonha em trilhar uma carreira literária e é autor de uma história que será publicada no *Almanaque de Petersburgo*, editado por outro jovem escritor, Nikolai Alekséievitch Nekrássov.

Durante semanas, Grigórovitch vê o amigo passar horas a fio escrevendo, curvado sobre a escrivaninha, que só abandona para fumar. Porém, quando faz perguntas, Dostoiévski evita responder. No início de maio, este entra de repente em seu quarto e pede que escute sem interromper. Então lê do início ao fim *Gente pobre*.

Grigórovitch não consegue encontrar palavras para descrever seu entusiasmo. Decide sair e falar imediatamente da obra para Nekrássov, que já é conhecido no meio literário de São Petersburgo. Os dois decidem se revezar e ler em voz alta algumas páginas: não param até chegar ao fim e choram nas passagens mais dramáticas. Às três da manhã, batem à porta de Dostoiévski, o acordando para expressar sua alegria: "Nasceu um novo Gogol", dizem para ele. No dia seguinte, Nekrássov e Grigórovitch vão juntos até a casa de Vissarion Grigórievtch Bielínski, o grande crítico literário da geração anterior, cujos severos julgamentos são lei. Este começa rindo na cara deles, antes de se render à evidência: é preciso ter dom para escrever aos 25 anos um romance que revela semelhante compreensão da vida e seus sofrimentos. É o primeiro romance social russo, decreta Bielínski. Além disso, que capacidade de traçar em poucas palavras, em poucas linhas o retrato de um personagem: "Tudo é verdadeiro, profundo e grande...".

Bielínski quer conhecer aquele jovem escritor.

Nekrássov corre para levar a boa notícia. Dostoiévski fica muito feliz, depois perde a confiança. O que um homem tão extraordinário como Bielínski teria a dizer para alguém tão insignificante como ele? No instante seguinte, muda de opinião, convencido de que escreveu uma obra genial que o coloca de uma vez no patamar dos maiores. Então volta atrás: seu livro é medíocre, e Bielínski logo vai se dar conta disso. Nekrássov observa que nunca viu alguém passar com tanta rapidez de um estado de espírito para outro, oposto ao anterior: "Ora a noite escura, ora o brilho do sol sobre a neve".

Finalmente, ele se decide e os dois partem.

Bielínski vive em um modesto quarto e sala, ao qual se chega por uma escada de serviço de um suntuoso imóvel localizado no cruzamento da Fontanka e da Névski Prospekt. No local há livros em todos os cantos, perfeitamente organizados. Na escrivaninha, cada papel está no devido lugar, cada pequeno objeto disposto com cuidado. Nas paredes, retratos de Voltaire e Goethe, mas também de Púchkin e Gogol. Bielínski tem apenas 35 anos, mas os cabelos loiros e ligeiramente ondulados já começam a esbranquiçar, assim como a barba, que passara a usar havia pouco. Ele tosse muito. Ao falar de *Gente pobre*, cujas qualidades elogia, se empolga e passa a discorrer sobre a arte em geral, sobre a vocação da literatura, sobre os deveres do escritor e conclui, se dirigindo a Dostoiévski:

> Para você, porque você é um artista, a verdade se revelou inteira. É um dom que você carrega dentro de si. Permaneça fiel a ele e você será um grande escritor...[2]

Dostoiévski fica comovido. "Foi o minuto mais exaltante de toda a minha vida", se lembrará mais tarde.

Enquanto o romance não é publicado no *Almanaque de Petersburgo* de Nekrássov, cujo lançamento está previsto para janeiro de 1846, já se fala da obra no meio literário. Sem imaginar a que ponto essa fama repentina é mundana e tênue, Dostoiévski está nas nuvens: "Tenho um futuro brilhante, irmão!", escreve a Mikhail, que fica alegre como se aquele sucesso fosse seu. É verdade que existem motivos para perder o chão. A nata de São Petersburgo quer conhecer esse jovem autor tão promissor, que é elogiado e convidado a ler fragmentos de seu romance. Donos do mais famoso salão literário da capital, Ivan Ivánovitch Pânaiev, renomado homem de letras, e sua esposa Avdótia Iakovlevna, também escritora, dedicam uma noite ao autor de *Gente pobre*, festejado com toda a pompa que seu talento merece.

Filha de um célebre ator trágico, isto é, plebeia, Avdótia Iakovlevna Pânaieva tem 25 anos, é famosa pela beleza e dona de curvas voluptuosas e uma cintura de pilão. Depois de muitos anos de dança, seus movimentos têm uma graça que atrai olhares. Tem cabelos de um preto intenso, olhos enormes, uma boca de lábios marcantes, um queixinho saliente. Todos sabem que não é feliz com o marido mulherengo, pândego, escritor medíocre, que se contenta com uma fama de meia-tigela e parece pouco disposto a buscar outras verdades além daquelas do dia a dia. Sua esposa tem outras ambições, sonha com uma paixão capaz de trazer elevações espirituais e dá a entender isso em cada olhar, em cada palavra, em cada gesto, o que a torna ainda mais sedutora.

Avdótia Pânaieva expressa por sinais talvez inequívocos sua admiração pelo jovem escritor, que ela lembra ser muito nervoso e ter um tique constante nos lábios. Ela defende Dostoiévski com um fervor talvez ambíguo quando aqueles que o haviam admirado durante alguns meses se voltam contra ele, que se torna motivo de chacota nos círculos mundanos – aquele homenzinho com cabelo de um loiro desbotado, raquítico, de pele amarelada, doentio, parece tão indefeso!

Dostoiévski conclui que ela poderia amá-lo. Apaixona-se perdidamente, atraído tanto pela beleza de Avdótia quanto pelo meio ao qual ela pertence, que deve parecer luxuoso a um rapaz mais acostumado com agiotas e casas de penhores. Sem falar que o coquetismo natural dessa cortejadíssima mulher deve ter grande efeito sobre um jovem que, depois de anos de vida quase militar, mal tira os olhos dos livros.

Para infelicidade dele, Nekrássov é o escolhido.

Em 15 de novembro de 1845, Dostoiévski escreve ao irmão Mikhail que está apaixonado por essa mulher "inteligente e bela, amável e franca". Poucos meses depois, acredita que a paixão passou, sem no entanto ter certeza.

Nos primeiros dias de dezembro de 1845, Dostoiévski lê na casa de Bielínski sua nova história, *O duplo*. O jovem e ainda desconhecido Turguêniev, que acredita que *Gente pobre* ganhou elogios exagerados, sai antes do final da leitura. Já o anfitrião fica bastante admirado. Elogia o requinte da análise psicológica que explica os transtornos mentais do herói pelos sofrimentos reais infligidos por uma sociedade injusta. Dostoiévski, que narra o drama pessoal de um indivíduo honesto confrontado com um mundo hipócrita, implicitamente contesta, é verdade, a ordem estabelecida. Por isso, parece estar do mesmo lado de Bielínski, o dos revolucionários que pensam que uma mudança social é necessária e pode e deve ser feita de modo violento. "Ele vê em mim a prova para o público e a justificativa de suas ideias"[3], observa Dostoiévski, que parece aceitar com satisfação ser recrutado dessa forma.

Tomando de maneira natural o partido do homem que o elogiou e lhe deu reconhecimento literário, talvez também por convicção, e quem sabe movido pelo desejo de provocação que é sempre uma maneira de se impor em um ambiente hostil, Dostoiévski começa a elogiar a Revolução Francesa no salão de Pânaiev, onde a atitude é vista como de mau gosto. As pessoas acham o escritor metido, o que não é mentira: "A minha ambição e o meu amor-próprio não têm limites"[4], reconhece Dostoiévski em uma das cartas da época. Nas reuniões da alta sociedade, ele muitas vezes guarda silêncio, dando a impressão de que faz isso por desprezar a pobreza de espírito dos demais. Quando enfim fala, se entusiasma esquecendo o decoro e, às vezes, dispensa os interlocutores batendo a porta. É agressivo por timidez e muito vaidoso, a ponto de atrair ironias a que responde com uma grosseria que passa por arrogância. É ofensivo com as pessoas, que pagam na mesma moeda, algo que seu orgulho não suporta.

Convencido de que é um gênio e mais confiante em sua capacidade de escritor do que deveria, o jovem Dostoiévski se engana ao acreditar que tudo o que sai de sua pena é excepcional no ato. Com uma espécie de agitação decorrente tanto da preocupação com dinheiro – descrita com amplos detalhes em cartas para o irmão – quanto do desejo de ser reconhecido, ele promete a gregos e troianos textos e mais textos, que não consegue entregar na data combinada. Para sair do apuro, recorre a mentiras que não convencem ninguém. Provavelmente faz bem em abandonar *Costeletas raspadas* e *Um conto sobre repartições suprimidas*, dois textos que tudo leva a crer serem sobretudo pastiches sem envergadura nos moldes de alguns contos de Gogol. *O senhor Prokhártchin*, publicado nos *Anais da pátria*, decepciona. As pessoas fazem questão de deixar isso bem claro, e ele se ofende. Torna-se ainda mais desagradável com os outros, que lhe viram as costas, o que o irrita. Dostoiévski é responsável por isso, como tem consciência:

> Tenho um temperamento tão insuportável e tão repulsivo
> [...]. Meus nervos não me obedecem mais. Sou ridículo e vil,
> e por isso sofro perpetuamente com conclusões injustas que
> tiram a meu respeito.⁵

Embora saiba disso, não pode fazer nada. Seu temperamento difícil é mais forte.

Logo um poema satírico maldoso circula pelos salões de São Petersburgo. Fala de um "simpático bravateador", cavaleiro da triste figura com uma autoestima tão alta que gostaria de condecorar os próprios livros, mas que desmaia quando é apresentado a uma bela moça de cachos dourados... Infelizmente, o incidente é verídico: em certo salão, quando um ilustre diplomata apresenta sua filha, Dostoiévski desvanece, algo que já lhe ocorrera na rua no momento em que, ao lado de Grigórovitch, avistou um cortejo fúnebre. Trata-se sem dúvida das primeiras manifestações de uma epilepsia ainda não diagnosticada.

Ela o será, depois de um novo ataque.

Após ser apresentado por um amigo – o crítico Valérian Nikoláievitch Máikov – ao dr. Stepan Dmítrievitch Ianóvski, o médico começa tratando o que julga ser uma anemia, sem levar muito a sério as queixas alarmantes de um paciente que aparentemente é hipocondríaco. Dostoiévski reclama de "uma irritação de todo o sistema nervoso, que se propagou até o coração", sem ser capaz de dar mais detalhes sobre sua saúde que, diz, "vai de mal a pior" e "se deteriora". Uma nova crise ocorre na rua, em 7 de julho de 1847, com desmaios e convulsões, sem deixar dúvida sobre a natureza da moléstia que assola o escritor. Não se trata bem de uma doença, antes de uma disfunção das células nervosas, repentina e temporariamente sujeitas a distúrbios provocados por "curtos-circuitos" inexplicáveis. Ianóvski não tem um tratamento a oferecer. Recomenda que o paciente leve uma vida tranquila, evite a fadiga excessiva e as emoções muito fortes, sobretudo durante a lua cheia.

Não faz recomendações sobre evitar desavenças, um equívoco.

Da noite para o dia, alguns ex-amigos se tornam os piores inimigos.

Existe a suspeita, acertada, de que Nekrássov, em conchavo com Turguêniev, faz circular uma maldosa caricatura de um Dostoiévski vaidoso e pretensioso. Amigo e discípulo de Bielínski, as ideias deste acabam se chocando contra as suas. Ateu com orgulho, Bielínski afirma em alto e bom som que o próprio Cristo também o era e que utilizou a religião apenas para levar consolo aos humildes. Nos dias de hoje, defende, Jesus seria revolucionário e socialista. Pior ainda: Bielínski, que só tem mais alguns meses de vida, se refere com palavras depreciativas ao povo russo, cuja devoção comprova a que ponto é atrasado. Isso é demais para Dostoiévski, que, como russo, se recusa a se considerar atrasado em relação às civilizações ocidentais, e cujo sentimento religioso é provavelmente mais profundo do que sugere sua vida de não praticante. Sem se atrever a atacar abertamente Bielínski, a quem deve por ter sido tão depressa conhecido e reconhecido como escritor, Dostoiévski prefere se afastar, algo que não passa despercebido pelo outro. Vingativo ou talvez apenas decepcionado com as poucas histórias medíocres, escritas às pressas, que Dostoiévski acaba de publicar e que qualifica em uma de suas cartas de "asneiras enormes", Bielínski volta atrás em seus julgamentos. Talvez tenha se enganado ao tomar por gênio um talento que, no fim das contas, se revela medíocre. Opinião também dividida por Gogol, que acha o jovem escritor prolixo demais.

Não é preciso mais para que o tom da opinião pública mude e para que aquele que até ontem era bajulado passe a ser tratado com desdém.

Dostoiévski tem a sensação de estar em guerra "com toda a literatura russa, com as revistas e a crítica". Trabalha sem descanso em um novo romance, *Niétotchka Niezvânova*. "Devo provar minha superioridade sobre todos os outros e zombar de quem não me quer bem"[6], afirma Dostoiévski. Desapontado por ver Avdótia Pânaieva preferir Nekrássov, de quem será companheira por cerca de quinze anos, Dostoiévski não põe mais os pés nos salões. Não frequenta mais o círculo de Bielínski e seus amigos, algo importuno para um ego que sente a necessidade de se exibir. Com antigos colegas da Escola de Engenharia, cria uma "associação" cujos membros se encontram em um apartamento comum na Ilha de Vassílievski, na linha 1, perto da Bolshoi Prospekt, para onde Dostoiévski se muda em novembro de 1846. Fazem parte Dmítri Grigórovitch, o poeta Aleksei Nikoláievitch Plechtchéiev, os irmãos Bekétov, Valérian e Apolon Máikov. Todos esses jovens são apaixonados pelas artes e pelas letras mas, diferente de Bielínski e seus seguidores, não acreditam que o papel da literatura seja didático nem que ela deva estar a serviço de uma ação política e social. Embora também considerem que a sociedade russa precisa evoluir, acreditam mais nas reformas vindas de cima, eventualmente por pressão de uma camada de intelectuais que pode ajudar na contestação e na transformação do poder.

Dostoiévski também pensaria assim? Há razões para se desconfiar disso. Em pé de guerra contra aqueles que feriram seu orgulho, ele se conforma com essas ideias frouxas enquanto espera o momento para travar uma luta muito mais radical. Então veriam quem era o verdadeiro "revolucionário", se ele ou os Bielínski, os Nekrássov e outros que se limitam a falar, incapazes de agir.

Sem dinheiro, Dostoiévski interrompe o romance para escrever um texto curto, *A senhoria*, que o agrada: "O resultado já é melhor do que *Gente pobre*. Segue a mesma linha. Minha pena é movida por uma fonte de inspiração que brota direto da alma".[7] Para sua infelicidade, essa não é a opinião de todos. Publicada em outubro de 1847, a novela é mal recebida pela crítica. Bielínski afirma que "cada nova obra de Dostoiévski é uma nova queda". Acrescenta que, na sua opinião, se o autor já não tivesse uma pequena reputação, ninguém teria notado esse texto, em que "tudo é rebuscado, empolado, enfático, simulado e falso".[8] Os amigos de Bielínski acompanham o relator. A *Abelha do norte* deplora as imperfeições de um autor que ignora as exigências da arte. A *Coleção literária e científica de Moscou* conclui que *Gente pobre* foi um acaso feliz na produção literária de um autor medíocre. O *Moscovita* observa que um talento sem vigor logo é corrompido, preso na armadilha das ofertas dos editores que pedem textos.

O próprio Dostoiévski acaba reconhecendo isso em uma carta enviada cerca de dezoito meses depois a Andrei Aleksándrovitch Kraiévski, seu novo editor:

> Para manter minha palavra e entregar o texto no prazo, eu me violentava e escrevia coisas tão ruins como *A senhoria*, o que me levou a mergulhar na perplexidade e na autodifamação a ponto de, por muito tempo, não conseguir escrever nada bom e adequado. Cada um dos meus fracassos desencadeava em mim uma doença.[9]

Naturalmente, não se deve dar muito crédito a confidências dessa natureza. Destinadas a quem Dostoiévski pede dinheiro, essas revelações muitas vezes escondem mentiras circunstanciais e passam uma medida exagerada de desventuras em parte imaginárias. Essa "perda de fama", cuja carta a Kraiévski dá a entender que foi uma catástrofe, é apresentada de outra maneira em uma missiva de Dostoiévski ao irmão Mikhail: é claro que essa diminuição de sucesso não é capaz de acalmar sua natureza irascível, nem de impedi-lo de lançar na cara dos outros "hipérboles que voam de um lado a outro", nem tampouco de evitar que deixe um salão sem se despedir. Porém, o impele a trabalhar mais para se impor a todos que duvidam de seu talento.

Aliás, com razão.

Lançada no início de 1848, a novela *Polzunkov* só será republicada postumamente. Os poucos trabalhos seguintes, também escritos às pressas, não confirmam as qualidades demonstradas por Dostoiévski no primeiro romance.

Dostoiévski não fica muito tempo no apartamento da Ilha de Vassílievski. Ele deixa os colocatários e volta a morar sozinho, do outro lado do canal Grande Neva, na casa Chil, um prédio de três andares situado na esquina da Voznessenski Prospekt com a Morskaia, que leva direto à Névski Prospekt. Ali, ao sair de uma confeitaria, é abordado por um desconhecido que pergunta o tema de seu próximo romance. Vestido com toda elegância, ele tem um rosto triangular emoldurado por uma barba e dominado por uma testa de largura surpreendente. Também nascido em 1821, filho de um renomado médico pertencente à nobreza, Mikhail Vassílievitch Butachévitch-Petrachévski se formara em direito e trabalhara como tradutor no Ministério de Relações Exteriores. Ele publicou em 1845 um *Dicionário de bolso de palavras estrangeiras* em que elogiou de maneira furtiva o socialismo utópico. Seduzido pelas ideias de Fourier e com a esperança de um dia poder aplicá-las na Rússia, formou um círculo de amigos que dividiam os mesmos pontos de vista e se reuniam semanalmente em sua casa de madeira na Ilha Kolomenski, do outro lado do canal Kryoukov. Petrachévski convida Dostoiévski para as reuniões de sexta-feira.

Dostoiévski comparece pela primeira vez em dezembro de 1846 ou janeiro de 1847.

Encontra um grupo de pessoas inteligentes e instruídas que debatem com competência temas que também o interessam e sobre os quais pode manifestar sua opinião, o que lhe permite brilhar e angariar a admiração de que parece necessitar tanto. Na casa de Petrachévski, tem acesso a uma biblioteca riquíssima em obras estrangeiras – muitas, difíceis de encontrar e às vezes proibidas, difundem as ideias socialistas cada vez mais comuns na Europa Ocidental. Dostoiévski se apressa a ler esses títulos e, muito admirado com as ideias de Fourier e Proudhon, retoma por conta própria a luta de Bielínski e seus amigos, a quem virara as costas mais por rancor pessoal do que por desavença ideológica. Como a maioria dos que se reúnem na casa de Petrachévski, ele quer uma flexibilização da autocracia, a abolição da servidão, uma reforma da justiça e o fim da censura. A caridade cristã deveria ser utilizada para melhorar a vida dos pobres e infelizes. Isso seria feito respeitando a fé ortodoxa – que seria absurdo querer substituir pelo "novo cristianismo" do Conde de Saint-Simon –, uma vez que oferece todas as referências necessárias para a "sociedade fraterna" desejada pelos socialistas.

Essa busca por um mundo melhor que anima um grupo de jovens pode ser tema para um romance de atualidade. As anotações de Dostoiévski guardam alguns traços desse projeto. Como sempre, começa escolhendo seus personagens entre aquelas pessoas que encontra todas as sextas na residência de Petrachévski: o aluno de ciências Pável Filipov, o notável orador Vassíli Golovínski, o tenente de esquadra Konstantin Timkóvski, autor de um livro sobre o teatro espanhol e que desejava escrever outro para provar "cientificamente" a existência de Deus.

Falta nessa lista o sujeito provavelmente mais estimado por Dostoiévski à época: Nikolai Aleksándrovitch Spechniev.

Trata-se de um riquíssimo proprietário de terras da região de Kursk. Com a morte de seu pai, provavelmente assassinado pelos servos, como o de Dostoiévski, Nikolai herda uma fortuna considerável que lhe possibilita viver por vários anos em Paris e na Suíça, onde conhece sua esposa, uma polonesa que, depois de abandonar marido e filhos por ele, põe um ponto final a seus dias em um ataque de ciúme. De fato, Spechniev é um homem bonito, alto, com cabelos cacheados de um tom vermelho-escuro na altura dos ombros largos. Bakúnin, teórico do anarquismo que o conhecera, acha Spechniev inteligente e instruído, calmo, um homem que passa uma sensação de força e confiança, "um perfeito gentleman". No círculo de amigos de Petrachévski, Spechniev goza de uma autoridade inquestionável que ofusca a de Dostoiévski. O escritor sofre com isso, mas não pode reagir, também enfeitiçado pelo encanto desse indivíduo, de quem por sinal desconfia: o poder de persuasão de Spechniev é tão grande que pode levar alguém a duvidar das próprias convicções, e o fascínio natural que exerce sobre as pessoas é capaz de levar qualquer um a fazer algo bem além do que acharia razoável. "É o meu demônio", diz Dostoiévski, que aliás declara que não o conhece, ou muito pouco. Seu médico e agora amigo Stepan Ianóvski fica surpreso ao ouvi-lo dizer ao mesmo tempo que evita Spechniev e que está *"com ele e para ele"*.[10]

Inevitavelmente, é com Petrachévski e com Spechniev – que Dostoiévski sabe que gostaria de criar uma sociedade secreta destinada a preparar uma insurreição armada – que ele decide formar um grupo separado e mais restrito do que o da Ilha Kolomenski, que se reuniria também com regularidade em outro dia da semana. Eles recebem o reforço de Mikhail Dostoiévski, que deixara seu posto em Reval para se dedicar a um trabalho literário na capital.

As primeiras reuniões datam de novembro de 1848.

Neste momento em que a Europa se vê agitada por movimentos revolucionários, Nicolau I, o "Gendarme da

Europa" – que acaba de enviar suas tropas para restaurar a ordem nos principados do Danúbio, também imersos em tumulto geral –, decide não deixar por nada no mundo essa febre libertária ganhar a Rússia.

Nossa juventude e nossas esperanças

A presença de Dostoiévski se torna rara nas reuniões das sextas-feiras na casa de Petrachévski. Explica ele a quem quiser ouvir que o círculo, antes restrito, cresceu de tal maneira que passou a ser imprudente falar abertamente e que agora, muito ecléticos, os temas das discussões não mais, ou raramente, abrangem arte e literatura. Cabe perguntar por que precisaria se encontrar só com alguns – poucos e de confiança –, no que lembra muito uma sociedade secreta, para "falar abertamente" a respeito de arte e literatura. Seja como for, é na residência de Petrachévski que lê, com um talento de interpretação que será reconhecido, o poema de Púchkin "Campo", que termina com uma pergunta retórica: "Quando vou ver, ó, meus amigos, o povo libertado da opressão?".

Para todos esses jovens, a abolição da monarquia na França é uma lição. Os outros povos europeus que gostariam de seguir o exemplo francês estão em polvorosa. Os regimes autocráticos perderam sua legitimidade e, se ainda têm forças capazes de defendê-los, o seu futuro parece comprometido. A Rússia não é exceção à regra. Nicolau I está longe de perceber que em parte é responsável pela agitação que o ameaça. Tsar legalista e que deseja fazer a máquina do Estado funcionar, ele precisa de uma elite culta, capaz de gerir o império e fazer todos os súditos desfrutarem, ainda que de maneira muito desigual, da imensa riqueza do país. Como a nobreza hereditária é muito pequena para atender às necessidades administrativas, o tsar, sem imaginar que assim introduz a raposa no galinheiro, permite que jovens formados vindos de camadas pobres e médias façam carreiras de acordo com os próprios méritos. Esses intelectuais de origem modesta são chamados para defender uma ordem que, embora tenha permitido sua ascensão, não é a deles, estabelecida para espoliar as classes sociais a que pertencem. Sem falar que a educação lhes dá acesso a ideias novas que, já há um século, propõem modelos de existência coletiva mais equilibrados e mais adequados à dignidade de todos, algo que o cristianismo havia proclamado sem conseguir impor.

Dividida em relação ao caminho a tomar – seguir o exemplo da Europa ou buscá-lo nas tradições autóctones –, a *intelligentsia* russa de meados do século XIX acredita ter uma missão sagrada. Cada um à sua maneira e diversas vezes em uma exaltação que leva ao sacrifício, muitos desses intelectuais pensam que têm o dever de proporcionar aos seus compatriotas, paralelamente a seus correligionários de outras nacionalidades e, por que não, a toda a humanidade, uma nova vida, uma fraternidade autêntica, uma felicidade digna e que respeite os outros.

Tais aspirações são consideradas incendiárias pela Terceira Seção da 1ª Chancelaria Imperial, encarregada de manter a ordem. Um informante se infiltra no círculo de Petrachévski, ainda mais vigiado porque se teme que os estudantes que o frequentam estabeleçam ligações entre a juventude de São Petersburgo e os meios explosivos. Além disso, o grupo começa a funcionar por células, o que sugere que existiam alguns segredos que, por proteção, devam ser conhecidos apenas por alguns.

Depois de uma série de palestras sobre a doutrina de Fourier e a felicidade familiar no falanstério, depois da intervenção de Spechniev falando sobre comunismo e religião, seguida de outra em que apresenta os princípios básicos da economia política, Dostoiévski, prudente, faz no círculo de Petrachévski três apresentações sem implicações políticas. Nas duas primeiras, defende a autonomia da arte, na terceira, aborda o egoísmo. Age assim provavelmente para proteger melhor a missão que recebeu e aceitou daqueles que se reúnem na casa de Serguei Fiódorovitch Dúrov e que lhe pediram para levantar uma gráfica clandestina destinada a publicar artigos e livros que não receberam o visto da censura. Dostoiévski sabe, no entanto, que não vai publicar apenas obras literárias, já que o objetivo final dos camaradas é derrubar o regime.

Enquanto isso, na esperança de ganhar algum dinheiro, Dostoiévski publica as três primeiras partes (não haverá outras) do romance em que vem trabalhando há um ano, *Niétotchka Niezvânova*, obra em que seria difícil detectar ideias sediciosas, mesmo que passe a imagem de uma sociedade russa à deriva. No final de março, ao entregar ao editor as últimas folhas da terceira parte, Dostoiévski pede dez rublos: está sem dinheiro até para comprar café e cigarros, argumenta. Não vai levar, o que o contraria. Esse valor seria para pagar um jantar no Hotel da França, para o qual já havia convidado vários amigos. Pede dinheiro emprestado, algo habitual e que não o constrange: as pessoas comuns têm a obrigação de ajudar um gênio cujo talento excepcional vai angariar mais cedo ou mais tarde uma fortuna que lhe permitirá restituir o empréstimo ao cêntuplo.

Em 1º de abril de 1849, na residência de Petrachévski, Dostoiévski profere palavras extremamente virulentas contra a censura e reivindica a abolição da servidão, o que é registrado no relatório policial. No dia seguinte, participa de uma reunião na casa de Dúrov. No dia 7, ao lado de Spechniev e Petrachévski, está entre aqueles que celebram a data de nascimento de Charles Fourier no apartamento do professor Aleksandr Europeus. Diante do retrato em dimensões reais do filósofo trazido de Paris, os convidados recitam poemas revolucionários, leem trechos de seu livro *O novo mundo industrial e societário*, que pretendem traduzir e divulgar, e fazem discursos inflamados que são mais apelos à construção de uma sociedade democrática e igualitária na Rússia. No dia 15, lê na casa de Petrachévski a famosa carta de Bielínski a Gogol, cuja cópia lhe fora enviada por Plechtchéiev, de passagem por Moscou.

Essa famosa carta circulava por baixo do pano e todos já tinham ouvido falar dela, mas ainda ninguém em São Petersburgo tivera a missiva diante dos olhos. Em *Trechos selecionados de minha correspondência com os amigos*, publicado em 1846, Gogol, cuja fé assumira formas estranhas desde que sua lucidez vacilava, declarou sua convicção de que a religião podia trazer a tão desejada paz social à Rússia, uma vez que os proprietários rurais se mostrariam caridosos com seus servos, que, por sua vez, aceitariam sua condição com bondade, considerando-a como a manifestação de uma ordem divina. Pouco antes de sua morte, em 28 de maio de 1848, Bielínski dera uma resposta por meio de um panfleto mordaz, acusando Gogol de fracassar na vocação de escritor ao se fazer apologético da escravidão e do obscurantismo. Além disso, também acertava as contas com o clero ignoro e vil e com o povo russo que não valia muito mais – ateu no fundo, como Bielínski defendia, só se refugiava na religião por superstição. De passagem, afirmava que com certeza Voltaire estava mais próximo de Cristo do que todos os popes e os bispos da Rússia e dos outros lugares.

Esse não é exatamente o ponto de vista de Dostoiévski, que conhece o conteúdo da carta, lida um dia antes na casa de Dúrov, e que talvez não tivesse a intenção de espalhar ideias tão diferentes das suas, ao menos em certos pontos. No entanto, tira tanta vaidade da leitura das páginas dessa carta, que só ele tem, e o prazer de recitar frases inflamadas e contestatórias é tão sedutor que não hesita nem por um segundo em colocar seu talento a serviço de um texto que não aprova na totalidade. Leva uma bela recompensa, visto que em seu relatório o estudante infiltrado pela Terceira Seção fala de um público "eletrizado", que no mesmo instante decide imprimir na clandestinidade a carta e divulgá-la.

Uma última reunião do grupo de Petrachévski ocorre em 22 de abril, no mesmo dia em que o tsar assina a ordem de parar a atividade desses desordeiros cujas palavras, "mesmo que não passem de mentiras"[1], lhe parecem intoleráveis.

Trinta e quatro participantes das reuniões de sexta-feira são presos de madrugada.

Dostoiévski passa parte da noite na casa de Nikolai Pávlovitch Grigóriev, autor de *Conversação de um soldado*, panfleto cáustico contra o exército e, de modo implícito, contra a monarquia, lido recentemente no círculo de Petrachévski. Sai por volta de três da manhã, levando um livro proibido: *Le Berger de Kravan, causeries sur le socialisme*, de Eugène Sue. Ao chegar em casa, mal tem tempo de ir para a cama antes de a polícia arrombar a porta. Uma diligência aguarda embaixo, e ele é levado para a Terceira Seção, localizada na Fontanka, depois encarcerado no revelim Alekséievski da Fortaleza de Pedro e Paulo, reservado aos presos políticos. Nesse mesmo revelim, pequeno e de fachada feia, haviam sido presos 25 anos antes, antes do enforcamento, os membros de outro grupo revolucionário, os decabristas.

Dostoiévski ocupa a cela nº 9. Minúscula e ao nível do mar, é fria e úmida. Há no local um catre de madeira, uma mesa, um banco, uma pia e uma latrina. As paredes estão cobertas de mofo. Pequenas, as janelas têm grade tripla e vidros pintados. Uma porta de madeira com um postigo dá para um corredor sempre banhado de trevas, de modo que o detento nunca enxerga o olho do guarda quando este espia. Os presos, exclusivamente políticos, são chamados pelo número da cela. A correspondência é limitada com severidade, e as cartas são lidas pela administração da prisão.

Eles têm o direito de fazer anotações. Dostoiévski aproveita a oportunidade para escrever um conto de surpreendente serenidade: *Um pequeno herói*, uma história de amor vista pelos olhos de um pré-adolescente, em uma paisagem rural com prados floridos e cantos de pássaros. Chega a esboçar o projeto de outro conto e o de dois romances que nunca vai escrever. Essa atividade o mantém ocupado em um momento em que o tempo parece não andar, arrastado. Seus nervos resistem mal a essa provação:

> Todas as noites tenho sonhos demorados e absurdos e, ainda por cima, há algum tempo sinto que o chão debaixo de mim não para de vacilar e que estou na cela como em uma cabine de navio. De tudo isso deduzo que meus nervos estão degringolando. Antes, quando esses períodos de nervosismo me ocorriam, eu os usava como incentivo para escrever – nesse estado sempre se escreve melhor e mais –, mas agora evito para não chegar definitivamente ao fundo do poço...[2]

As leituras são supervisionadas, e os presos só têm direito a livros "apropriados". Dostoiévski pede a Bíblia, em versão francesa e eslava, as peças de Shakespeare e a revista *Anais da pátria*. Tem permissão para fazer caminhadas curtas no jardim, "que tem dezessete árvores".

O destino desses detentos, considerados perigosíssimos, depende do poder discricionário do tsar. Em 26 de abril, ele nomeia uma comissão de cinco membros para julgar esses jovens acusados de conspirar contra o Estado. Presidida pelo general Ivan Aleksándrovitch Nabókov, um veterano de Borodino e governador da fortaleza de São Petersburgo, essa comissão é composta por oficiais superiores e senadores. Bastante velhos, usam uniformes resplandecentes, têm o peito coberto de medalhas e pertencem às grandes famílias que fizeram a glória da Rússia. O príncipe Vassíli Andréievitch Dolgorúkov é ministro adjunto do Exército e famoso por ter reprimido com violência o motim nas colônias militares de Nóvgorod e a revolta polonesa. Pavel Pávlovitch Gagárin, criado entre os jesuítas, é senador. Chefe das escolas militares, Iakov Ivánovitch Rostóvtsev fora o responsável, atormentado em ver a radicalização do movimento dos decabristas a que pertencia, por denunciar seus companheiros – alguns acabaram enforcados. Leonti Vassílievitch Dubelt é o chefe do corpo de guardas.

Dostoiévski é ouvido nos dias seguintes, e as atas das audiências dão uma ideia exata de como ele pretende se defender. Além do depoimento, é convidado a escrever uma "Explicação" para a Comissão de Inquérito, o que ele faz no início de maio.

Expõe com rigor e sem cerimônia suas convicções, certo de que as reformas defendidas são benéficas para o país e o povo. A monarquia, que ele afirma nunca ter questionado, já que desde Pedro, o Grande, é a responsável por impor a mudança para uma população ignorante e obstinada, faria bem em adotá-las para seu próprio interesse. Dostoiévski reivindica a qualidade de escritor, afirma o papel eminente dos artistas no avanço das sociedades e condena com violência a censura, que desejaria silenciá--los e levá-los a trair sua vocação. Admite ter sido seduzido pelas ideias de Fourier, que propõe um sistema social harmonioso, mas na sua opinião inaplicável à Rússia, cuja cultura e tradições são diferentes das dos países ocidentais. Ao evocar os amigos, se esforça para apresentá-los como pessoas corretas cuja principal preocupação é o bem do povo e os interesses mais elevados do país.

A Comissão de Inquérito o acusa de ter escutado sem contestar a fala do tenente Nikolai Grigóriev, que denigre o exército. Por sinal, na mesma ocasião ele chegara a condenar com tanto ardor as medidas coercivas aplicadas que um dos presentes o havia aconselhado a sair na rua com uma bandeira vermelha. Dostoiévski responde que ninguém tem o direito de desrespeitar a dignidade de um homem. A Comissão considera essa ideia sediciosa e informa que tem autorização para prender acusados insubordinados. Ele fala de caridade cristã. A Comissão o censura por ter lido em público a carta de Bielínski, na qual o clero é tratado como um bando de ladrões e vigaristas, instrumento passivo de um poder que despoja o povo e ridiculariza a fraternidade pregada por Cristo. Ele se defende dizendo que não compartilha das opiniões "exageradas demais" do ex-amigo, e admite ter sido um erro a leitura do texto, que considerava um documento literário. A Comissão recorda a Dostoiévski seu tom de voz exaltado, que despertara o entusiasmo veemente dos outros participantes da reunião.

Em suma, ele queria passar a imagem de um bondoso escritor que fala ao povo a linguagem da arte, mas em discussões com Spechniev mencionava "derrubar o tsar e sua família", até pela violência se fosse necessário. A Comissão encontrou também na casa de um dos acusados um mapa de São Petersburgo, com indicações a respeito dos locais de barricadas a erguer no momento da revolta popular. Era de se supor que os autores tivessem pedido a opinião de um especialista em engenharia militar, como Dostoiévski ou seu irmão Mikhail – que só vai se juntar aos camaradas na prisão alguns dias depois, já que Andrei fora preso por engano em seu lugar. Dostoiévski nega conhecer tal projeto. Também desconhece a existência de um documento – em posse da Comissão – escrito por Spechniev, pedindo aos signatários para se envolver de corpo e alma, quando chegar a hora, a fim de garantir o triunfo da insurreição armada destinada a derrubar a monarquia. Trata-se provavelmente de um esboço que seu autor não havia considerado oportuno mostrar aos camaradas. Sim, chegaram a pensar em uma gráfica clandestina. No entanto, como em sua maioria os presentes na casa de Dúrov na noite em que o assunto foi discutido se mostraram contra, o projeto foi abandonado.

Dostoiévski chega a afirmar que seu irmão Mikhail lhe dissera na mesma noite que nunca mais voltaria a colocar os pés naquelas reuniões.

Não é certo que apenas essa afirmação tenha sido suficiente para inocentar Mikhail Dostoiévski, que é solto em 24 de junho, nenhuma acusação sendo mantida contra ele. Alguns desconfiam que ele revelou informações úteis para a investigação – teria ficado em pânico diante da ideia de deixar a esposa e os filhos sem um meio de sustento. Anos depois, muito tempo após a morte do irmão, no *Diário de um escritor*, Dostoiévski refuta indignado essas alegações, sem convencer.

Contudo, a Comissão de Inquérito parece ter deixado passar o essencial: em uma carta de 1885 (publicada apenas em 1922) endereçada ao professor Pavel Aleksándrovitch Viskovatov, que se tornaria um dos mais famosos historiadores da literatura russa, Apolon Máikov, interrogado com os outros membros do grupo e que talvez tenha conseguido a liberdade revelando o projeto da gráfica clandestina, afirma que "ninguém conhece de verdade o caso Petrachévski". Ele acrescenta: "O que era importante permaneceu desconhecido pela Comissão".[3] Em outra parte da carta, conta que Dostoiévski o teria convidado para participar de um projeto cujo objetivo era "fazer a revolução na Rússia".[4] Também é interessante observar que as memórias que Nikolai Spechniev ditou em 1882, poucos meses antes de sua morte, a Anna Grigórievna Dostoiévskaia, a viúva do escritor, desapareceram sem deixar rastro. Talvez trouxessem detalhes embaraçosos em relação aos posicionamentos posteriores de Dostoiévski – que se tornaria um inimigo feroz dos terroristas cujas convicções tinha compartilhado, disposto aparentemente a travar uma luta que não era apenas teórica.

Seja como for, a Comissão decide pela culpa de 21 acusados. Observa que Fiódor Mikháilovitch Dostoiévski, que ao contrário da maioria dos companheiros reconheceu os fatos, se esforçando para justificá-los em vez de negá--los, deve ser considerado como "um dos mais perigosos" entre os conspiradores. Em setembro de 1849, o ministro de Guerra nomeia um Tribunal Civil e Militar. Em 16 de novembro, este envia o dossiê para apreciação. Em 19 de dezembro, os réus são condenados ao pelotão de fuzilamento. Nicolau I comuta essa sentença por pena de trabalhos forçados, mas exige, conforme o artigo 73 do código de processo penal, que a decisão só seja comunicada aos condenados depois de uma simulação da execução.

Às sete horas da manhã de 22 de dezembro de 1849, em uma temperatura de vinte graus abaixo de zero, eles são levados em várias diligências até a praça de armas Semenóvski, onde cerca de três mil curiosos, de acordo com relatórios da polícia, aguardam a execução. O regimento é organizado diante de três postes plantados na terra congelada e coberta de neve fresca. Os condenados se reveem pela primeira vez desde a detenção. Eles se abraçam. Na presença do governador-geral de São Petersburgo, do chefe de polícia, dos oficiais que comandam as unidades da Guarda do tsar e dos ajudantes de campo do tsar, o procurador lê a sentença de morte. Os condenados têm seus casacos retirados e recebem camisas grosseiras que caem até os tornozelos. As mangas compridas permitem que o carrasco amarre os condenados no poste, antes de lhes cobrir o rosto com o capuz, que substitui a venda. Petrachévski agita as mãos com um movimento cômico e cai na gargalhada.

Eles serão executados em grupos de três.

Dostoiévski faz parte do segundo grupo e abraça Plechtchéiev e Dúrov, que se encontram ao lado dele, e sussurra em francês no ouvido de Spechniev: "Nós vamos para o lado de Cristo". "Nós vamos virar pó", responde este.

Um padre faz um sermão final e entrega uma cruz para os presos beijarem. Petrachévski, Mombelli e Grigóriev são amarrados nos postes. Os capuzes são colocados, rufam os tambores, os soldados apontam.

Um mensageiro a cavalo cruza a praça e entrega um envelope ao general Sumarokov, que comanda a execução. Ao fim de uma ordem sua, os detidos são desamarrados e levados para o lado dos demais. O general lê a ordem do tsar que comuta a sentença de morte dos presos. Dostoiévski é condenado a quatro anos de trabalhos forçados e, em seguida, a servir como soldado raso.

Uma troica já está ali para levar Petrachévski, o primeiro a ir para a Sibéria. Os guardas acorrentam seus pés diante dos outros prisioneiros, que o abraçam. Enquanto aguardam o momento de partir para o degredo, são reconduzidos para a Fortaleza de Pedro e Paulo. Continuam sem ter o direito de receber visitas, mas podem enviar cartas para a família. Dostoiévski escreve uma longa carta ao irmão Mikhail:

> Hoje eu morreria, passei 45 minutos com esse pensamento, experimentei a sensação do momento final e agora estou vivo outra vez! [...] Assim que vejo meu passado, penso em todo o tempo desperdiçado em vão, em todo o tempo perdido com excessos, erros, ociosidade e incapacidade de viver – como eu fazia pouco-caso, quantas vezes pequei contra o meu coração e a minha alma –, e meu coração começa a sangrar aos borbotões. A vida é um dom, a vida é uma felicidade; cada minuto poderia ser um século de felicidade. [...] Irmão, eu juro que não vou perder a esperança e vou manter imaculados minha alma e meu coração.[5]

Essa profissão de fé é provavelmente destinada a esconder o pressentimento de uma traição. Dostoiévski acrescenta:

Talvez tenhamos um dia a oportunidade de evocar os tempos áureos do passado, aqueles de nossa juventude e nossas esperanças, que neste momento eu arranco sangrando de meu coração e sepulto.[6]

Casamento de um proscrito

Dostoiévski deve tomar o caminho da Sibéria no dia de Natal. Na véspera, pôde enfim ver seu irmão por uma exceção aberta pelo diretor da fortaleza. O encontro entre os irmãos ocorre na sala do diretor, na presença de seu amigo Aleksandr Pietróvitch Miliúkov, que conta a cena. Mikhail tem lágrimas nos olhos, e seu irmão, calmo, o consola:

> Não estou indo para a cova. Na galé, talvez eu não encontre apenas animais selvagens. Com certeza haverá homens como eu, talvez melhores. [...] Quando sair da galé vou recomeçar a escrever. Esses últimos meses me ensinaram muito, sobre mim inclusive, e com tudo o que vou viver e ver lá terei material.[1]

Durante a noite, o condenado é levado até a forja e tem os pés acorrentados. Três troicas abertas esperam diante da porta. Dostoiévski e os guardas que o acompanham entram em uma. Dúrov e Iástrembski, nas outras duas.

Faz uma linda noite de inverno, como se lembrará Dostoiévski. No céu sem nuvens as estrelas brilham. As ruas pintadas de neve estão desertas, mas em alguns pontos, pelas janelas iluminadas, é possível perceber árvores de Natal. Eles passam em frente à casa do editor Andrei Kraiévski, onde provavelmente se encontra Mikhail, convidado para a festa de Natal com sua esposa e filhos.

As diligências atravessam a província de Tver, passam por Níjni Nóvgorod e por Kazan, chegam enfim a Perm, onde faz menos quarenta graus. Cruzam os montes Urais, onde os cavalos e as troicas atolam na neve:

> A tempestade de neve fazia estragos. Descemos das troicas, era noite, e ficamos de pé esperando enquanto as desatolavam.

> Ao redor, a neve, a tempestade; à frente, o limite da Europa: a Sibéria, onde um destino desconhecido nos esperava; atrás: todo o passado. Era triste e derramei lágrimas.[2]

Estão na Ásia. Em 9 de janeiro de 1850, chegam a Tobolsk, depois de percorrerem quase três mil quilômetros. Com os três grandes pórticos em formato de arco e o imenso frontão, a prisão de Tobolsk parece um palácio. Só parece. A sala onde os forçados ficam presos tem pé-direito baixo, é fedorenta e miserável. Eles imergem nas trevas. Iástrembski tenta o suicídio, mas é impedido pelos demais. Dostoiévski passa a noite reconfortando o amigo.

O diretor da prisão abre exceções no regulamento.

Com os pés acorrentados, os condenados são levados a seu apartamento, onde são recebidos pelas esposas dos decabristas, que haviam acompanhado seus maridos até a Sibéria e permaneceram ao lado deles. Elas se sentem na obrigação de ajudar aqueles homens que também tiveram a coragem de afrontar o regime e a quem os antigos revolucionários, agora velhos, fazem questão de manifestar sua estima e sua simpatia. As mulheres trazem alimentos, roupas, cigarros, alguns livros permitidos. Praskóvia Iegórovna se chamava Pauline Guèble antes de se casar com Ivan Ánenkov, de quem não quis se separar no momento da condenação. Ela é acompanhada por sua filha e pela esposa de Nikita Muraviev, cujo primo, Aleksandr Muraviev, foi enforcado. Natália Fonvízina não lembra mais em nada a moça sedutora que brilhava nos salões da capital. Aos 47 anos, envolta em xales e com o cabelo escondido em um gorro de lã, parece uma velha. Ela entrega uma Bíblia a Dostoiévski, que nunca mais se separará desse livro sagrado.

Graças à intervenção dessas mulheres junto ao governador da região – cujos poderes são discricionários –, os presos, que de acordo com o regulamento deveriam ser transferidos para o local da pena a pé, serão levados de troica. Faz menos vinte graus e a neve, que cobre a região de outubro a abril, tem uma espessura de várias dezenas de centímetros. Dostoiévski chega a Omsk, distante cerca de seiscentos quilômetros, em 23 de janeiro de 1850.

Construída um século antes para dificultar as incursões das tribos das estepes, protegida por fossos e muralhas, a antiga fortaleza é utilizada agora como prisão. Estúpido e perverso, sempre bêbado, o diretor é famoso pela crueldade. Recebe os novos prisioneiros meio embriagado, xingando e prometendo chicotadas ao menor desvio de conduta. Os presos têm metade da cabeça raspada. Entre eles, os nobres são poupados da tatuagem na testa das três letras que indicam por toda a vida um forçado. O casaco de condenado apresenta na parte de trás um grande quadrado amarelo, o que permite que as pessoas identifiquem o forçado de longe e evitem contato. Eles são alojados em uma cabana de madeira podre, cujos aquecedores só fazem fumaça, sem produzir calor:

> O chão está envolto em três centímetros de sujeira, é fácil escorregar e cair. Janelinhas cobertas de neve, a tal ponto que durante qualquer horário do dia é quase impossível ler. Nos vidros, três centímetros de gelo. Há goteiras no teto, frestas em toda parte. E ficamos espremidos como sardinhas.[3]

Tábuas simples como cama e nada de cobertas. Um balde comum esvaziado pela manhã e à noite. Piolhos, percevejos, baratas.

E, além disso, os demais forçados. Ao olharem para aquela testa que não carrega a marca da infâmia, já sabem que o recém-chegado faz parte daquela classe de homens que desde sempre exploraram e humilharam os seus, daquela classe de homens que eles odeiam porque mesmo ali, na galé, têm privilégios. Vingam-se. Assim que o vigia se distrai, podem atacar maldosa e instintivamente, como animais. Seriam mesmo animais, esses "terríveis celerados"? Esse tártaro que matou os filhos? Esse outro assassino que tem inveja de sua Bíblia e quer roubá-la? Esse Aristov, "um Quasimodo pervertido"? É preciso domá-los para conhecê-los e compreendê-los para sentir pena.

Os forçados inspiram compaixão. Quando se dirigem para os locais de trabalho, recebem esmolas. Uma menina coloca nas mãos de Dostoiévski alguns copeques.

O médico da galé é caridoso à própria maneira. Talvez também porque seja a primeira vez que encontra um escritor e essa profissão inspire respeito. Sem ignorar que uma ordem específica vinda de São Petersburgo exige que "o político" Dostoiévski seja submetido sem qualquer indulgência ao regime comum dos forçados, ele encontra meios de interná-lo por longos períodos na enfermaria, por doenças nem sempre inventadas, diga-se de passagem. Em uma anotação de 1850, o médico cita uma crise bastante aguda de epilepsia, com perda de consciência, gritos, convulsões dos membros e dos músculos faciais, espuma, batimentos cardíacos acelerados, seguida de um estado de esgotamento de várias horas.

É uma boa desculpa para manter o preso na enfermaria, já que ali pode ter tanta utilidade quanto na oficina de extração do alabastro, onde ele gira ao longo do dia uma pesada mó, ou nas margens do rio Irtich – onde, com água fria até os joelhos, desmonta velhas embarcações. Na enfermaria, Dostoiévski cuida dos doentes e com muita frequência dos ferimentos dos forçados, impiedosamente açoitados com chicote ou vara, por ordens do diretor da prisão. Dostoiévski toma conta deles, conversa, conforta, passa a esses forçados a impressão de serem cidadãos, de que o fato de estarem na galé não os coloca irremediavelmente entre a massa indistinta de delinquentes descartada em bloco. Alguns apreciam isso. Dostoiévski faz amigos em todas as categorias de forçados, de quem ouve histórias trágicas e colhe narrativas ora desesperadas, ora resignadas, ora carregadas de fé cega em uma imanência cujos desígnios o homem não tem condições de julgar. São inúmeros relatos dolorosos e personagens fortes, cujas vidas, justamente porque foram arruinadas, deixam transparecer na fraqueza o que o dia a dia não revela senão raramente. Mais ainda, através dessas pessoas na maioria das vezes simples, Dostoiévski tem a sensação de descobrir a verdadeira natureza de seu povo:

> Quantos tipos populares e personagens trago eu da galé! Convivi com eles, por isso acredito que os conheço bastante bem. Quantas histórias de vagabundos, de bandidos e, em geral, de desolação e perfídias diárias! Material para preencher livros inteiros. Quantas pessoas incríveis! De modo geral, não perdi meu tempo. Aprendi a conhecer bem, se não a Rússia, ao menos o povo russo, talvez como poucos...[4]

Embora seja proibido ler outro livro além da Bíblia, os forçados têm direito, em datas festivas, a organizar espetáculos de teatro e de música. Dostoiévski se encarrega da direção. Gosta tanto das peças cômicas populares quanto das canções folclóricas e das romanças. Como essas pessoas rudes e incultas se tornam atores tão talentosos, capazes de interpretar e cantar tão bem? De onde vem esse senso artístico que os orienta com tanta precisão para o que é belo e comovente? Dostoiévski conclui que imensas forças criativas se escondem nas camadas profundas do povo russo, que perecem sem poder desabrochar, desperdiçadas inútil, "anormal, ilegalmente". De quem é a culpa?, pergunta Dostoiévski, sem achar oportuno fornecer uma resposta.

A galé o fatigou, naturalmente, de certa maneira, como confessa em uma carta a Natália Fonvízina pouco antes da libertação. Mas é "na adversidade que a verdade aparece" e é no sofrimento que Dostoiévski diz ter encontrado a fé. Precisava dela como "a relva seca" precisa de água:

> Nesses momentos, forjei em mim um Credo em que tudo me parece límpido e sagrado. Esse Credo é extremamente simples: crer que não há nada de mais belo, mais profundo, mais fraterno, mais racional, mais viril e mais perfeito do que Cristo. Não só não há nada parecido como penso com amor repleto de zelo que não poderia haver nada parecido. Até mais: se alguém pudesse me provar que Cristo está fora da verdade, e se a verdade estivesse realmente fora de Cristo, eu preferiria ficar antes com Cristo do que com a verdade.[5]

Talvez seja isso que lhe permita ser um detento disciplinado e submisso. De Grave, o novo comandante da fortaleza de Omsk, de origem francesa, observa isso e, mencionando bom comportamento, solicita em janeiro de 1852 uma redução de pena e a exclusão dos grilhões para os condenados Dúrov e Dostoiévski. Sua Majestade Nicolau I rejeita o pedido em 5 de abril. Para o prisioneiro Fiódor Mikháilovitch Dostoiévski, a vida de forçado continua como antes.

E será assim até o fim de seus quatro anos de galé.

Em 23 de janeiro de 1854 retiram os grilhões e, escoltado, Dostoiévski deixa a prisão de Omsk para se juntar como soldado raso ao batalhão de linha siberiano acantonado em Semipalatinsk. Trata-se de uma pequena cidade perdida entre areias movediças, perto da fronteira com a Mongólia.

"Cidade" é um exagero: algumas centenas de modestas casas de madeira atrás de enormes paliçadas, cuja função é protegê-las dos ventos e dos acúmulos de neve no inverno. Os proprietários construíram seus lares desordenadamente, à beira de algumas estradas de terra imperfeitas e esburacadas: é preciso usar botas quando a chuva e a neve derretida tornam os caminhos lamacentos e quando, no verão, eles desaparecem debaixo de uma nuvem de poeira, tomados pelas urtigas. Existem duas igrejas, uma no centro, outra no cemitério. Em frente a uma lagoa de apenas algumas dezenas de metros, do outro lado de uma praça onde duas carroças podem se cruzar sem bater, fica um edifício administrativo de dois andares, protegido por alguns cães vadios.

Essa localidade é habitada.

Em especial por soldados, os novos camaradas de Dostoiévski, que divide com eles uma barraca tão deplorável quanto a da galé. Com a diferença de que lá a companhia dos forçados era mais suportável. Esses soldados são ignorantes e cruéis como seus superiores imediatos, estúpidos, brutalizados pelo álcool, de uma bestialidade protegida pela condição de militar, que permite os atos mais vis. Dostoiévski defende instintivamente um jovem tamborileiro que os demais perseguem com alegria e sem remorso, apenas porque é de origem judia. Os colegas consideram Dostoiévski meio louco, porque lê sem parar, e o deixam em paz.

Depois de cinco anos em que o único livro permitido era a Bíblia, Dostoiévski pode ler enfim. Agora que tem permissão para enviar cartas, depois de mostrá-las aos superiores, que leem também as missivas recebidas, ele pede ao irmão e aos amigos os mais diversos livros: as obras de Kant, de Hegel e dos historiadores da Antiguidade – Heródoto, Tucídides, Tácito, Plínio, Plutarco; os textos dos santos padres da Igreja e tratados sobre física e economia. Sem falar nos autores russos: Púchkin e Gogol, claro, mas também Turguêniev e Ostróvski. Deseja também ler o Corão.

Esperando poder viver no futuro da literatura, Mikhail fundara uma pequena empresa de tabaco que lhe gera uma renda modesta. Ainda assim, aperta o cinto para enviar ao irmão mais novo os livros solicitados e também, com regularidade, algum dinheiro.

Em abril, após dois meses de "caserna", graças à intervenção de alguns novos amigos, sobretudo de Tchokan Tchinguissovitch Valikhánov, ajudante de campo do general governador da Sibéria ocidental, que conhecera em Omsk, Dostoiévski recebe uma autorização especial para residir na cidade. Ele se muda para a pequena isbá da viúva de um soldado. Seu quarto, bastante grande, tem um teto tão baixo que só é possível ficar de pé inclinado. Dispõe de um aquecedor perto da porta, dois bancos, uma grande caixa que faz as vezes de cama, uma mesa. Minúsculas, as duas janelas dão para um pátio onde algumas cegonhas vêm buscar água no bebedouro aberto em um tronco de árvore, instalado ao pé de um poço. Faz as refeições em casa e conhece um jovem padeiro bem pobre que cria sozinho seus inúmeros irmãos e irmãs. Segundo consta, escreve a ele cartas afetuosas, que não foram encontradas.

Nesse fim de mundo onde nunca acontece nada, Dostoiévski é a atração. Apesar da prudência inspirada por sua condição de deportado político, como não aproveitar a presença fortuita de um escritor de São Petersburgo para quebrar a monotonia dos jantares que reúnem sempre o mesmo e pequeno círculo de notáveis? Dostoiévski é convidado para a residência de famílias de oficiais, assim como para a de funcionários de alto escalão da administração local. Todos acham aquele homem estranho, taciturno, até um pouco tímido, mas ficam enfeitiçados quando conta histórias, também estranhas, mas interessantes, ou quando fala de Moscou ou São Petersburgo, duas capitais que a maioria dos interlocutores não sabe se um dia conhecerá.

Um mês depois, no início de maio, em uma dessas reuniões em que é o convidado de honra – involuntariamente e sem que os demais tenham noção clara disso –, Dostoiévski conhece um funcionário de baixo escalão, Aleksandr Ivánovitch Issáiev, e sua jovem esposa, Maria Dmítrievna, "uma mulher bastante bonita, muito magra, com um temperamento apaixonado e exaltado"[6], segundo a opinião de Aleksandr Iegórovitch Wrangel, que a conheceu bem a partir dessa época. De origem francesa, é filha do diretor do serviço de quarentena de Astracã. Seus olhos separadíssimos lhe dão um aspecto estranho. Os cantos caídos dos lábios parecem os de uma máscara trágica. Se o perfil achatado e seco é menos atraente, assim que ela se vira o rosto pálido, emoldurado por cabelos loiros que caem até a nuca e cobrem as orelhas, encontra certa beleza cuja principal qualidade é a de expressar personalidade. A de Maria Dmítrievna não é das mais felizes. Tísica, tem caprichos de criança mimada e medos de animalzinho acuado. Ela é ao mesmo tempo de uma fragilidade que paralisa o interlocutor, pelo medo de lhe fazer mal, e de uma agressividade tão grande que uma prudência elementar leva as pessoas a manter distância. Parece pedir ajuda para, em seguida, poder torturar aquele que foi auxiliá-la. Inteligente e relativamente instruída, cometeu o erro de se casar com um homem sem fortuna e sem ambição, um alcoólatra, sujeito brutal quando está embriagado e tão indefeso contra as dificuldades da vida, tão incapaz de lutar para superá-las, que inspira acima de tudo piedade.

Eles têm um filho, Pável Aleksándrovitch, cujo nascimento não aplacou – muito pelo contrário – os conflitos de uma família tão desarmoniosa.

Maria Dmítrievna talvez queira se mostrar caridosa com um condenado cuja excepcionalidade influencia aqueles que lhe demonstram simpatia. Talvez queira, por instinto, ser notada por um homem cuja consideração massageia seu ego. Talvez queira apenas conversar com alguém menos limitado do que a maioria das pessoas a seu redor. Dostoiévski enxerga nisso amor e se apaixona perdidamente por uma mulher que ele toma sem dúvida por algo que não é: "É um anjo de Deus que cruzou o meu caminho", escreve a seu irmão Mikhail, "e o sofrimento nos uniu".[7]

Queria convencê-la a deixar o marido e se casar com ele.

Receia, e com razão, que a condição de exilado, de soldado raso em um fim de mundo na Sibéria, não sirva como incentivo para esse casamento. Gostaria de receber um indulto, sua reabilitação, que depende da boa vontade do imperador. É preciso fazer por merecer. A França e a Inglaterra, seguidas pelo império otomano, declararam guerra à Rússia. Dostoiévski não perde a oportunidade de bajular o tsar, sem parecer se contradizer muito, pois se trata de elogiar o homem que defende a terra de seus antepassados e sua fé. Dotada de uma missão sagrada, a Rússia, que enfrenta um Ocidente liberal e ateu, deve começar "libertando" Constantinopla para, em seguida, levar a salvação para toda a Europa. Dostoiévski se apressa para escrever um longo poema circunstancial intitulado "Sobre os acontecimentos europeus de 1854", que tinha intenção de publicar. De acordo com o regulamento, primeiro deve receber a autorização de seus superiores, que ficam embaraçados e, por sua vez, pedem instruções aos próprios superiores. Enquanto as ordens não chegam, a situação degringola no front, prenunciando uma derrota vexatória e tornando inválidas e inoportunas as adulações pelas quais Dostoiévski esperava ganhar a boa vontade das autoridades e uma redução da pena. Ele não desanima e submete outro poema – destinado à imperatriz, a viúva de Nicolau I, morto em 2 março de 1855 – ao general Hasfort, de passagem por Semipalatinsk, que se recusa a entregá-lo. Seja como for, o texto chega aos círculos literários de São Petersburgo, onde as pessoas tratam com desdém as reverências de um escritor que acreditavam ser inimigo do despotismo imperial.

No entanto, Dostoiévski tem razão em insistir. Suas esperanças não são quiméricas. Por um lado, o novo imperador Alexandre II prometeu reduzir as penas dos condenados políticos. Por outro, alguns novos amigos estão dispostos a intervir entre pessoas influentes para apoiar o seu pedido.

Em novembro de 1854, Dostoiévski é convocado para um encontro com o novo procurador de Semipalatinsk, o barão de origem báltica Aleksandr Wrangel, vindo de São Petersburgo, onde era conhecidíssimo nos círculos aristocráticos a que pertencia. Ficar frente a frente com um representante da autoridade judicial nunca é uma situação agradável. Dostoiévski vai ao encontro com um aperto no coração, desconfiado. Depara-se com um jovem instruído e agradável, que leu seus livros e confessa ter ficado chocado com a condenação do escritor em 1849. Assim que foi nomeado para Semipalatinsk, ficou contente com a ideia de conhecer o autor que admirava. Traz para Dostoiévski cartas de Mikhail e Apolon Máikov, a quem antes de sair de São Petersburgo procurou apenas para lhes perguntar se queriam transmitir mensagens para o condenado.

Graças ao barão Wrangel, que logo se torna amigo e confidente, a vida de Dostoiévski melhora consideravelmente. Depois de ser convidado à casa do barão, ele é apresentado, com palavras muito elogiosas, às autoridades regionais capazes de levar adiante um pedido de indulto ao gabinete imperial. O próprio Aleksandr Wrangel pede à sua irmã, que frequenta a Corte em São Petersburgo, para "ter uma palavra" com Leonti Dubelt, chefe do corpo de guarda, e com o príncipe Orlov, conselheiro do imperador, a respeito do destino do escritor Dostoiévski: "Esse homem notável deve perecer aqui como soldado raso? Seria terrível. Fico mal por ele...", escreve a ela. Wrangel manda seu próprio alfaiate fazer um traje civil para o amigo e, para distraí-lo, convida-o a caçadas. Mostra-lhe a região, leva o escritor às margens do lago Kalyan, situado entre as montanhas e cujas águas perfeitamente imóveis refletem os picos e as florestas de pinheiros. Durante o verão, os dois amigos passam momentos agradáveis juntos, em uma casa nas proximidades. Fazem longas caminhadas tendo a natureza como pano de fundo, pescam, andam a cavalo e nadam no rio Irtich. Conversam muito. Dostoiévski está escrevendo "memórias da galé" e lê vários capítulos para o amigo.

O barão Wrangel também testemunha a relação difícil entre Dostoiévski e Maria Dmítrievna.

Excluída dos círculos locais em decorrência dos escândalos do marido, que quando está bêbado perde toda a civilidade, Maria Dmítrievna sofre com esse ostracismo, que acrescenta humilhação às demais amarguras. Incapaz de trabalhar de modo apropriado e talvez para evitar a exoneração, Aleksandr Issáiev pede uma licença não remunerada, que é concedida, sem se preocupar que, sem nenhuma fortuna pessoal, perde assim o único meio de sobrevivência. Vive com a esposa e o filho em situação de extrema pobreza. Para ajudá-los, Dostoiévski recorre a todos aqueles de quem ele próprio dependia para apoiar seu pedido de indulto. Suplica para que priorizem o destino dessa família infeliz e para que encontrem um emprego para o marido da mulher por quem está apaixonado, e que parece não retribuir seus sentimentos.

Por fim, graças ao intermédio de Dostoiévski, Aleksandr Issáiev consegue um cargo de supervisor em um depósito de bebida em Kuznetsk, na região de Tomsk, a quase mil quilômetros de Semipalatinsk. Maria Dmítrievna, a quem nada prende na cidadezinha, seguirá o marido. Aleksandr Wrangel presencia, sem poder fazer nada, as crises de desespero de Dostoiévski, que passa o tempo choramingando, incapaz de convencer Maria Dmítrievna a recomeçar a vida ao lado dele. Os Issáiev vendem seus poucos bens, pagam parte das dívidas e, no final de maio de 1855, deixam Semipalatinsk em uma caleche.

Dostoiévski resolve acompanhar por parte do caminho a mulher que ama e que talvez não volte a ver. Wrangel segue atrás, levando em sua diligência o marido, que se embriaga com champanhe. Dostoiévski e Maria Dmítrievna passam a noite juntos na caleche que, depois de deixar para trás as dunas, atravessa em ritmo normal a interminável floresta de pinheiros. Na manhã seguinte, Dostoiévski permanece parado por muito tempo, chorando à beira da estrada.

Começa uma troca de correspondência, de que só restam fragmentos. Dostoiévski faz longas declarações de amor reforçadas por argumentos capazes de convencer Maria Dmítrievna de que sua situação vai melhorar em breve, o que lhe permitirá arcar com as necessidades de uma família. Ela fala da preocupação com a falta de dinheiro, de sua doença, da degradação do marido. Está muito sozinha. Depois nem tanto, quando conhece um tal de Nikolai Boríssovitch Vergunov, professor, visivelmente mais jovem do que ela. Ele é "simpático" e tem "uma alma elevada".

Dostoiévski entra em desespero profundo. Vai se matar ou começar a beber, escreve a Aleksandr Wrangel, que terminou sua missão e passou a ocupar novas funções em São Petersburgo. Dostoiévski não come mais, não dorme mais, não consegue mais escrever e compreende enfim que Maria Dmítrievna só nutre por ele o sentimento de amizade. Pouco importa: quando em agosto ela informa que o marido morreu, provavelmente em decorrência de uma crise renal, que ela precisou se endividar e aceitar esmolas para realizar o enterro e que agora se encontra na miséria absoluta, Dostoiévski faz sem pestanejar um empréstimo e envia o dinheiro. Tenta matricular a criança no Corpo de Pajens de Sua Majestade Imperial, a mais prestigiosa academia militar da Rússia, e usa sua influência para melhorar a situação e a renda do jovem professor por quem Maria Dmítrievna diz estar apaixonada. Mas talvez também esteja um pouco por ele: ao descobrir por uma de suas cartas que ele dançou em uma festa com moças que ela conhece e presume que, por coqueteria, querem seduzi-lo, fica furiosa e revela seu "imenso desespero", obrigada a constatar que o homem que dizia amá-la tanto já começa a se esquecer dela. Dostoiévski garante que não aconteceu nada, ela responde que Nikolai Vergunov pediu sua mão e que está pensando em se casar em breve.

Dostoiévski não desiste, sobretudo porque tem um argumento forte: como as intervenções de seus amigos surtiram efeito, ele recupera em 18 de novembro de 1855 parte de sua posição, com a patente de subtenente. Também pede a mão da jovem viúva, que não está tão apaixonada por Vergunov a ponto de não balançar. Ela pede um tempo para refletir. Talvez exasperada por anos de miséria que a fazem preferir uma situação estável a sentimentos vagos, ela parece levar mais em conta as vantagens que poderia tirar do casamento. Enfim, sem ter provavelmente um argumento decisivo a favor de um ou de outro, depois de deixar os dois em banho-maria por vários meses, pede aos pretendentes para se entenderem entre si. Correndo o risco de ser preso e levado a julgamento por infringir as proibições feitas aos deportados, Dostoiévski aproveita uma missão em Barnaul para dar uma passada em Kuznetsk. Com lágrimas nos olhos, Maria Dmítrievna confessa ao escritor que, no fim das contas, ama o outro. Ao final de dois dias ao lado de Dostoiévski, muda de ideia e decide se casar com ele. A comparação entre os dois rivais não tem mais razão de ser. Salvo que, assim que Dostoiévski parte, ela lhe escreve para informar que, apesar dos pesares, sua decisão não está tomada e que, depois de refletir, o casamento com o rapaz que a corteja com tanta devoção talvez seja preferível. Dostoiévski fica outra vez infeliz, mas também preocupado com uma mulher que definitivamente não está bem e que, na sua opinião, vai se arruinar:

> Ela tem 29 anos, é instruída, inteligente, calejada, conhece os homens, sofreu, se atormentou, ficou doente pelos últimos anos que passou na Sibéria, é independente, forte, quer ser feliz... e agora está prestes a se casar com um rapaz de 24 anos, um siberiano que não sabe nada da vida, não conhece nada; um rapaz pouco instruído, que dá apenas os primeiros passos, enquanto ela, talvez, dê os últimos; um rapaz insignificante, sem ocupação no mundo, sem nada, professor em uma escola distrital [...]. Ela não vai se perder pela segunda vez depois disso? Como conciliar na vida semelhantes diferenças de temperamento, semelhantes divergências de pontos de vista sobre a existência, necessidades tão opostas? E ele não corre o risco de abandoná-la em poucos anos, quando [palavras ilegíveis], não vai causar a morte dela?[8]

No momento em que envia essa carta a Aleksandr Wrangel, Dostoiévski escreve em termos semelhantes a Nikolai Vergunov, implorando para pensar na mulher que diz amar e que vai arruinar, em vez de fazer feliz.

Ainda assim, em 14 de julho de 1856, solicita outra vez a Wrangel para intervir junto ao governador-geral e ao chefe distrital de Altai, onde está Kuznetsk, pedindo um aumento ao pobre professor a fim de que possa garantir uma vida decente à mulher com quem pretende se casar.

Recusando-se a aceitar a ideia de que Maria Dmítrievna talvez simplesmente não o amasse, Dostoiévski busca em desespero as razões para ter sido preterido pelo rival. Será que ela não queria dar ao filho um padrasto que foi preso político, o que poderia prejudicá-lo mais tarde? Ele não tem certeza. No entanto, teima em conseguir o mais depressa possível uma reabilitação, algo que apenas o imperador pode conceder. Eduard Ivánovitch Totleben, irmão de Adolf, um dos colegas da Escola de Engenharia com quem no passado dividira o apartamento na rua Karavanaia, destacou-se durante a Guerra da Crimeia graças a um novo conceito das fortificações militares. Considerado o herói de Sebastopol, tornou-se general e ajudante de campo de Alexandre II. Para convencê-lo a intervir a seu favor, Dostoiévski lhe envia uma carta obsequiosa em que aborda todas as suas ideias do passado:

> Eu juro, não houve maior tormento para mim do que quando, ciente de meus erros, entendi que estava expulso da sociedade, banido e que não poderia mais ser útil à altura das minhas forças, dos meus desejos e das minhas capacidades. Bem sei que fui condenado com toda justiça, mas por sonhos, teorias... As ideias, as próprias convicções mudam, o homem muda completamente – por isso não faz sentido, no presente, sofrer pelo que não se é mais, pelo que, em mim, se transformou no oposto...[9]

A carta surte efeito. Os irmãos Totleben, que sempre tiveram muito apreço pelo companheiro, somam seus esforços aos do barão Wrangel, que move céus e terra para que o amigo possa recuperar seus direitos. Eles obtêm uma primeira vitória. Em 19 de setembro de 1856, depois de uma nota do tsar Alexandre II, o ministro de Guerra registra o "arrependimento sincero" do suboficial do 7º Batalhão de Linha siberiano, Fiódor Dostoiévski, e devolve sua patente de tenente. Pela mesma nota, o tsar informa que autoriza o escritor a retomar as atividades literárias e a publicar – se demonstrar que renunciou às ideias subversivas que lhe renderam a condenação. No entanto, recomenda que os serviços competentes acompanhem de perto as ações do indivíduo, de quem ainda tem motivos para desconfiar.

Aproveitando a nova condição, Dostoiévski corre para Kuznetsk e, em seu uniforme de oficial, pede outra vez a mão de Maria Dmítrievna. Como ela continua hesitante, o escritor vai encontrar Nikolai Vergunov e consegue convencê-lo de que ele não pode fazer feliz a mulher que ama. Juntos, "como dois irmãos", persuadem Maria Dmítrievna a se casar com Dostoiévski. Ela entrega os pontos, e o casamento fica acertado.

Dostoiévski retorna a Semipalatinsk e vai atrás do dinheiro necessário para as núpcias e para se estabelecer com a esposa em boas condições. Escreve aos irmãos e às irmãs, à tia, aos amigos. Busca saber nos bancos as condições necessárias para conseguir um empréstimo. Sua tia Kumánina envia seiscentos rublos, Mikhail e duas de suas irmãs mandam duzentos rublos cada. O capitão Kovriguin empresta seiscentos rublos. Ele recebe valores menores de outros amigos.

Em 27 de janeiro de 1857, Dostoiévski viaja para Kuznetsk e, em 15 de fevereiro, se casa com Maria Dmítrievna. O chefe da polícia local e sua esposa marcam presença, e o professor Vergunov é padrinho.

Os recém-casados deixam Kuznetsk alguns dias depois.

Ao longo do caminho, Dostoiévski tem uma crise. Maria Dmítrievna sabia que ele era doente, mas é a primeira vez que vê Dostoiévski perder os sentidos, sacudido por convulsões. Fica apavorada.

Em Semipalatinsk, os Dostoiévski se instalam em um confortável apartamento de quatro quartos, situado na Rua da Fortaleza. Recebem oficiais e alguns notáveis da cidade, e retribuem as visitas.

Dostoiévski comanda um destacamento mas, como as obrigações militares de um oficial são menos cansativas, tem bastante tempo para escrever. Em uma de suas cartas, Plechtchéiev informa que Nekrássov e Pânaiev pedem notícias e que gostariam de publicá-lo, mesmo que por pseudônimo. Isso não é mais necessário: em 18 de abril de 1857, Dostoiévski recupera os títulos de nobreza e volta a ter o direito de publicar sem restrições específicas. Trabalha em dois romances. Ele prometeu um a Mikhail Nikíforovitch Kátkov, diretor do *Mensageiro russo*, que lhe enviou de imediato quinhentos rublos. O outro, ao *Palavra russa*, que pagou o mesmo valor – o que não o impede de pedir o mesmo ao irmão Mikhail, que dá um jeito e envia a quantia. Temendo a censura e sabendo que como ex-condenado não pode cometer qualquer imprudência, Dostoiévski se mantém no convencional e no engraçadinho: "Fazia quinze anos que eu não relia minha novela *O sonho do tio*", escreve, em uma carta de 1873, a respeito dessa narrativa que conta a história de uma mãe gananciosa e cínica que tenta convencer a filha a se casar por interesse. "Agora, ao relê-la, acho ruim. Foi a primeira coisa que escrevi na Sibéria, depois de sair da galé, com o único objetivo de me restabelecer no meio literário e temendo terrivelmente a censura (como ex-relegado). Por isso escrevi de maneira involuntária algo água com açúcar e de notável inocência."[10] Esse também é o caso de *A aldeia de Stepántchikovo e seus habitantes*, uma sátira sem envergadura dos costumes provinciais.

Na mesma época, Dostoiévski pretende se envolver no grande debate aberto dois anos antes com a publicação em brochura da tese de Nikolai Tchernichévski, *Relações estéticas entre arte e realidade*. Os defensores deste privilegiam a vocação social da arte como expressão dos interesses de classe. Já um grupo de grandes autores – Turguêniev, Tolstói, Grigórovitch, entre outros – responde, defendendo a independência absoluta da arte em relação às determinações históricas. Dostoiévski tende mais para o lado destes, sem no entanto contestar a vocação didática das obras literárias. Para ele, o que é profundo, essencial no ser humano escapa dos imprevistos da História, e é com essa parcela que lida o escritor, que deve fazê-la aparecer na pele de personagens específicos e por situações circunstanciais. É ali que se encontram, escondidas, as verdades eternas que revelam a existência de Deus. Desse ponto de vista e apenas desse ponto de vista, sim, a literatura tem uma dimensão educativa. No entanto, o autor não é um professor que explica uma lição, mas a testemunha de uma verdade misteriosa que constitui a razão de ser de cada indivíduo. Tem a obrigação de buscar essa centelha de luz sobretudo onde ela parece apagada ou perdida, entre aqueles que estão tão abismados pela vida, tão oprimidos pela miséria, em uma decadência tão grande, atolados no pecado e no crime, que nos levam quase a esquecer que também são seres humanos.

Reabilitado, nem por isso Dostoiévski deixa de ser militar, integrante do 7º Batalhão de Linha siberiano. Para deixar Semipalatinsk e voltar a São Petersburgo, deve obter uma licença. As razões médicas são suficientes: a epilepsia é confirmada pelo departamento médico do exército e, depois de exercícios extenuantes, sua saúde piora. Ele tem uma sucessão de crises, uma durante seu turno de sentinela. No final de maio de 1857, obtém uma licença médica de dois meses e se refugia em Ozerka, um lugarzinho perdido entre campos às margens do rio Irtich, onde descansa e escreve. A melhora é apenas temporária. Em 21 de dezembro, o médico capitão Ermakov entrega um atestado que confirma a epilepsia do tenente Dostoiévski e especifica que, nos últimos quatro anos de supervisão, as crises têm se tornado mais intensas. O signatário confirma que, na sua opinião, o tenente Dostoiévski não é mais capaz de servir nas forças armadas. Confiando nesse atestado e declarando por escrito que não tem qualquer pretensão financeira junto ao Tesouro, Dostoiévski envia em março de 1858 uma súplica ao imperador Alexandre II, solicitando reforma por razões de saúde.

O dossiê é analisado um mês depois pela Terceira Seção, que dá seu aval, embora proibindo o escritor de viver nas "capitais", São Petersburgo e Moscou. A Terceira Seção ordena também a vigilância policial do ex-forçado.

O tempo urge: quatro crises agudas deixam Dostoiévski praticamente incapaz de cumprir as obrigações do serviço militar. Durante todo o mês de agosto de 1858, deve inclusive parar com a atividade literária. Só consegue escrever algumas cartas, uma delas, no início de setembro, para felicitar seu irmão Mikhail por ter obtido as autorizações necessárias para a publicação de uma revista "política e literária", *O Tempo*. Entre uma crise e outra, trabalha em seus romances: no começo de janeiro de 1859, envia ao *Palavra russa* – que logo lhe oferece mil rublos por um novo romance – *O sonho do tio*, publicado em março. Poucos meses depois, Nikolai Kátkov recebe o manuscrito de *A aldeia de Stepántchikovo e seus habitantes*.

Em março de 1859, um ano depois da solicitação, tendo considerado o relatório de fevereiro do estado-maior do corpo do exército da Sibéria, o ministro da Guerra subscreve a proposta do Departamento de Inspeção de reformar, com a patente de tenente, Fiódor Mikháilovitch Dostoiévski, enfim autorizado a deixar a Sibéria, onde passou dez anos de sua vida.

O escritor decide se estabelecer em Tver, cidadezinha de cerca de cinquenta mil habitantes, situada entre Moscou e São Petersburgo.

A viagem de volta é longa: dura cinco semanas. Em suas cartas, Dostoiévski descreve a emoção sentida quando viu enfim o poste que demarca a fronteira entre a Europa e a Ásia. Ele continua o caminho até Perm, passa por Níjni Nóvgorod e, antes de chegar a seu destino, faz um desvio a Serguiev Possad para rezar diante das relíquias de Sérgio de Radonej, o santo padroeiro da Rússia.

Dostoiévski chega a Tver em 19 de agosto de 1859.

Vaudeville mundano

Tver não passa de uma parada provisória.

Assim que chega, Dostoiévski escreve ao príncipe Vassíli Dolgorúkov – que se tornou chefe executivo da Terceira Seção da 1ª Chancelaria Imperial –, solicitando autorização para se estabelecer em São Petersburgo. Informados, o barão Wrangel e os irmãos Adolf e Eduard Totleben dão o melhor para que o requerimento tenha um resultado satisfatório. Em outubro, por intermédio do governador de Tver, que o recebera com simpatia, Dostoiévski envia uma súplica direta ao imperador, citando razões médicas. Apoiado por funcionários de alto escalão que seus amigos conseguiram reunir em prol de sua causa, o pedido é enfim apresentado a Alexandre II, que dá parecer favorável, sem mais uma vez se esquecer de ordenar rigorosa vigilância policial. Algo compreensível: a Rússia está agitada por um movimento contestatório que é preciso erradicar antes que se torne perigoso.

O jovem tsar, educado sob a supervisão do poeta romântico Vassíli Jukóvski, de ideias liberais, viajara pessoalmente para o Ocidente, cujo dinamismo pôde constatar. Está convencido de que a derrota da Crimeia – que causou se não o suicídio de seu pai (o que permanece uma simples suposição), pelo menos sua morte – ocorreu por conta do atraso econômico da Rússia: o sistema social e político priva a nação dos benefícios da ciência e bloqueia as iniciativas pessoais por uma máquina administrativa pesada e obsoleta. Ele toma medidas para escancarar as portas das universidades para os jovens beneméritos de todas as camadas sociais. Depois de libertar os servos que pertenciam ao Estado, Alexandre II prepara a abolição da servidão.

Essa medida, tema de debate público, provoca a oposição dos proprietários rurais e também a dos camponeses, que se deram conta de que a ação não viria acompanhada por uma divisão de terras. Revoltas eclodiram por quase toda a Rússia, e parte da *intelligentsia* liberal, capitaneada por Tchernichévski, queria reunir o campesinato em um movimento de insurreição geral. Alguns chegam a falar de uma transformação da Rússia "pelo machado". O tsar e a polícia se esforçam para reprimir esse movimento e, embora concedam mais liberdade para a imprensa e para a vida intelectual, só o fazem na medida em que podem manter o controle e dominar um movimento de emancipação deliberado, mas que deve permanecer moderado. As liberdades concedidas são exercidas sob a supervisão das autoridades, e a polícia tem a tarefa de olhar de perto indivíduos suscetíveis de cair na subversão.

Dostoiévski sabe disso e toma muito cuidado para não se envolver em agitações políticas que não podem senão prejudicá-lo.

Em dezembro de 1859, Dostoiévski chega enfim a São Petersburgo, trazendo na bagagem algumas folhas de um livro em um patamar bem diferente em relação às histórias escritas na Sibéria. *Memórias da casa dos mortos* é o romance dos quatro anos passados ao lado dos forçados. A galé é um desses ambientes extremos onde as aparências se desfazem, onde o instinto de sobrevivência exclui qualquer complacência, um ambiente onde as pessoas revelam o que realmente são. Dostoiévski tem um material fecundo, que pretende usar para um longo livro. O que não é obstáculo para que comece também um "romance social", nos moldes, afirma ele, dos de Eugène Sue: *Humilhados e ofendidos*.

Raramente acompanhado por Maria Dmítrievna – cuja doença piorou de maneira considerável, levando-a a mudar-se para Moscou, já que o clima mais seco dessa cidade é melhor para seus pulmões avariados –, Dostoiévski frequenta os círculos intelectuais de São Petersburgo, feliz por retomar seu posto e receber dos demais a simpatia natural por um homem que pagou tão caro por suas ideias. Além disso, como que para provar que seu casamento era resultado de um dever imperativo, absoluto, de salvar uma mulher da ruína, e que não tinha ligação alguma com amor de verdade, Dostoiévski se apaixona pela esposa de um de seus amigos, o dr. Stepan Ianóvski, que tratou o escritor antes de sua deportação. Como se tornou amigo íntimo, eles agora viajam juntos com frequência a Pavlovsk, um lugar de vilegiatura muito agradável nas redondezas de São Petersburgo. O dr. Ianóvski se casou com a ex-esposa de um famoso ator, cujo sobrenome ela manteve, a atriz Aleksandra Kulikova Schubert. Filha de servos, ela encontrara um meio de escapar de sua condição pelo teatro. Aos 22 anos, essa moça de cabelo castanho e olhos de vivacidade extraordinária já era considerada a melhor atriz para o papel de ingênua da época. Sua beleza era ainda mais sedutora por não ser inacessível. Seu segundo marido lhe oferece uma posição social invejável, mas pede que abra mão do teatro. Dostoiévski, que a acha "inteligente e atraente", a incentiva a não fazer isso e chega a prometer escrever uma comédia para ela. Aleksandra Schubert sem dúvida não estranha essa atração repentina de Dostoiévski pelo teatro, que o leva até a participar, com outros escritores famosos como Turguêniev, Gontcharóv, Nekrássov, Grigórovitch e Máikov, de um espetáculo beneficente em prol dos escritores necessitados, organizado pelo Fundo Literário. A peça encenada é *O inspetor geral*, de Gogol, e Dostoiévski interpreta com humor, ao que parece, o papel de chefe do correio Ivan Kuzmítch Chpékin.

Decididamente, Dostoiévski não tem sorte com mulheres.

Contratada pelo prestigioso Teatro Maly de Moscou, Aleksandra Schubert deixa São Petersburgo. Dostoiévski fica em um dilema: Stepan Ianóvski pede para o amigo convencer sua esposa a voltar a São Petersburgo no exato momento em que Dostoiévski planeja encontrá-la em Moscou. Tem esperanças de que ali, com mais liberdade, Aleksandra enfim corresponda a seu amor. Trata-se de um vaudeville em que o marido tem por confidente o homem que deseja seduzir sua esposa, embora não se atreva a declarar abertamente sua paixão a ela. Além disso, o pretendente talvez não tenha interesse em esclarecer quais são os sentimentos de uma mulher que aceita fingir sua benevolência como afeto e aproveita a notoriedade de Dostoiévski enquanto este, na troca de cartas, se limita a falar do desejo de merecer sua amizade e da admiração respeitosa que o seu talento e suas qualidades intelectuais inspiram. A situação não poderia durar. Dostoiévski se explica enfim, sem sair do estilo burlesco:

> Digo com toda a franqueza que amo muito a senhora e com ardor, a ponto de ter confessado que não estava apaixonado, de tanto que desejo que faça uma boa imagem de mim. E, Deus do céu!, quanta tristeza experimentei quando me pareceu que a senhora deixou de ter confiança em mim. Eu não parava de me recriminar por isso. Foi uma tortura![1]

O encanto da brincadeira acabara, e uma carta de ruptura se seguiu.

Em setembro de 1860, no auge dessa pequena comédia romântica, Dostoiévski publica a primeira parte de *Memórias da casa dos mortos*. Fragmentos dispersos datam dos anos em que ainda estava preso. O médico da galé lhe passava em segredo papel e tinta, depois guardava as páginas que o amigo entregava. Assim, desde aquela época, Dostoiévski conseguira registrar por escrito as histórias e as reflexões de seus companheiros de infortúnio, suas diferentes maneiras de reagir, seus motivos de raiva e de alegria e até seu modo de falar. A partir dessa matéria-prima, elabora uma obra romanesca original, por relatos, misturando realidade e ficção, em parte autobiográfica mas sobretudo narrativa, "dantesca", para retomar as palavras de Turguêniev, e na qual Herzen acredita localizar os supliciados do *Juízo final* de Michelangelo. Os primeiros capítulos são publicados no *Mundo russo*, os seguintes em *O tempo*, a revista mensal dos irmãos Dostoiévski, cujo primeiro número é lançado em 8 de janeiro de 1861.

Mikhail Dostoiévski se encarrega da administração do periódico, deixando a direção literária para o irmão. Ao publicar, além de *Memórias da casa dos mortos* e dos primeiros capítulos de *Humilhados e ofendidos*, a tradução de um romance inglês sobre a vida dos operários de Manchester, *O tempo* apresenta logo de saída uma identidade. Diferente do *Mensageiro russo*, que se situa na mesma esfera de um liberalismo moderado, *O tempo* defende com veemência a língua e a literatura russas contra aqueles que, para impor as ideias europeias, querem dar a impressão de que a Rússia é um país atrasado, com costumes bárbaros e uma língua rudimentar – que ainda dá os primeiros passos – a serviço de uma literatura primitiva, que deveria adotar os modelos ocidentais. *O tempo* pretende ser uma revista aberta às ideias modernas, mas apenas se estas estiverem em conformidade com o espírito russo e puderem ser integradas em uma civilização que deve permanecer fiel ao que sempre foi. Assim, em um momento em que o universo literário russo está dividido entre os defensores do jovem Nikolai Dobroliúbov, que acreditam no papel pedagógico de uma literatura posta deliberadamente a serviço do povo, e os apologistas da arte pela arte, Dostoiévski afirma uma posição original em seus artigos de *O tempo*. A arte é útil apenas quando é livre. Caso contrário, sujeita a uma ideologia, não pode passar a "mensagem" do coração enviada pelo autor e que escapa da lógica cerebral.

Esse modo de pensar a arte e a literatura, em que todos podem reconhecer em parte suas próprias ideias, permite que Dostoiévski reúna no apartamento de Mikhail, no canal Catarina, onde a revista é elaborada, um grupo eminente de artistas e homens de letras que ocupam um papel cada vez mais importante na vida intelectual de São Petersburgo. O responsável pela seção de filosofia é Nikolai Strákhov, que é e continuará sendo um dos melhores amigos de Dostoiévski, embora escreva, depois da morte deste, uma famosa carta em que fala de sua personalidade "infame". Já Apolon Grigóriev se encarrega da crítica literária, e Apolon Máikov, da poesia. Durante os dois anos em que Dostoiévski ocupa o cargo de redator-chefe, *O tempo* publica os textos dos escritores mais importantes da época: os poemas de Nekrássov, de Máikov e de Plechtchéiev, duas peças de Ostróvski, prosas de Grigórovitch e de Apolon Grigóriev, as sátiras de Saltykov-Chtchedrin. Encontros semanais, aos sábados e domingos, reúnem a redação e os simpatizantes da revista. Ocorrem discussões longas e frutíferas, e alguns registram as intervenções de Dostoiévski, cujo tom de voz se inflama quando defende uma ideia.

A tarefa de redator-chefe é desgastante, assim como o trabalho de escrever simultaneamente dois romances. Some-se a isso a atividade de jornalista: Dostoiévski é o autor de uma série de artigos relevantes sobre uma variedade de temas, que vão da filosofia a questões atuais e variedades, passando pela literatura russa e estrangeira. Ele assina com Dmítri Dmítrievitch Minaiev os *Sonhos petersburguenses*, folhetim em que, em tom jocoso, os autores misturam confissões e lembranças pessoais para pincelar um quadro irônico da sociedade russa. Também frequenta salões, participa de reuniões públicas e faz leituras, convidado por diversas associações e sociedades. Não leva a vida sossegada recomendada pelos médicos. No início de março, uma nova crise de epilepsia não passa de um alerta. A de 1º de abril, muito mais grave, deixa o escritor de cama por vários dias, em estado de prostração total, do qual tem dificuldade para se recuperar.

Infelizmente, Dostoiévski não tem recursos para tirar um tempo de descanso.

Apenas em junho consegue enfim deixar São Petersburgo, junto com Mikhail e sua família, para passar uma curta estadia ora em uma datcha às margens do rio Neva, ora em Pargolovo, onde se encontrará com Maria Dmítrievna. No entanto, não interrompe as atividades de escritor e de jornalista, que não lhe garantem, longe disso, os meios para sobreviver. Assina uma promissória de 690 rublos para pagar ao fim de um ano. É o início de uma longa e extenuante luta com todos os tipos de credores, de quem Dostoiévski, que vivia desde os tempos de estudante pagando uma dívida com outra, não desconfia como deveria. Por conta das circunstâncias e de obrigações familiares que decide assumir de maneira absurda, segundo alguns amigos, Dostoiévski compromete sua situação financeira muito além dos valores, às vezes consideráveis, arrecadados por seus livros. Sua vida será deteriorada por preocupações materiais de que, em parte, ele é responsável.

Publicado inicialmente em folhetim, o livro *Humilhados e ofendidos* é um sucesso de vendas, o que para o autor serve como consolo às insatisfações geradas pelo romance escrito às pressas e cujas falhas, amplamente apontadas pela crítica, ele é o primeiro a reconhecer. O jovem Dobroliúbov, que tem apenas alguns meses de vida, admira o ideal moral do autor, o melhor analista do drama do indivíduo que confronta uma sociedade alienante. No entanto, lamenta que verdades psicológicas de semelhante estatura estejam a serviço de uma estética ultrapassada de melodrama. O próprio Apolon Grigóriev se vê obrigado a observar as inúmeras "inépcias infantis" que enfraquecem um romance que, por outro lado, é profundo e particularmente comovente. Para ele, o autor tem êxito em tudo o que foge do comum, mas demonstra uma surpreendente "ignorância da vida diária".

No fim das contas, talvez se trate do difícil retorno à vida literária de um autor que foi obrigado a silenciar-se durante dez anos. Ansioso para recuperar o tempo perdido, para conseguir depressa uma notoriedade a que acredita ter direito, Dostoiévski toma o atalho dos modelos literários de sucesso de sua juventude, sem perceber que o modo de conceber e o de fazer a literatura evoluíram, sendo que alguns grandes escritores russos já impuseram um novo realismo. As façanhas destes deram novos parâmetros para a crítica, ainda que o público continue sensível às boas receitas antigas, que sempre garantem o sucesso dos romances de leitura fácil.

Enquanto isso, São Petersburgo está em polvorosa.

Sob a influência do marxismo, cujas ideias começam a circular nos círculos da *intelligentsia* russa, ou apenas depois de uma análise lúcida da situação dos camponeses, que foram emancipados pelas reformas de Alexandre II sem que tivessem, no entanto, oportunidade de sair da pobreza, os grupos contestatórios se radicalizam. A ideia de uma insurreição sangrenta que poderia resultar na eliminação física dos "proprietários" com, à sua frente, o próprio tsar, ganha terreno. No tumulto generalizado, atos individuais parecem manobras de grupos organizados que põem em perigo a segurança do Estado. Os estudantes se mobilizam. Em maio de 1862, incêndios criminosos destroem bairros inteiros. Dostoiévski fica comovido e, de acordo com Nikolai Strákhov, condena com palavras violentas esses revolucionários incendiários, que deixam centenas de pessoas desabrigadas.

Quando encontra em sua caixa de correspondência um folheto assinado "A jovem Rússia", que fala em massacrar os proprietários de terras e assassinar o tsar, Dostoiévski corre para a casa de Tchernichévski, que o recebe com "muita gentileza".[2] Dostoiévski acredita que Tchernichévski é a inspiração desse manifesto e pede para que pare com semelhantes exortações ao crime. Está enganado: como bom marxista, Tchernichévski considera que na Rússia as forças sociais não estão maduras para ter êxito em uma revolução e repudia aqueles que querem dar um passo maior do que as pernas. Tchernichévski chega inclusive a convencer Dostoiévski – que continua um adversário ferrenho de seu "racionalismo nos moldes alemães", de seu "utilitarismo materialista" e de suas "utopias sociais" – de que a agitação estudantil não tem qualquer relação com os incêndios. É tão persuasivo que Dostoiévski aceita publicar em *O tempo* um artigo que defende os estudantes presos depois de grandes manifestações ocorridas na universidade.

Mikhail Dostoiévski, o diretor da publicação, é logo convocado e ouvido por uma Comissão Especial nomeada pelo tsar. Suas explicações não impedem as autoridades de suspender por oito meses *O tempo*, uma revista cujo redator-chefe é um antigo "criminoso do Estado". Para salvar o periódico, é preciso uma intervenção de alguém de peso. Por sorte, o ministro do Interior é casado com a filha do príncipe Piotr Andréievitch Viazemski, um poeta renomadíssimo que aprecia a revista dos irmãos Dostoiévski. Sua benevolência salva temporariamente *O tempo*. *O Contemporâneo* e a *Palavra russa*, publicações talvez mais radicais, não têm a mesma sorte. Com o aumento da repressão, intelectuais de ideias liberais são presos, e a vigilância policial se torna pesada. Como resposta, no final de 1861 é criada uma nova sociedade secreta, *Zemlia i volia*, "Terra e Liberdade". Ela tem divisões em todo o país e prepara atentados e assassinatos que em breve vão agitar a Rússia inteira.

As ideias anarquistas e revolucionárias se espalham sobretudo entre a juventude russa.

Apolinária Súslova tem 22 anos. Filha de um servo da região de Níjni Nóvgorod que, depois de comprar a liberdade, se tornou intendente-geral de seu antigo senhor, ela cresceu em meio aos camponeses e considera a civilização tradicional muito superior àquela, depravada, do Ocidente. Depois de se mudar para São Petersburgo, onde seu pai assumira novas funções, Apolinária Súslova segue estudos que lhe permitem se matricular na universidade e frequenta círculos progressistas. Entusiasta e orgulhosa em exibir suas revoltas, chamando atenção pelas roupas provocantes e pelo corte curto de cabelo, escreve textos que, sob disfarce literário, levantam questões delicadas da Rússia de Alexandre II. *O tempo* publica uma de suas narrativas. Presente em 2 de março de 1862 na sala Ruadze, onde Dostoiévski lê em prol dos estudantes um fragmento de *Memórias da casa dos mortos*, ela compartilha o entusiasmo daqueles que se encontram no local, algo registrado no relatório da polícia, que menciona um público "exaltado". Ela escreve uma carta arrebatadora para aquele que considera um mártir e um profeta da causa das pessoas simples, causa que também é a sua.

Dostoiévski acha comovente a história dessa moça, e sua carta, tocante. Entretanto, não tem tempo de conhecer melhor essa jovem mulher, cuja admiração excessiva lembra muito paixão.

Ele se prepara para uma viagem ao exterior, algo com que vem sonhando há muito tempo, embora não planeje mais passar vários anos na Itália para escrever uma obra-prima, assim como fez Gogol. Depois de receber um adiantamento de mil rublos do editor Aleksandr Fiódorovitch Bazunov para a publicação de *Memórias da casa dos mortos* em livro, Dostoiévski havia solicitado uma autorização para viajar ao exterior. Obtém a permissão em 8 de maio de 1862, no momento em que a censura proíbe em *O tempo* a publicação de um capítulo de *Memórias da casa dos mortos* que fala de presos políticos. Esse incidente não é um entrave nos planos de viagem, muito pelo contrário, já que afasta oportunamente o ex-forçado da revista já em *sursis*. Ele voltará a escrever em *O tempo* apenas em outubro.

Dostoiévski deixa São Petersburgo em 7 de junho de 1862. Parte sozinho, pois Maria Dmítrievna está doente demais para fazer uma viagem desse porte. De resto, eles não teriam condições financeiras para irem juntos. Depois de dezesseis horas de trem, chega a Berlim, onde fica apenas um dia, assim como em Dresden. Os monumentos e os museus, que chega a visitar, atraem pouco sua atenção, já que ele se interessa mais pela vida das ruas, onde parece sentir melhor do que em qualquer outro lugar a pulsação de um país.

Em Wiesbaden, aposta na roleta e pensa ter encontrado um sistema eficaz para ganhar. Ele se apressa em dar a notícia ao irmão:

> Apliquei o sistema e ganhei sem demora dez mil francos. No dia seguinte, mudei de método, cedendo à paixão, e perdi na hora. Na mesma noite, voltei a usar meu sistema, com todo o rigor exigido, e em pouco tempo ganhei de novo, sem esforço, três mil francos. [...] Como não se deixar levar depois disso, como não acreditar que, se seguisse com rigor o meu método, eu faria fortuna? Ora, eu preciso conseguir dinheiro para mim, para você, para a minha esposa, para escrever o meu romance. Aqui é possível ganhar dezenas de milhares como do nada...[3]

Os reveses que se seguem não bastam para dissuadi-lo: em Baden-Baden, onde chega depois de passar por Frankfurt e por Heidelberg, Dostoiévski ganha seiscentos francos mas, incapaz de abandonar a mesa de jogo, perde tudo o que tinha. Só lhe sobram quatro napoleões, que volta a apostar no dia seguinte. Ganha 35 napoleões em meia hora e perde a quantia na meia hora seguinte. Fica apenas com o valor suficiente para comprar a passagem de trem para Paris, onde chega em 16 de junho, após passar por Mainz e Colônia. Hospeda-se no Hotel des Empereurs, no Quartier du Palais-Royal.

Dostoiévski não gosta de Paris. Apesar de "tantas coisas notáveis", é a cidade mais enfadonha do mundo, e os franceses são de uma presunção e de uma arrogância insuportáveis. Pensam demais em dinheiro e em suas peças de bulevar, que substituíram nas salas de teatro o repertório clássico, o que confirma bem essa decadência. Os sentimentos estão corrompidos nessa sociedade em que o casamento se tornou, como se vê no palco, uma mera comunhão de capital. É inevitável: os franceses, observa Dostoiévski em suas anotações de viagem publicadas em *O tempo* depois de seu retorno, não têm qualquer ideal ou convicção. Redimem-se por discursos empolados e expressões enfáticas ridículas.

"Você não imagina como a solidão é invasiva por aqui"[4], escreve Dostoiévski ao irmão depois de apenas dez dias em Paris, onde ainda assim permanece um mês. Aproveita para dar um pulo em Londres, "o Baal contemporâneo", onde pretende visitar a Exposição Universal. Fica maravilhado com o Crystal Palace e horrorizado com o espírito mercantil da cidade, e o "rebanho" de trabalhadores anônimos que correm para os locais de trabalho lhe parece uma visão apocalíptica. As festas de sábado nos bairros pobres, "o sabá dos negros brancos", deixam o escritor aterrorizado, dividido entre a indignação e a compaixão. As prostitutas, cuja beleza aprecia e cuja aflição percebe, vítimas de uma sociedade onde se compra e se vende de tudo, despertam nele uma simpatia mesclada de aversão.

Sente pena dessas mães indignas que, por necessidade, prostituem os filhos. As crianças que mendigam partem seu coração:

> Vi uma menininha com no máximo seis anos, maltrapilha, suja, descalça, magra e espancada; dava para ver através dos andrajos que seu corpo estava repleto de hematomas. Ela avançava como em um sonho, sem pressa, vagando Deus sabe por que no meio da multidão; talvez estivesse com fome. Ninguém prestou atenção. Em particular, tinha uma expressão de pesar e desespero absoluto, e me parecia que a imagem dessa pequena tão machucada e infeliz era contranatura. Ela balançava sem parar a cabeça de cabelos desgrenhados, como preocupada por algo sério, agitando de maneira desordenada as mãozinhas, que juntava de repente para apertar o peito nu. Dei meia-volta para lhe dar meio xelim. Ela pegou a moeda, me lançou um olhar de animal selvagem, surpresa e apavorada, antes de fugir como se tivesse medo que eu pegasse a esmola de volta.[5]

Sem saber que também ali é vigiado por agentes da Terceira Seção, Dostoiévski visita Aleksandr Herzen, que mora na Orsett House, um opulento imóvel situado na Westbourne Terrace, perto do Hyde Park. O autor do relatório policial enviado a São Petersburgo alega que nessa oportunidade Dostoiévski conhece o famoso anarquista Mikhail Bakúnin, o que nenhuma outra fonte atesta.

Herzen, o mentor de toda uma geração de revolucionários russos, tem por volta de cinquenta anos. Fios brancos despontam no cabelo negro e na barba de eremita. Banido da Rússia, onde seu nome é proibido, goza da autoridade conferida pelo poder imperial, que o toma por um de seus adversários mais temíveis, o que ele, apesar de tudo, talvez não seja. Herzen é conhecido em toda a Europa e mantém relações amistosas com inúmeros políticos de ideias liberais. Sua revista, *O sino*, circula secretamente na Rússia e é considerada referência nos círculos progressistas.

Dostoiévski, que no primeiro encontro em 1846 achou aquele homem bastante desagradável, mudara de ideia desde que Herzen falou sobre sua pessoa com palavras elogiosas, tanto para denunciar o sofrimento infligido a um jovem autor condenado de maneira injusta por seus ideais quanto para elogiar a obra *Memórias da casa dos mortos*. Os dois se reencontram com satisfação e passeiam – a pé ou de fiacre – por Londres, uma cidade que Herzen adora e Dostoiévski já odeia. Debatem. Dostoiévski prefere se deixar seduzir por aquilo que transcende o discurso político: "Herzen foi, sempre e em toda parte, antes de tudo um poeta. O poeta predomina nele, em toda parte e em tudo, em toda a sua atividade. O agitador é um poeta, o militante político é um poeta, o socialista é um poeta, o filósofo é no mais alto grau um poeta".[6] No mais, agora tudo os separa. Herzen sonha com uma insurreição, com a abolição da monarquia, com uma Rússia capaz de renunciar a suas tradições camponesas e religiosas para ingressar na modernidade. Dostoiévski o escuta com admiração sem se convencer: "Herzen estava como predestinado pela própria história para representar, em sua forma mais marcada, essa ruptura entre a grande maioria de nossa classe culta e o povo. É nesse ponto de vista um exemplo histórico. Ao se separarem do povo, eles naturalmente também perderam Deus".[7]

Herzen, por sua vez, acha Dostoiévski ingênuo, confuso, apegado demais à Rússia e a seu povo.

Em 16 de julho de 1862, Dostoiévski deixa Paris. Passa outra vez pela Alemanha para encontrar em Genebra, no dia 22, o bom e velho amigo Nikolai Strákhov. Eles frequentam cafés, fazem uma curta viagem a Lucerna, passeiam de barco no lago. Foi nessa oportunidade que Dostoiévski teria se dirigido a um garçom com palavras tão humilhantes que este teria protestado, argumentando que também era um ser humano? Não existe indicação sobre a data exata desse incidente ocorrido na Suíça, mencionado por Strákhov depois da morte do amigo para provar que ele era não apenas um homem "perverso, invejoso e debochado", como também arrogante no contato com os outros, a quem tratava com desprezo.

Em 3 de agosto, os dois amigos se hospedam na Pensão Suíça, na Via Tornabuoni, no coração de Florença. Dostoiévski admira a cidade sem se interessar muito pelos museus, onde passa menos tempo do que na sala de leitura da Piazza Santa Trinita, lendo os jornais russos. Já sente saudade da Rússia, recorda Strákhov. O rio Arno lhe lembra o Fontanka e lhe dá nostalgia. Os "maravilhosos lugares afastados", termo emprestado de Gogol, não o fazem esquecer que há "muito a fazer e a dizer na Rússia". Ele lamenta que a mais recente edição de *O tempo* não traga uma única linha sua. Em 14 de agosto, Dostoiévski deixa Florença, passa rapidamente por Milão, Veneza e Viena, para alguns dias em Dresden, onde dá um pulo a Bad Homburg para apostar seus últimos copeques na roleta e, em 24 de agosto de 1862, desembarca em São Petersburgo.

Apolinária Súslova está à sua espera.

Vaudeville fúnebre

O relacionamento deles data do outono de 1862.

Apolinária Súslova fez da relação o tema de um romance autobiográfico, que fornece referências úteis e cujos principais acontecimentos foram confirmados. Ela também deixou páginas de diário interessantes, mas que devem ser lidas com cautela, sem se deixar enganar pelas exaltações ora carinhosas, ora cáusticas de uma moça que está vivendo o seu primeiro amor, apaixonada por um homem muito mais velho, relativamente célebre. Em virtude do passado do escritor, ela lhe atribui impropriamente ímpetos revolucionários à altura dos seus próprios, algo que Dostoiévski está longe de dividir.

Dostoiévski teria recebido esse amor como um presente do céu, inesperado depois de anos de amargura e sofrimento. Essa paixão lhe dá a confiança e a força necessárias para realizar a sua obra. Isso provavelmente seja verdade, na medida em que, de fato, após tantos episódios tocantes, ridículos e comoventes, o casamento de Dostoiévski parece mais um sacrifício, um gesto de generosidade feito por devoção e destinado a dar uma chance de felicidade a uma mulher escolhida mais por uma questão de necessidade de ser salva do que por amor. Por sinal, o relacionamento entre os cônjuges degringola depressa, com erros cometidos por ambas as partes, com boas desculpas de um e outro. A separação de fato, sob o pretexto de que o clima de São Petersburgo é nocivo à saúde de Maria Dmítrievna, fica bem para todos – exceto talvez para o filho do primeiro casamento de Maria, sob a tutela de Dostoiévski, que não consegue fazer do enteado um bom aluno nem tampouco impedir sua expulsão da escola, algo que o obriga a prosseguir os estudos em um estabelecimento bastante duvidoso.

Depois de um começo bastante promissor, o relacionamento com Apolinária Súslova também parece passar por crises. Apaixonada por um homem que considera genial, gostaria que este a amasse por suas qualidades intelectuais que, por princípio, acredita ela, alguém tão extraordinário não pode senão achar medíocres. Conclui, talvez com razão, que não passa de um objeto de prazer para o homem a quem devota um amor tão elevado. Ao rancor que tira da situação, dá as cores da eterna luta feminista contra o poder masculino que escraviza e humilha as mulheres – de repente, o conflito amoroso torna-se também político, o que não ajuda em nada. Ela tem vergonha do que se passa entre eles, se censura por não resistir aos apetites vulgares do parceiro romântico, cujo temperamento julga ainda por cima mesquinho. Fica ofendida com Dostoiévski por levá-la a tais extremos, desejando romper com esse homem que ama e odeia. Só volta a se dirigir a ele para comunicar sua decisão de abandoná-lo e só o abandona para mostrar a que ponto esse rompimento a torna infeliz...

Em setembro de 1864, registra em seu diário que "odeia" esse Dostoiévski que matou dentro de si a fé em um amor ideal, imaculado, provavelmente etéreo, e que lhe causou tanto sofrimento.

Ele poderia dizer o mesmo.

Uma vez mais, o drama se transforma em vaudeville.

Como nas peças de Ostróvski, em que as pessoas ricas levam os amantes para o exterior, onde podem viver sem constrangimento um caso, Dostoiévski convida Apolinária a ir com ele para Paris. Com a diferença de que Dostoiévski não é rico e ela deve ir antes. A jovem chega em Paris em março de 1863, aluga um apartamento e mal sai de casa porque deseja descobrir a cidade apenas na companhia de seu amado. As notícias que este manda de São Petersburgo não são boas.

A Comissão de Censura, que enfim aceitara a publicação de *O tempo*, na edição de dezembro de 1862, do capítulo de *Memórias da casa dos mortos*, mudou de ideia outra vez. Por determinação pessoal do ministro do Interior, que acha escandaloso o já publicado capítulo "O marido de Akulka", a Comissão ordena a destruição dos dois mil exemplares de uma antologia na qual o excerto estava republicado, o que priva os autores da remuneração prometida pelo editor.

Isso gera um impacto no orçamento de Dostoiévski, o que é grave, na medida em que *O tempo*, que garante boa parte de sua receita, evitado pela *intelligentsia* liberal, está em apuros e perde leitores. Por mais que Dostoiévski seja eleito secretário do Comitê do Fundo Literário, por mais que seja convidado para eventos beneficentes em que suas leituras fazem muito sucesso, por mais que consiga para a revista alguns poemas prometidos há muito tempo por Nekrássov, os ataques dos "progressistas" se multiplicam. Esses defensores da modernidade não dão tréguas para uma publicação eslavófila suspeita de apoiar a autocracia e o poder russo, que acaba de reprimir com brutalidade a revolta polonesa – o que Dostoiévski pensa ser legítimo, é verdade: ele registra em seu diário que se trata de uma guerra, que a Rússia tem a obrigação de vencer, entre a ortodoxia e o catolicismo, entre o "gênio eslavo" e a civilização europeia. Essa maneira de ver as coisas afasta alguns e faz as vendas caírem. Os cofres da revista ficam vazios e Dostoiévski se vê sem dinheiro.

Pior ainda: depois de um mal-entendido tão estúpido que parece um pretexto, a revista dos irmãos Dostoiévski é proibida.

Em um artigo publicado em *O tempo*, justamente sobre a revolta polonesa, Nikolai Strákhov afirma que é inútil usar armas contra os insurgentes, cujo nacionalismo alimentado por ideias liberais e progressistas deve ser combatido com a espiritualidade russa, algo que o povo soube conservar graças à ortodoxia. A Terceira Seção leva em consideração apenas a primeira parte do arrazoado e conclui que se trata de uma crítica à ação militar ordenada pelo imperador. Para sepultar *O tempo*, um periódico rival – *Notícias de Moscou* – acusa com toda a má-fé Strákhov de simpatizar com o inimigo. Ciente do perigo e sem demora, Dostoiévski escreve uma resposta cuja publicação não será permitida pela censura. Na sequência, em uma decisão de 29 de maio de 1863, o ministério do Interior proíbe *O tempo*. Acontece que Mikhail pagou apenas parte dos valores emprestados para a criação da revista em janeiro de 1861.

Preocupados com o dinheiro, os investidores exigem ser pagos, o que os irmãos Dostoiévski não estão em condições de fazer.

Toda essa agitação parece levar Dostoiévski a esquecer que Apolinária está à sua espera em Paris. Percebendo que, se esperar para conhecer Paris ao lado de seu amante genial, corre o risco de não conhecer lugar nenhum da cidade, Apolinária começa a sair. É em uma rua bem perto de onde mora, ao lado da montanha Sainte-Geneviève, que ela tem de repente uma revelação. Aproveita que a igreja Saint-Étienne-du-Mons fica nas proximidades para correr até lá, impelida por uma necessidade urgente de se confessar. Aparentemente, faz isso de maneira tão confusa que o padre lhe dá a absolvição sem compreender que essa moça acredita ter recebido do céu a missão de assassinar o tsar. Apolinária Súslova está convencida de que Deus lhe pede para sacrificar sua vida para salvar a Rússia.

Ela não considera importante informar isso a Dostoiévski, que enfim chega à cidade.

Depois de acomodar a esposa, muito doente, em Vladímir, onde ela deve passar o verão, depois de pegar uma gripe forte que o deixou de cama por duas semanas, depois de enfim ter conseguido com muita dificuldade, em julho, junto ao Fundo Literário, um empréstimo de 1.500 rublos – a pagar em seis meses com uma taxa de juros de cinco por cento – para um tratamento de saúde no exterior, em 4 de agosto de 1863 Dostoiévski enfim parte para Paris, onde Apolinária Súslova está à sua espera há cinco meses.

Pelo menos é o que imagina.

Após se apaixonar perdidamente por um engenheiro bem mais velho, doente, pobre, pouco atraente e que ela supunha ter conquistado para a causa revolucionária, Apolinária Súslova se atira com todo ardor nos braços de um jovem estudante de medicina, medíocre, belo e riquíssimo. O rapaz é oriundo de uma família de colonos espanhóis que se estabeleceram nas Antilhas, onde exploram os nativos em plantações de cana-de-açúcar e de tabaco, empregando sem moderação o chicote para mandar os escravos trabalharem. Os ideais sociais da jovem feminista, que tinha tanta dificuldade em aceitar que um homem pudesse desejá-la por prazer, casam bem com os deleites propiciados por esse rapaz, quase negreiro, machista e frívolo, que ainda por cima, de acordo com a confissão da própria interessada, não lhe dá nenhuma prova de amor e a trata com o desdém que um homem de sua condição deve ter para com as meninas pobres, que servem para passar o tempo entre uma partida de bilhar e outra.

Dostoiévski, que não desconfia de nada, chega todo animado e fogoso a Berlim, de onde escreve para anunciar a Súslova que em breve estarão juntos. Ela decide enviar sem demora uma carta de rompimento, o que não faz por não conseguir dar à missiva um estilo adequado, apesar do tempo que Dostoiévski lhe deixa parando em Wiesbaden, onde ganha 10.400 francos na roleta em um dia e perde a metade no outro. Ele envia o montante à sua irmã Vera, implorando para que entregue metade à esposa, que de tão doente não seria capaz de buscar pessoalmente o dinheiro na estação de correios, e metade ao irmão Mikhail, que desde o fim da revista da qual era diretor enfrenta terríveis dificuldades financeiras. No dia seguinte, em outra carta, pede a Vera para reaver e lhe remeter ao menos parte do dinheiro: depois de ter perdido na roleta até o último centavo, Dostoiévski não tem como pagar a passagem de trem para Paris.

Mikhail se apressa a enviar ao irmãozinho a quantia recém-recebida.

Após a chegada a Paris, Dostoiévski envia um bilhete a Apolinária para anunciar que enfim está na cidade. Ela posta imediatamente a carta de rompimento, mas, impaciente, Dostoiévski vai procurar a amada antes que a missiva tenha chegado às suas mãos. A moça não tem mais como fugir das explicações dolorosas. É o que são, de fato. Dostoiévski grita, chora, se joga a seus pés e a convida assim mesmo a partir junto com ele para a Itália, "como irmãos". Nada surte efeito. Apolinária Súslova está tão apaixonada por seu lindo sul-americano que recusa com desdém esse convite, apesar de tudo bem-intencionado. Mal pode esperar: quatro dias depois, descobre que seu amante é infiel. À noite, cogita cometer suicídio, mas não tem coragem. Ao amanhecer, corre até Dostoiévski para informar como se despreza por não ter sido capaz de se mostrar digna de seu enorme amor, a ponto de pensar em suicídio. Dostoiévski passa o dia a consolando e a impedindo de se atirar da janela, se não por decepção amorosa, ao menos pelo desprezo que ela sente por si mesma.

Dois dias depois, partem juntos para a Itália.

Eles chegam a Baden-Baden. Dostoiévski joga, perde e escreve a Mikhail para pedir dinheiro. Súslova escreve em seu diário que "a ternura voltou", mas que está surpresa de descobrir a que ponto Dostoiévski é incapaz de "controlar os impulsos", sem dar mais detalhes sobre o assunto.

Esse é também o caso do personagem que Dostoiévski tem vontade de transformar no herói de sua próxima narrativa:

> O tema da minha história é o seguinte: um russo típico no exterior. [...] Um homem muito evoluído, mas em tudo incompleto, que deixou de acreditar e, no entanto, *não se atreve a deixar de acreditar*, que se insurge contra as autoridades e ao mesmo tempo guarda temor delas. [...] O essencial é que toda a sua vitalidade, sua força, sua impetuosidade, sua audácia desapareçam *na roleta*. É um jogador, mas não um jogador comum, assim como o cavaleiro avaro de Púchkin não é um avaro comum. O personagem é um poeta em seu gênero, mas o problema é que ele próprio se envergonha dessa poesia, porque sente profundamente a baixeza dela, embora a necessidade do *risco* também a enobreça a seus próprios olhos. Durante toda a história está jogando, pelo terceiro ano, na roleta nas cidades de jogo.[1]

Para começar a história, só precisa acrescentar um personagem feminino à altura, que seria absurdo procurar longe demais quando Apolinária está tão perto. Dostoiévski já tem uma ideia do tamanho do texto: duas folhas de tipografia. Ele negocia o preço com Piotr Dmítrievitch Boboríkin, que organiza a "Biblioteca de Leitura", solicita um bem-sucedido adiantamento de trezentos rublos e estipula uma data de entrega, 10 de novembro, que não vai respeitar, sendo obrigado a reembolsar o valor antecipado.

Em 9 de setembro de 1863, Dostoiévski e Apolinária Súslova vão para Turim, no dia 16 para Roma. Eles visitam a basílica de São Pedro, o Fórum e o Coliseu. Em 23 de setembro, chegam a Nápoles, onde têm uma discussão acirrada sobre o papel das mulheres na sociedade. No barco para Livorno, o casal esbarra com Herzen, a quem Dostoiévski convence de que Apolinária é apenas uma prima, o que vem a calhar: o filho de Herzen acha a moça muito atraente e gostaria de revê-la. Ela lhe passa seu endereço em Paris, para onde vai quando Dostoiévski deixa Livorno para retornar à Rússia. No caminho, para em Bad Homburg, perde até o último copeque e envia uma carta desesperada a Súslova, em Paris, pedindo dinheiro. Ela penhora uma corrente de ouro e envia o valor solicitado. Em 21 de outubro, Dostoiévski põe os pés em São Petersburgo.

Assim que chega, é informado de que Maria Dmítrievna está muito mal. Ele corre para a cabeceira da esposa, em Vladímir.

Os três mil rublos que recebe de herança após a morte do tio Kumánin, marido de Aleksandra, irmã mais velha de sua mãe, chegam na hora certa. Ainda assim, Dostoiévski quase não vê a cor desse dinheiro: precisa pagar o empréstimo do Fundo Literário, devolver os trezentos rublos de adiantamento da narrativa que está longe de terminar na data combinada, já que sequer começou, e molhar a mão de outros credores com pequenas quantias para que tenham paciência. Sobra o suficiente para acomodar Maria Dmítrievna em Moscou, onde eles recebem a visita de Apolon Máikov, que guarda uma lembrança amarga do encontro. Maria Dmítrievna emagreceu tanto que não passa de pele e osso. A tez apresenta um tom de cor de terra. Os ataques de tosse a impedem de falar. Dostoiévski, que também teve duas crises de epilepsia em alguns dias de intervalo e parece muito debilitado, tenta distraí-la com pequenos agrados: bolsas bordadas, estojos, bijuterias baratas, sinais de carinho que comovem a doente até as lágrimas.

De vez em quando, de repente, ela sofre alucinações. Tem a impressão de que o quarto se enche de demônios. Ela se debate, grita. Alguém precisa abrir a janela e fingir expulsá-los para que a doente se acalme.

O dinheiro continua insuficiente, apesar das publicações em edição popular de *Memórias da casa dos mortos* e de *Humilhados e ofendidos*, pelas quais o autor já recebeu parte dos direitos. Em compensação a narrativa, que em duas folhas de tipografia deve descrever o inferno do jogo e render algumas centenas de rublos, assume na mente do autor as dimensões de um verdadeiro romance, que poderia garantir alguns milhares. Entretanto, ainda precisa escrevê-lo. Dostoiévski não tem tempo: prometera uma história pequena para a nova revista de Mikhail. Com um novo empréstimo e mais os dez mil rublos enviados pela tia Kumánina, a deduzir da herança futura, dinheiro que Dostoiévski manda para Mikhail, este lança *Época*, uma revista mensal cuja autorização de publicação acaba de receber.

Infelizmente, essa aprovação veio tarde demais para que a revista pudesse iniciar uma campanha de assinaturas anuais, o que compromete as finanças desde o início. Anunciado para fevereiro, o primeiro número, datado de janeiro-fevereiro de 1864, é lançado em abril, impresso em papel de má qualidade e recheado de erros tipográficos. É publicado com prejuízo e os números seguintes, lançados nas mesmas condições, não melhoram a situação. Além disso, a Comissão de Censura, que proíbe de saída um artigo de Nikolai Strákhov, exige "uma orientação impecável" e avisa ao diretor que, por conta de seus antecedentes e os de seu irmão, o conteúdo da revista vai passar por um pente-fino. O editorial da primeira edição serve para tranquilizar as autoridades: ali está escrito que a revista se propõe a oferecer aos leitores um panorama edificante dos fenômenos políticos e sociais, em um espírito nacional. Trata-se de uma maneira discreta de anunciar que ela se proíbe de criticar as instituições e rejeita as ideias progressistas de inspiração ocidental. Tal programa, útil para pacificar as apreensões das autoridades, contribui para desencorajar um público de leitores que busca antes soluções radicais para uma situação desesperadora que atinge a grande massa de pobres, da qual é oriunda a nova *intelligentsia* que agora forma opinião até nos cantos mais remotos da Rússia.

Não é certo que esse público de ideias liberais veja algum benefício na leitura da narrativa que Dostoiévski publica no primeiro número da nova revista. As *Notas do subsolo* são um ataque às ideias de todos que sonham com um mundo melhor, decididos a contribuir para levar adiante esse projeto, se for necessário até pela violência. Convencido de ter sido o primeiro a fazer um retrato de alguém que se parece com a maioria dos russos, o que no fim das contas não está errado, uma vez que os russos são homens iguais a outros, Dostoiévski registra em seus diários que o personagem do "subsolo" é ao mesmo tempo trágico e monstruoso:

> Trágico porque consciente de sua monstruosidade. [...] Fui o único que revelou o trágico do subsolo, feito de sofrimento, de autopunição, da consciência de que existe algo melhor, da impossibilidade de alcançar esse algo e, sobretudo, da profunda convicção, própria a esses infelizes, de que todos os outros são iguais a eles e de que, por isso, não vale mesmo a pena se emendar.[2]

Dostoiévski ainda não terminou de escrever esse "pequeno" romance quando Maria Dmítrievna falece, aos 36 anos, em 15 de abril de 1864. Ele fica arrasado com a morte da esposa e escreve ao amigo Aleksandr Wrangel, que testemunhara o início da relação e, na sequência, ajudara tanto o casal:

> Ela me amava com um amor incondicional. Eu também a amava sem limites. Embora tenhamos sido realmente infelizes juntos (em virtude de seu temperamento estranho, difícil e doentiamente imprevisível), não poderíamos deixar de nos amar. Além disso, quanto mais infelizes estivéssemos, mais nos apegávamos. Por mais estranho que possa parecer, era assim. Ela era a mulher mais honesta e mais nobre, mais magnânima que conheci na vida.[3]

Dostoiévski vela o corpo da finada esposa e, durante esse tempo, parece-lhe com toda evidência que apenas Jesus Cristo, que amou os homens mais do que a si mesmo, é a salvação, porque só ele oferece a esperança da eternidade, sem a qual a vida seria impossível. Registra isso em seus diários.

O funeral de Maria Dmítrievna ocorre em 17 de abril. Dez dias depois, Dostoiévski volta a São Petersburgo. Tem dificuldade de retomar a atividade literária e, em maio, *Época* é lançada sem a continuação de *Notas do subsolo*, "adiada para o próximo fascículo devido à doença do autor". Ainda assim, Mikhail continua pagando ao irmão quantias consideráveis, que registra com cuidado no livro-caixa.

O luto não impede Dostoiévski de procurar outra vez Apolinária Súslova. Escreve para a moça, que responde. Dessa troca de correspondência sobraram apenas algumas cartas. São de ambas as partes missivas prudentes. Dostoiévski é mais explícito nas cartas trocadas com Nadejda Súslova – que será a primeira médica da Rússia –, na época estudante, irmã mais nova daquela por quem o escritor parece continuar apaixonado. Das censuras que Nadejda lhe faz por ter correspondido tão mal à paixão de Apolinária, ele se defende com palavras que dão a entender que sempre manteve o afeto, embora deplore o caráter repleto de contradições de uma mulher egoísta, que sempre o tratou com desprezo, que o responsabiliza por tê-la seduzido a ponto de se oferecer a ele, algo que ela não pode perdoar e de que se vinga com uma "crueldade desumana". No entanto, de acordo com o diário de Apolinária, pouco depois de perder sua esposa Dostoiévski teria pedido sua mão, o que a teria deixado muito "nervosa". Era mais uma vez tarde demais: ele deveria ter feito esse pedido no primeiro dia em que ela se entregou, apesar do estado moribundo da esposa, de quem deveria ter se divorciado sem demora para corresponder com dignidade ao amor tão bonito e tão fogoso da menina inocente que ela era naquele tempo, para corresponder a ela, que lhe deu tudo...

Como Dostoiévski gostaria de revê-la, planeja encontrar a moça no exterior, sem se preocupar com a continuação de *Notas do subsolo*, que continua sendo aguardado pela revista de que é o redator-chefe. O ambiente na redação piora: "Fiódor é extremamente egoísta e egocêntrico, embora não perceba", escreve Nikolai Strákhov para seu irmão. "Mikhail é um verdadeiro cúlaque, que sabe onde está seu lucro e explora os outros. Apolon Grigóriev está preso por conta de dívidas. Fiódor planeja ir para o exterior até setembro..."[4]

Em 1º de junho, Dostoiévski faz novo pedido de empréstimo ao Fundo Literário, mais uma vez alegando um tratamento de saúde no exterior, e escreve a Apolinária anunciando a intenção de ir a Paris, onde espera revê-la. O Fundo Literário hesita de novo, mas acaba concedendo um empréstimo de 1.600 rublos, com uma taxa de juros de dez por cento. Apolinária responde que estará em Spa. Não tem muita vontade de reencontrá-lo mas, já que ele está indo a Paris e Spa é caminho, poderia dar uma passada lá se a viagem acontecesse. Dostoiévski recebe seu passaporte no dia 16 de junho, mas adia a partida: muito abalado com o falecimento de sua filha de dez anos em fevereiro, Mikhail está doente. Os médicos, que diagnosticaram uma peritonite biliar, estão preocupados.

Os tratamentos se mostram ineficazes. Mikhail morre em 10 de julho, deixando uma família desassistida, uma revista em dificuldades e dívidas de 25 mil rublos – quinze a curto prazo. Acima de tudo, deixa um irmão completamente desamparado por ter perdido, de acordo com as próprias palavras, "o ser que mais amava no mundo. Mais do que sua esposa e seus filhos".[5]

Já está fora de cogitação qualquer viagem ao exterior. Não apenas porque é preciso tomar decisões urgentes sobre o passivo deixado por Mikhail. Os dois falecimentos em tão curto espaço de tempo e que levam duas pessoas que eram, ao que tudo indica, as mais caras do mundo deixam Dostoiévski aniquilado. Ele escreve a Aleksandr Wrangel:

> Fiquei sozinho e o medo tomou conta de mim. De repente, minha vida se partia em dois. Na metade que deixava para trás estava tudo pelo que eu vivia, na outra, ainda desconhecida, tudo era novo, estranho, e não havia um coração que, para mim, pudesse substituir aqueles dois. Literalmente não tenho mais razão para viver. Criar novos laços, inventar uma nova vida! Só de pensar nisso ficava com náusea. Senti, aqui, pela primeira vez, que não havia ninguém para substituí-los, que eu não amava mais ninguém no mundo e que, para mim, não só era impossível amar de novo, como também era algo que não devia.[6]

Talvez fosse verdade, apesar dos pesares.

Seja como for, ele continua escrevendo para Apolinária Súslova, que registra de modo sistemático a data dessas cartas em seu diário: 2 de agosto, 1º, 2 e 26 de setembro, 18 de outubro...

Vil metal

A *Época* é uma revista, mas também um veículo de imprensa pertencente a Mikhail Dostoiévski, que acaba de falecer. O que deve ser feito com ela?

Dostoiévski defende que só existem duas soluções.

A primeira: pedir à viúva de Mikhail – que está desassistida mas que, assim como os filhos, ele ajudaria – para renunciar à herança e deixar a revista nas mãos de credores, que a liquidariam para recuperar, ao menos em parte, seu investimento. Ou a segunda: aceitar a herança e assumir o passivo da revista.

Convencido de que seu nome tinha assegurado o sucesso de *O tempo*, Dostoiévski acredita que também pode fazer a fama da *Época*, que se tornaria rentável uma vez que as dívidas fossem saldadas. Como Mikhail lhe pagava cerca de dez mil rublos por ano, Dostoiévski imagina que, apertando o cinto, esse montante seria suficiente para bancar as despesas correntes e reembolsar aos poucos os credores. Infelizmente, não desconfia de que Mikhail lhe dava uma remuneração muito acima do que teria sido razoável do ponto de vista da contabilidade. Também não pode prever os efeitos de uma crise que reduz pela metade o número de leitores de todas as publicações russas da época. Além disso, está longe de imaginar as exigências de sua cunhada, exageradas e injustas: "Sugam você até o último copeque", observa o amigo Wrangel em uma de suas cartas.

Ao aconselhar a cunhada a se tornar a dona da *Época* e ao assumir a função de redator-chefe, Dostoiévski faz uma má escolha. A primeira consequência é que precisa contrair novos empréstimos, cada vez mais altos. As razões dos pedidos são confusas: ora precisa do montante para continuar imprimindo a revista, mesmo com prejuízo, a fim de ganhar a confiança de potenciais novos investidores, dispostos a injetar dinheiro em um negócio em que, a prazo, poderiam esperar faturar milhares de rublos. Ora se trata de quantias necessárias para recuperar os direitos de sua obra, que desejaria publicar e distribuir por conta própria em condições mais vantajosas, o que não faz. Ora, ainda, gostaria de passar alguns meses em paz escrevendo um novo romance, cujos direitos cobririam a nova dívida e parte das antigas, mas que nunca sai do papel. O fato é que, em um curto espaço de tempo, tentando tapar os buracos herdados pela cunhada, Dostoiévski, na verdade, cava outros maiores.

A *Época* é publicada com atraso durante o outono de 1864. As vendas permanecem modestas, bem abaixo do limite necessário para equilibrar as finanças. Forçado a trabalhar além de sua capacidade para substituir os funcionários que não tem condições de pagar, Dostoiévski sofre várias crises que, embora descritas como "medianas" pelos médicos, o impedem de publicar a revista nas datas anunciadas. Isso leva os leitores, pouco confiantes na continuidade, a não renovar as assinaturas para o ano seguinte. Por fim, dois meses depois de perder em julho seu diretor, a revista fica sem um de seus pilares, seu crítico literário: após sair em 21 de setembro da prisão, onde passou dois meses preso por conta de dívidas, Apolon Grigóriev morre de uma apoplexia uma semana mais tarde. Ele tinha 42 anos.

Dostoiévski tem 43.

Ser preso por dívidas se torna um pesadelo. Não em decorrência dos sofrimentos, que não assustam um homem que passou quatro anos com os pés acorrentados. Nem em razão da decadência social, que só o afetaria moderadamente, uma vez que se trata de dívidas contraídas para um projeto literário de que pode se orgulhar. Entretanto, ele não poderia mais escrever, única esperança para pagar os credores e poder levar algum dia uma vida normal. Além disso, receia por sua saúde, que é frágil, para dizer o mínimo.

Precisando encarar sozinho essa turbulência, não causa espanto que Dostoiévski procure desesperadamente carinho, apanhando-o onde quer que o encontre.

Durante o outono de 1864, em que, atormentado pela morte da esposa, Dostoiévski talvez esteja mesmo convencido de que será "impossível amar de novo", por sinal, algo que não devia, ele se vê dividido entre os sentimentos calorosos de duas mulheres tão diferentes que, outra vez, parecem reunidas pela decisão arbitrária de um autor que gostaria de plagiá-lo. A primeira é praticamente uma prostituta, que já viveu e viu tudo, a segunda uma adolescente tão ingênua que precisa de algum tempo para descobrir que admiração e amor não se misturam. Dostoiévski pede a mão de uma terceira, a irmã mais velha da segunda.

Marfa Pánina, que adotou o sobrenome Brown depois de um casamento breve com um marinheiro de Baltimore, conta histórias tão inverossímeis sobre sua vida que acaba gerando dúvidas a respeito de sua autenticidade. Porém, fornece detalhes bastante precisos para que sejam críveis, e os fatos possíveis de averiguação revelam um caráter e costumes tão de acordo com as peripécias que fica difícil levantar a suspeita de que as aventuras tenham sido inventadas. Descendente de uma família que lhe dá boa educação, aos dezesseis anos foge da casa dos pais, embarca em um navio de emigrantes e chega à Inglaterra. Lá vive na miséria, fazendo bicos e provavelmente vendendo o corpo. Envolve-se com homens que às vezes a pagam, outras a exploram. Muitos com frequência fazem manobras às margens da lei, são perseguidos pela polícia, fogem de um país a outro para se livrar da prisão, onde mesmo assim de vez em quando vão parar, arrastando junto a companheira, dividida entre missionários que querem salvar sua alma e vagabundos que a convencem de que ela já estragou e perdeu tudo. Quando volta à Rússia, onde não tem mais ninguém, Marfa Pánina Brown encontra refúgio em um autor de dicionários populares, que vive na penúria porque "bebe como uma esponja". Deixa-o para viver com Piotr Nikitichi Górski, um jovem escritor muito talentoso, ainda mais pobre porque bebe ainda mais. Piotr, de quem Dostoiévski publicou diversos ensaios, é o responsável por recomendar Marfa, imaginando que ela poderia traduzir textos ingleses para a *Época*.

A própria Marfa Brown escreve a Dostoiévski uma carta narrando sua vida, que toca profundamente o escritor. Ele vai encontrá-la no hospital, onde está internada devido a uma inflamação pulmonar. Já recuperada, Marfa estende a permanência, aconselhada pelo companheiro, feliz em saber que ali ela tem o que comer todos os dias, o que não é o caso em casa, onde só tem o que beber. Ora, para ele seria insuportável vê-la se prostituir de novo, levada pela fome. Dostoiévski tem a sensação de estar diante de uma mulher excepcional, e é provável que tenha razão. Talvez esperando de verdade a recuperação da revista, promete a Marfa um emprego. Fala também da "harmonia espiritual" que poderia unir os dois e que, aparentemente, já os une, visto que nas cartas – que ela começa a assinar sem o sobrenome – Marfa se diz "iluminada e acalentada" pelo carinho de um homem que desfruta de tanta autoridade nos círculos intelectuais. Parece até que Dostoiévski teria dado a entender que essa "harmonia" poderia se tornar a de uma vida inteira. Como nada de concreto se segue a essas declarações, em janeiro de 1865 Marfa Brown escreve agradecendo por ele demonstrar por ela mais estima do que ela tem por si mesma, uma mulher tão maculada, e garante que, no que lhe diz respeito, pouco importa se os sentimentos são de curta ou longa duração.

Eles não parecem destinados a se prolongar.

Em fevereiro de 1865, quando essa "harmonia espiritual" parece desmoronar, Dostoiévski já sabe que a revista para a qual oferecia trabalho a Marfa está quase morta. Nesse momento, conhece as irmãs Korvin-Kriukóvski, filhas de um general de artilharia, riquíssimo proprietário rural da região de Vitebsk.

Anna é de uma beleza que impressiona todos que a conhecem. Tem olhos verdes enormes e um rosto de traços delicados, emoldurado por mechas loiras que se unem em uma trança até a altura da cintura. Aos quinze anos, Anna, que é apaixonada por histórias de cavalaria inglesa, aproveita que o solar onde moram – isolado como os castelos da Idade Média – tem uma torre para passar dias inteiros na peça de cima, que decorou nos moldes dos romances góticos. Sonha em se tornar atriz, mas muda de ideia ao conhecer o filho do vigário, que estuda ciência em São Petersburgo. Ele lhe mostra a teoria da evolução de Darwin, as utopias sociais em voga na Europa e as virtudes da ciência, que abre para a humanidade horizontes luminosos. Anna começa a ler com aplicação as revistas e os jornais que seu pai assina, incluindo o periódico dos irmãos Dostoiévski, e passa por uma transformação. Amarra os cabelos em um coque simples, veste preto e dá aulas diárias às crianças dos camponeses. Pede ao pai permissão para estudar medicina em São Petersburgo.

Algo que está fora de cogitação.

Também está fora de cogitação que Anna abra mão do que agora parece seu dever: dedicar sua vida aos outros. Como não pode curar corpos, vai curar almas. Será escritora. Tem vinte anos quando envia, sob pseudônimo, dois contos para a *Época*. Dostoiévski aprecia a qualidade literária das histórias, apesar de certa inclinação romântica que diminui a força de algumas análises psicológicas pertinentes. Ainda assim, publica os dois textos e manda o pagamento para o endereço indicado no envelope.

O tempo fecha na casa dos Korvin-Kriukóvski. O pai acha inconveniente que a filha mande cartas em segredo a um estranho – mesmo que se trate do redator-chefe de uma revista literária –, e ainda mais escandaloso que receba dinheiro por isso. Chocado e ao mesmo tempo feliz com a revolta da filha, em quem admira a perseverança e o talento, o general Korvin-Kriukóvski decide passar parte do ano em São Petersburgo, para dar às filhas a oportunidade de desabrochar sob sua supervisão.

Convidado à residência petersburguense dos Korvin-Kriukóvski para conhecer a autora cujos textos publicou, Dostoiévski não causa boa impressão. Além de ter uma aparência doentia e o rosto agitado por tiques, não para de acariciar a barbicha rala com um gesto nervoso nem de mordiscar o bigode, e seu discurso na presença dos pais é convencional, desinteressante. No entanto, Sofia, a caçula de apenas catorze anos que talvez o veja pelos olhos da irmã – que supõe equivocadamente estar apaixonada pelo escritor –, se convence em um instante de que está amando Dostoiévski, impressionada, como conta em suas memórias[1], por sua reputação e por seus sofrimentos passados, sobre os quais já ouvira falar. Essa chama continua crescendo a cada nova visita que Dostoiévski faz para Anna, que prefere não recebê-lo sozinha e está sempre acompanhada da irmã. Mais à vontade com as duas jovens, Dostoiévski tem longas conversas, às vezes até depois da meia-noite, sobre arte e literatura, mas também sobre os *Evangelhos* e política. Os pontos de vista entre eles são diferentes. Dostoiévski se exalta, dirige palavras duras a essa juventude ocidentalizada que discute ideias niilistas, mas é inculta, frouxa, luxuriosa e mundana. Anna, ao contrário, tem confiança na inteligência de sua geração, que ela acredita ser capaz de realizar as transformações radicais, sociais e políticas de que a Rússia precisa para entrar na modernidade. Já a vida mundana acha bastante agradável, o que é compreensível: nos salões de São Petersburgo, que agora frequenta com assiduidade, ela brilha e é muito cortejada. Isso exaspera Dostoiévski, que nas oportunidades em que está presente ora tenta monopolizar e conduzir a moça a noite toda em discussões em que ele supera seus rivais, ora, quando não é bem-sucedido, se retira para um canto e fecha a cara.

Sofia vai então lhe fazer companhia e sente que Dostoiévski fica grato, algo que toma por afeição.

Para fechar o bico de todos esses "ocidentalistas", Dostoiévski publica na edição de fevereiro de 1865, a última da *Época*, uma pequena narrativa fantástica: *O crocodilo*. "Um esboço", dirá mais tarde, negando qualquer intenção de causar polêmica, em particular com Tchernichévski, a quem seria imprudente atacar quando, condenado a galé para o resto da vida, cumpre a pena em uma mina da Sibéria.[2] No entanto, essa história burlesca de Ivan Matviéitch – que, engolido por um crocodilo, explora em benefício próprio a situação inusitada – está repleta de alusões insidiosas aos princípios econômicos que devem reger a sociedade, à concorrência capitalista e à rentabilidade financeira, assim como abarrotada de ataques indiretos a essa juventude "progressista" defendida com tanto ardor por Anna Korvin-Kriukóvski.

Anna Korvin-Kriukóvski cujos sentimentos pelo ilustre amigo permanecem apenas cordiais.

Já os de Sofia ficam agitadíssimos quando, depois de aprender a tocar no piano uma sonata de Beethoven só para mostrar a Dostoiévski, se depara com este, que desaparecera durante a execução, fazendo uma declaração de amor à sua irmã.

Profundamente magoada, Sofia não quer mais ouvir falar do homem que não entendera seus sentimentos e a usara para cortejar Anna. Dostoiévski alega que esta teria dito sim ao pedido de casamento, mas que ele havia desistido, ciente de que, por conta de pontos de vista tão divergentes, nunca poderiam ser felizes juntos. Trata-se de uma versão duvidosa. É mais provável que Anna não tenha desejado rever alguém com quem gosta de conversar, mas que, ao declarar um amor que não retribui, acaba a colocando em uma situação embaraçosa. As relações de Dostoiévski com as irmãs Korvin-Kriukóvski têm fim. Eles voltarão a se escrever mais tarde, quando Sofia, de partida para o exterior, se tornará uma matemática conhecida na Europa inteira. Casada com um revolucionário francês, Anna desempenhará um papel significativo durante a Comuna de Paris. Depois de escapar dos massacres que se seguirão após os comunalistas serem derrotados pelas forças de Thiers – que conhecera pessoalmente o general Korvin-Kriukóvski –, ela se refugia com o marido na Suíça, em seguida volta à Rússia e retoma sua atividade literária antes de morrer em 1887, em Paris, para onde tivera permissão para retornar.

No final de março, o tipógrafo da *Época*, que não fora pago, se recusa a imprimir o próximo número. Os outros credores ameaçam apresentar queixa. Dostoiévski toma dinheiro emprestado de agiotas desonestos que impõem taxas exorbitantes. Ele aceita, o que prova a que ponto a situação é desesperadora. Não se trata mais do caso de salvar uma revista cujo destino parece selado, e sim de escapar da prisão por conta de dívidas. O perigo é real. Ele aborda o tema em uma carta a Iegor Kovalévski, presidente do Fundo Literário, instituição a que solicita um empréstimo de seiscentos rublos, concedido no dia seguinte, apesar dos montantes já entregues e não honrados. Na mesma missiva, Dostoiévski informa que já não tem outra maneira de pagar os credores além da atividade literária, interrompida em consequência dos insucessos da revista. Espera começar a escrever sem tardar um novo romance.

Em um registro das finanças da *Época*, agora inútil, Dostoiévski havia anotado, entre somas e subtrações desastrosas, o monólogo de um bêbado que relata como sua filha fora levada a se prostituir por culpa sua e porque o ama, apesar do vício. Só aí já tem dois personagens, o que significa, para Dostoiévski, o esboço de um romance. Sem perder tempo, ele propõe a obra a Andrei Aleksándrovitch Kraiévski, o editor dos *Anais da pátria*, a quem em um de seus artigos da *Época*, é verdade, chamara de aproveitadorzinho mais competente no ramo dos negócios do que no campo da literatura: "Meu romance vai se intitular *Os bêbados* e abordará o problema atual da embriaguez. O problema não é mencionado de maneira simplória, e suas mais ínfimas ramificações são apresentadas, sobretudo retratos de família, a educação dos filhos nessa situação etc".[3] Dostoiévski promete entregar esse romance de umas quinhentas páginas, e para o qual pede um adiantamento de três mil rublos, em quatro meses, o que serve para despertar a desconfiança de alguém que o conhece e sabe como suas promessas são pouco confiáveis. Embora o aprecie, Kraiévski recusa a proposta, assim como V.F. Korch, do *Notícias de São Petersburgo*. Como último recurso, no início de julho, Dostoiévski assina um contrato muito desfavorável com o editor Fiódor Timoféievitch Stelóvski. Em troca dos três mil pedidos, este adquire o direito de republicar uma tiragem de todos os romances anteriores de Dostoiévski, além de um novo, que o autor se compromete a entregar até o dia 31 de outubro de 1866. Caso contrário, o editor terá o direito de explorar durante nove anos, a seu critério e sem pagar um tostão, todos os escritos posteriores do signatário.

Os três mil rublos de Stelóvski não bastam para acalmar a ira daqueles que continuam ameaçando enviar o devedor para a prisão. Dostoiévski, que não queria ter a mesma sorte do amigo Apolon Grigóriev e que precisa pagar em parcela única 120 rublos a um credor de seu irmão mais novo Nikolai, para ficar livre, decide partir para o exterior.

No final de julho está em Wiesbaden, onde reencontra Apolinária Súslova, em profunda depressão após um relacionamento infeliz – um outro, um novo – com um médico francês, que acaba de abandoná-la. Dostoiévski gostaria de levar consolo, mas os dois acabam discutindo mais uma vez. Ela torna a partir para Paris, ele perde no casino, ainda convencido de que, se jogar com calma e calcular bem os movimentos, pode ganhar o suficiente para pagar as dívidas. Perde até o último copeque, e depois o dinheiro recebido pelo relógio penhorado.

A situação logo se torna insuportável:

> No hotel foi dada a ordem de não me servirem almoço, nem chá, nem café. Fui me explicar e o proprietário, um alemão gordo, me declarou que eu não tinha "merecido" almoçar e que só me serviria chá, um chá execrável. Ninguém atende quando toco a campainha, ninguém limpa meu casaco nem minhas botas, e todos os funcionários me tratam com um desprezo inexplicável, dos mais alemães. Não existe crime pior para um alemão do que estar sem dinheiro e não pagar no prazo.[4]

É preciso levantar dinheiro a todo custo. Dostoiévski escreve a Herzen, que não se encontra em Genebra, onde supostamente deveria estar. Dostoiévski se cansa de esperar: "Se recebeu minha carta e não quer me responder – que humilhação!", escreve a Apolinária Súslova, pedindo para encontrar alguém em Paris disposto a emprestar algumas centenas de rublos a um grande escritor em um momento de necessidade. "Será que mereci isso? Por quê? Por minha falta de correção? Admito que não tive correção, mas que moralidade burguesa é esta? Que ele ao menos responda, ou será que não mereci sua ajuda?"[5] Não tem razão para se preocupar tanto. Herzen responde, mas só pode emprestar a metade do valor pedido. Também acionado, o barão Wrangel – que agora ocupa um cargo na embaixada da Rússia em Copenhague – não se encontra: passa as férias na Rússia e apenas em setembro receberá os pedidos de ajuda de seu amigo. Resta Turguêniev, que está em Baden-Baden. Dostoiévski lhe escreve:

> Abomino e tenho vergonha de importuná-lo com meus problemas. Porém, afora o senhor, não tenho mais ninguém a quem me dirigir. Além disso, como o senhor é muito mais inteligente do que os demais, para mim é moralmente mais fácil procurá-lo. [...] Meu estado de espírito está abominável e, acima de tudo, tenho vergonha de importuná-lo. No entanto, quando um homem está se afogando, o que fazer?[6]

De fato, Dostoiévski se comporta como alguém que está se afogando. As súplicas, as humilhações, as mentiras, a falta de escrúpulos quando se trata de obter dinheiro são as de um homem desesperado, que não tem mais nada a perder, nenhum princípio a defender, cuja única ética é a sobrevivência. Sempre convencido de que é um gênio e de que a situação em que se encontra o impede de escrever seus livros extraordinários, talvez esteja pensando também que tem o direito, se não o dever, de desprezar normas que entravam as pessoas comuns, e que pode mentir, enganar, até roubar, em nome das vantagens que a humanidade inteira vai tirar de sua obra futura. Essas reflexões são alimentadas por notícias da atualidade: os jornais russos que Dostoiévski lê diariamente relatam com muitos detalhes a história de um oficial "revolucionário" que agrediu, para roubar, um adido da embaixada, e a de Guerassim Tchistov, 27 anos, do movimento dos Velhos Crentes, que matou a machadadas dois criados para assaltar sua proprietária. Ou ainda o relato do jovem príncipe Mikeladz, que assassinou um agiota e sua criada para se vingar das humilhações infligidas pelo homem que lhe emprestava dinheiro.

Atualidade sempre vende bem. Há que se aproveitar. Dostoiévski escreve em 10 de setembro de 1865 para Mikhail Kátkov, diretor do *Mensageiro russo*, para solicitar um adiantamento para seu novo romance. Dá a entender que a obra já está bem avançada e que pode enviar uma primeira parte em um mês:

> A ação se passa na atualidade, este ano. Trata-se da narrativa psicológica de um crime. Um rapaz com a universidade trancada, de origem modesta e vivendo em pobreza extrema por leviandade, falta de firmeza nos princípios e influência de algumas dessas ideias "mal digeridas" e estranhas que estão no ar, resolve sair de uma vez de sua triste situação. Decidiu matar a viúva de um conselheiro titular, uma velha que ganha dinheiro como agiota. A velha é estúpida, surda, doente, voraz. Pratica taxas de judeu, é perversa e devora o próximo, atormenta e explora a própria irmã mais nova. "Ela não serve para nada", "Por que ela está viva?", "Ela é útil para alguém?" etc. Essas perguntas fazem o rapaz perder a razão. Ele decide matar e roubar a velha. Isso para levar felicidade à sua mãe, que vive no interior, para libertar sua irmã, dama de companhia em uma família de nobres, cujo chefe a persegue com propostas indecorosas. Isso também para poder concluir os estudos e viajar para o exterior, depois ser honesto pelo resto da vida, firme, inquebrantável em "seu dever para com a humanidade", pelo que naturalmente "expiaria seu crime" [...]. Por acaso, ele consegue o que queria, de maneira rápida, bem-sucedida. Ninguém desconfia nem pode desconfiar dele. Então se desenrola todo o processo psicológico do crime. Perguntas sem resposta de repente começam a perseguir o assassino, sentimentos inesperados, desconhecidos, atormentam seu coração. A verdade divina e a lei terrena cobram a conta, e ele acaba sendo coagido a se denunciar, coagido sem dúvida a perecer na galé, mas também a se juntar outra vez aos homens. Esse sentimento de ruptura e de separação do resto da humanidade, experimentado logo depois do crime, o arrastou para o limite do sofrimento.[7]

Mikhail Kátkov não hesita um segundo, ainda mais porque aproveita a situação para fazer Dostoiévski assinar um contrato cuja remuneração, 150 rublos por folha de tipografia, é bem inferior aos valores habituais – por

Memórias da casa dos mortos, o *Mundo russo* tinha pago 250 rublos por folha.

Quando o dinheiro enviado por Kátkov chega a Wiesbaden, Dostoiévski já saiu do apuro. Assim que recebeu a carta do amigo, Turguêniev enviou metade da soma solicitada – será reembolsado onze anos depois. Herzen também ajudou. Por fim, o padre ortodoxo de Wiesbaden, Ioann Ianiévitch, empresta 134 táleres e 170 florins, uma quantia considerável que cobre as despesas em Wiesbaden e a viagem de volta. Assim que retorna a Copenhague, o barão Wrangel lhe envia cem táleres e convida o amigo a visitá-lo.

Dostoiévski chega em 1º de outubro. Ao final de dez dias na Dinamarca, na companhia do velho amigo e benfeitor – que considera útil oferecer, no momento da despedida, um casaco e uma manta –, o escritor embarca, em 10 de outubro de 1865, em Lübeck, em um navio para São Petersburgo. No momento da chegada, sofre uma gravíssima crise de epilepsia, seguida com alguns dias de intervalo por uma segunda.

Preocupados, os médicos proíbem qualquer esforço e recomendam descanso.

Algo a que, lamentavelmente, Dostoiévski não se pode dar o luxo. O dinheiro enviado por Kátkov e o valor emprestado pelo barão Wrangel são suficientes apenas para pagar parte dos credores mais vingativos e para cobrir as despesas correntes de Pável Issáiev, o filho de Maria Dmítrievna, e da família de Mikhail, que permanece desamparada. Para ter uma chance de obter um novo adiantamento do *Mensageiro russo*, ele precisaria entregar pelo menos parte do romance supostamente quase concluído.

No final de outubro de 1865, Dostoiévski começa a escrever as primeiras páginas de *Crime e castigo*.

Em busca de uma esposa

Infelizmente, ele escolhe um caminho errado.

Crime e castigo deve ser "a confissão" de um criminoso. A ideia de um romance escrito em primeira pessoa já está ultrapassada. Dostoiévski a teria cogitado desde 1859.[1] Ela lhe parece adequada agora, porque o que deseja passar são as motivações de um assassino, as boas razões que se apresenta para se sentir autorizado a tirar a vida de outrem. Após um mês de intensa escrita, por volta de meados de novembro, de acordo com seus diários, Dostoiévski percebe que essa maneira de contar a história não serve, podendo levar a excessos que pretende evitar, conforme menciona, ciente de que aquele que "se confessa" não oferece nenhuma garantia de objetividade. Ele pode usar a linguagem para esconder suas verdadeiras motivações. Pode também mentir para si mesmo, sem sequer se dar conta. Além disso, se é o assassino que fala, como inserir no romance a outra "confissão" de que faz questão, embora aparentemente ela não interesse aos editores: a de um pai cujo alcoolismo leva a filha a se prostituir.

Por isso, deve reescrever tudo em terceira pessoa.

Dostoiévski queima o manuscrito, ao menos é o que alega[2], e escreve a Kátkov explicando por que não vai enviar os primeiros capítulos do romance, supostamente já escritos, na data prevista. Ainda assim, aproveita a oportunidade para pedir novo adiantamento:

> Trabalhando para sua revista, não posso assumir nenhum outro compromisso para suprir as necessidades. Ora, não tenho um copeque para meu sustento e já penhorei meu casaco. Por isso, solicito que me envie mil rublos de adiantamento. Como já recebi trezentos rublos, peço que me mande como

> complemento setecentos rublos. Desse montante, por favor
> remeta 450 para mim e 250 a Aleksandr Bazunov, a quem
> devo essa quantia...[3]

Apesar da solicitação, Kátkov aguarda até receber as páginas prometidas, em dezembro, antes de enviar os 450 rublos pedidos e de mandar o restante para Bazunov. Dostoiévski pode pagar os aluguéis atrasados.

O *Mensageiro russo* publica os primeiros sete capítulos de *Crime e castigo* em sua edição de janeiro de 1866, no exato momento em que os jornais divulgam outra notícia policial que choca a opinião pública: para roubar, um estudante de Moscou assassinou um oficial aposentado, agiota, e sua criada. Dostoiévski vê no fato um argumento para afirmar que sua literatura está muito mais próxima da verdade do que a dos autores supostamente realistas, uma vez que lhe permitiu descrever com antecedência um assassinato que ainda não tinha ocorrido. Ele escreve para Apolon Máikov:

> Ah, meu amigo, tenho da realidade e do realismo uma concepção muito diferente daquela de nossos realistas e críticos. Meu idealismo é mais real do que o deles. Deus! Conte de maneira sensata um pouco do que todos nós russos vivemos nos últimos dez anos em nosso desenvolvimento espiritual, e nossos realistas logo vão escrever que é pura imaginação! Ao passo que se trata do mais autêntico e do mais puro realismo! Aliás, isso é realismo, só que na profundeza, enquanto o deles flutua na superfície. [...] Com o realismo deles, é impossível explicar a centésima parte dos fatos reais que efetivamente aconteceram. Já com nosso idealismo chegamos até a prever fatos. Aconteceu.[4]

O *Mensageiro russo* publica mais seis capítulos em sua edição de março. Em abril, a redação pede desculpas: em virtude do estado de saúde do autor, a continuação do romance é adiada.

De fato, Dostoiévski está mais uma vez com a saúde debilitada. O atentado de 4 de abril de 1866 quase resulta em nova crise. Ele está na residência do fiel amigo Apolon Máikov quando fica sabendo que um estudante disparou contra o tsar. Alexandre II saiu ileso, mas Dostoiévski não consegue acreditar e treme e se agita em um estado de excitação extrema, que leva a temer o pior. "Como alguém pode querer assassinar o tsar?", repete, aturdido.

Alexandre II, o tsar liberal, não pretende abdicar dos bons e velhos métodos que já tinham provado eficácia: Dmítri Karakózov, autor do atentado, é condenado à morte e enforcado em praça pública diante de grande número de curiosos. Os outros membros do grupo de Ichútin, também condenados à forca, só recebem a comutação da pena com a corda no pescoço. Na Sibéria, para onde são relegados, dois deles perdem a razão.

No final de abril, Dostoiévski envia para o *Mensageiro russo* três novos capítulos da segunda parte de *Crime e castigo*, mas seu estado de saúde piora subitamente, talvez por influência de uma nova ação judicial de seus credores. Continua correndo o risco de ser preso por dívidas. Por precaução, pede às autoridades permissão para ir ao exterior para tratar sua doença. A autorização é concedida em 17 de maio.

Ele tem assuntos mais urgentes a tratar.

Como Mikhail Kátkov lhe informa que não pode publicar tal e qual um dos capítulos que acaba de receber, Dostoiévski corre para Moscou a fim de defender pessoalmente o seu texto. Trata-se da passagem em que, depois de ouvir Sônia – a moça que se prostitui por culpa de um pai alcoólatra – ler a ele os versículos do Evangelho sobre a ressurreição de Lázaro, Raskólnikov se ajoelha e beija seus pés. A censura, que desde o atentado de 4 de abril se tornou particularmente minuciosa e já suspendera diversas publicações, incluindo o *Contemporâneo* e a *Palavra russa*, poderia achar blasfematório que a mensagem de Cristo fosse passada por uma prostituta. Kátkov não quer correr perigo algum. Dostoiévski defende com unhas e dentes uma ideia que lhe parece fundamental: é por meio do sofrimento, da humilhação e da mácula que a verdade de Cristo é descoberta. A discussão sobe de tom. Braço direito de Kátkov, Nikolai Alekséievitch Liubimov encontra as palavras para acalmar a ira de Dostoiévski e fazê-lo ouvir a voz da razão: a suspensão da revista, ainda que temporária, também acarreta que o veículo não seja mais capaz de pagar os autores. Na situação em que se encontra, Dostoiévski não pode assumir esse risco.

Dostoiévski reescreve de ponta a ponta o capítulo contestado e o envia a Liubimov junto com uma carta:

> Modifiquei e acredito que desta vez esteja satisfatório. O Bem e o Mal estão extremamente diferenciados e não será mais possível confundi-los nem fazer interpretações equivocadas. Da mesma forma, todas as outras alterações indicadas por vocês foram feitas e, me parece, até mais. [...] Só peço um grande favor: pelo amor de Deus, deixem agora todo o resto como está. Tudo o que vocês mencionaram eu fiz, tudo está separado, delimitado e claro. Outro tom foi dado à leitura do Evangelho. Em suma, permita que eu tenha total confiança em vocês: preservem minha pobre obra, caríssimo Nikolai Alekséievitch...[5]

Infelizmente, não é nem tampouco será o caso. Como o manuscrito original não foi preservado, só se conhece hoje a versão modificada, muitas vezes de maneira abusiva, pela redação do *Mensageiro russo*.

Imerso em seu romance, que afirma ser o que escreveu de melhor – e isso significa que para ele se trata de uma obra genial –, Dostoiévski parece ter esquecido por completo o contrato assinado com Fiódor Stelóvski. Este espera um novo romance para 31 de outubro, torcendo contra, para poder ter à disposição, durante nove anos, a seu critério e sem pagar um tostão, as futuras obras de Dostoiévski. Já com dificuldade de remeter de maneira regular os originais para o *Mensageiro russo*, o autor não se sente em condições de escrever em alguns meses outro romance, embora aparentemente tenha o tema em mente e o esboço de algumas dezenas de páginas. Propõe uma rescisão de contrato a Stelóvski, que não aceita. O editor também se recusa a conceder ao autor um prazo adicional de três meses.

Encurralado, Dostoiévski decide trabalhar de manhã em um dos romances e à tarde em outro. Espera render mais deixando São Petersburgo.

Por sorte, existe uma *datcha* para alugar a um preço módico no antigo parque do domínio principesco de Liublino, a cerca de dez quilômetros de Moscou. Sua irmã Vera e o marido, o dr. Aleksandr Ivanov, além dos seis filhos do casal, estão por lá, assim como seu irmão Andrei Dostoiévski e sua filha de treze anos. Trata-se de um pequeno vilarejo pacato, no meio de uma floresta atravessada pelo rio Moscou, que forma ali um grande meandro antes de passar diante do Kremlin. Sem dúvida o lugar é atraente e adequado à atividade literária, mas a escolha de Dostoiévski também se deve, ao que parece, a determinados projetos matrimoniais.

Já na Páscoa, havia causado surpresa em todos quando, convidado à casa de amigos, pedira a mão da filha do anfitrião, quase trinta anos mais nova. A moça teve a delicadeza de recusar a solicitação absurda com doçura e bom humor, tomando cuidado para não ferir o orgulho do pretendente, que por sua vez teve o tato de dar a entender que estava brincando.

Aquilo não era verdade e, como Vera compreendeu que o irmão desejava se casar outra vez, encontrou um partido mais apropriado. Sua cunhada, Elena Pávlovna Ivánovna, que esperava com insistência a morte de um marido que jamais amou, estava tentando reconstruir a vida. Vera a convidou para passar as férias com eles em Liublino para que conhecesse melhor Dostoiévski. Também para ele é uma oportunidade de unir o útil ao agradável: ter boas condições de trabalho e passar dois meses na companhia de uma mulher atraente e com interesse em seduzi-lo. Ela parece ter conseguido o intento, pois tudo leva a crer que o escritor, prevendo a viuvez da jovem mulher, fez a ela uma proposta de casamento. Esta provavelmente foi aceita, na medida em que, alguns meses mais tarde, quando Dostoiévski planeja se casar com Anna Snítkina, escreve à sua noiva de verão pedindo para desconsiderar a oferta. Elena concorda sem problemas, chegando a comemorar por não ter dado continuidade a um relacionamento que "poderia ter lhe causado a perdição".[6]

No final de junho, Dostoiévski compra um samovar, xícaras, uma cafeteira, um cobertor e se instala em Liublino junto com Pacha, filho de sua primeira esposa. Nessa grande casa vazia, ocupa um só cômodo no segundo andar, para onde se retira a fim de trabalhar durante todo o dia. Passa as noites na residência da irmã, onde encontra Elena Pávlovna. Dostoiévski tem muito carinho pelos sobrinhos. Brinca com eles no jardim até meia-noite e os coloca em cena em uma adaptação que faz segundo a "lenda moldávia" de *O xale preto*, de Púchkin. Tem carinho especial por Sônia, a filha mais velha de sua irmã. "Eu a confundo com minha consciência", vai escrever mais tarde. Outra das sobrinhas, Macha, que estuda no Conservatório de Moscou, toca piano. Dostoiévski não gosta de Chopin, cuja música acha "tísica", e prefere Mozart e Beethoven. Certa noite, Macha cantarola para ele uma romança com versos de Heine: *Du hast Diamanten und Perlen*, que ela ouvira em Moscou na voz de um tocador de realejo. Isso vem a calhar: Dostoiévski está escrevendo o capítulo da morte de Katerina Marmeladova, que, de família abastada e tendo aprendido alemão, em seu delírio se vê ganhando a vida cantando *Du hast Diamanten und Perlen* com seus filhos na rua.

Em meados de julho, Dostoiévski já tem um projeto detalhado do romance que espera enviar para Stelóvski até 31 de outubro e manda ao *Mensageiro russo* três novos capítulos da segunda parte de *Crime e castigo*. Quatro outros são remetidos em agosto.

De regresso a São Petersburgo por volta de 15 de setembro, com o dinheiro enviado pelo *Mensageiro russo* para quitar os capítulos já publicados, Dostoiévski paga os aluguéis de janeiro e fevereiro e, no início de outubro, os de março, abril e maio.

Ao ver o amigo sobrecarregado, Aleksandr Pietróvitch Miliúkov propõe que deixe a escrita do romance prometido a Stelóvski na mão de pessoas de confiança, que se baseariam em seu projeto detalhado para redigir a obra. Dostoiévski recusa a proposta, e Miliúkov então o aconselha a buscar uma taquígrafa. P.M. Olkhin, diretor de um curso de taquigrafia, recomenda ao escritor uma de suas melhores alunas, Anna Grigórievna Snítkina.

Ela tem vinte anos e é de origem sueca.

Funcionário do palácio, seu pai adquiriu, além de uma extensa coleção de porcelana, sua paixão, dois terrenos no bairro Smolny – afastado o bastante do centro da cidade para continuar acessível a pessoas de baixa renda, cujas casas, em geral de madeira, cercam tanto o mosteiro quanto o Instituto Smolny, na época um liceu para meninas. Grigóri Ivánovitch Snítkin mandara construir uma casa de pedra, onde moram sua viúva e suas duas filhas. Além disso, erguera duas outras de madeira, que devem ser o dote das meninas, valendo aproximadamente quinze mil rublos cada, e por ora estão alugadas. Após o falecimento do pai em abril de 1866, Anna, que estudou no liceu Marinski e depois na escola Vitchnegradski, precisou cuidar da gestão deste patrimônio. Por necessidade, aprendeu em poucos meses a gerir seu dinheiro e adquiriu noções jurídicas indispensáveis para não entrar em apuros na administração dos bens da família.

Em seu livro de *Memórias**, escrito cerca de cinquenta anos mais tarde, ela evoca o primeiro encontro com Dostoiévski, no dia 4 de outubro de 1866, às onze horas da manhã, no apartamento do primeiro andar da casa de Alonkin, no número 7 da rua Kaznacheiskaia. O escritório de Dostoiévski não lhe causa boa impressão: a tapeçaria do divã e das cadeiras está desgastada, o espelho entre duas janelas está perto demais de uma delas, a grande quantidade de móveis e a pouca claridade passam uma sensação de sufocamento. O homem que a recebe é estranho:

> À primeira vista, Dostoiévski me pareceu bastante velho, mas ficou mais jovem assim que falou, e lhe dei 35 ou 37 anos. Era de estatura mediana e se mantinha muito empertigado. Os cabelos castanho-claros, até ligeiramente ruivos, estavam muito untados e alisados com cuidado. Porém, o que mais me surpreendeu naquele rosto foram os olhos. Um era castanho e o outro tinha a pupila tão grande que a íris estava invisível.** Essa assimetria do olhar lhe dava uma expressão bastante enigmática. Seu deplorável aspecto doentio me pareceu bem familiar, provavelmente porque eu já tinha visto um retrato antes. Dostoiévski usava uma jaqueta de tecido azul já bastante puída, mas o colarinho e os punhos da camisa eram brancos como a neve...[7]

Ele avisa que está se recuperando de uma crise de epilepsia e dita a ela um artigo do *Mensageiro russo*, que pede para transcrever a fim de comparar com o original.

---

* Publicadas em francês sob o título de *Dostoïevski, mémoires d'une vie*. Foi mantido nesta e nas próximas ocorrências o título original: Воспоминанія: *Memórias*.

** Por recomendação médica, depois de machucar o olho direito durante a última crise de epilepsia, Dostoiévski o trata com atropina, o que dilatava a pupila.

Nervoso e agitado, Dostoiévski observa que ela cometeu dois erros. Ele gostaria de começar a lhe ditar seu romance mas, como não consegue se concentrar, pede para ela voltar à noite. Na soleira da porta, diz que prefere uma mulher para esse trabalho porque os homens são bêbados e não se pode contar com eles. Ana Grigórievna garante que não bebe.

Ana Grigórievna retorna à noite, toma notas até as onze horas, transcreve tudo na manhã seguinte e, ao meio-dia, traz o texto passado a limpo. Dostoiévski fica satisfeito, e eles começam o trabalho para valer.

Diariamente, do meio-dia às quatro da tarde, Dostoiévski dita a partir das anotações feitas durante a noite o romance que deve entregar no fim do mês. À noite, Ana Grigórievna prepara as páginas, que entrega no dia seguinte. Ele dá uma olhada e continua ditando a narrativa, interrompendo às vezes para conversar com Anna, que ganhou sua confiança. "Por que você conta apenas coisas tristes a seu respeito?", ela pergunta um dia. "Fale de seus momentos felizes." Ele responde que nunca foi feliz, mas que mantém a esperança de um dia encontrar a felicidade. Em seguida, muito agitado, acrescenta que está em uma encruzilhada, sem saber que caminho escolher: partir para o Oriente, para Constantinopla e Jerusalém, e nunca mais voltar ou então se estabelecer no exterior, em uma cidade onde possa jogar na roleta. A não ser que se case pela segunda vez e procure a felicidade em uma vida ao lado da família.[8]

Anna Grigórievna parece não compreender a indireta.

Em 29 de outubro de 1866, Dostoiévski dita o fim de *O jogador*. No dia 30, data de seu aniversário de 45 anos, corrige o manuscrito. Em 31 de outubro – que alívio! –, Dostoiévski vai até a casa de Stelóvski para entregar o romance exigido por contrato. O criado informa que seu amo está viajando e que, como não recebeu nenhuma instrução a respeito do tema, não pode aceitar o manuscrito.

No escritório de Stelóvski, mesma coisa: ninguém quer receber um manuscrito sobre o qual o diretor não comentou. Desapontado, Dostoiévski se queixa com um colega de escola que encontra ao acaso na rua, o juiz de paz Freiman. Este oferece a solução: Dostoiévski entrega o manuscrito contra recibo na delegacia do bairro onde mora Stelóvski. O contrato está cumprido.

Dois dias depois, Dostoiévski escreve a Nikolai Liubimov. Pede mais prazo para a continuação de *Crime e castigo*, comprometendo-se de qualquer maneira a remeter os últimos capítulos antes do fim do ano. Aproveita a oportunidade para solicitar um novo adiantamento:

> No momento, gastei todo o meu dinheiro. Os três quartos da quantia que a redação me deu foram para os credores, que continuam me perseguindo. Não tenho meios de sobrevivência. Preciso de quinhentos rublos. Segundo meus cálculos, devo seiscentos para a redação. Pode ter certeza de que só resolvi incomodá-lo de novo depois de ter tentado tudo e ter gasto até o último rublo. Deus é testemunha de como isso é extremamente doloroso para mim, sobretudo porque já me beneficiei tantas vezes da bondade da redação.[9]

A quantia solicitada é enviada imediatamente por correio e por uma boa razão: o romance de Dostoiévski é um enorme sucesso de público. Segundo as palavras de Nikolai Strákhov, que resumem a opinião geral, a narrativa impressiona pela força e pela crueldade da história, a tal ponto que as pessoas com nervos de aço ficam abaladas e as demais devem parar a leitura para tomar fôlego antes de continuar.

Em 3 de novembro, Dostoiévski visita Anna Grigórievna – que o recebe na presença de sua mãe – e lhe pede para continuar trabalhando para ele até o fim do ano em seu outro romance, cuja terceira parte inteira e o epílogo precisa entregar ao *Mensageiro russo*. Anna Grigórievna, que ainda parece ter dúvidas sobre as verdadeiras intenções de seu empregador, informa o quanto está feliz em poder dar sua pequena contribuição à elaboração de uma obra tão extraordinária. No domingo seguinte, dia 6, Dostoiévski a leva em um fiacre até a casa de sua madrinha, algo que começa a parecer com as visitas protocolares que rapazes fazem aos parentes de uma futura noiva.

No entanto, depois de tantos pedidos de casamento rejeitados por mulheres mais moças, e provavelmente desconfiado em razão da grande diferença de idade, talvez também desencorajado pela sobriedade de Anna Grigórievna – que, tendo recebido uma educação rígida, mantém mesmo em conversas amistosas um tom respeitoso que pode parecer indiferença –, Dostoiévski hesita em declarar seus sentimentos. Em 8 de novembro, fala com ela a respeito de um novo romance que gostaria de escrever, mas que se pergunta se não é inverossímil demais. Seria sobre um pintor, um "artista que envelheceu de maneira prematura", que sofreu muito. "Quanto mais ele falava, mais eu delineava com clareza que ele estava me contando a própria vida, tendo o cuidado apenas de mudar os nomes e as circunstâncias. Eu encontrava por trás de suas palavras a unidade do que ele me dissera antes por pequenos fragmentos"[10], observa Anna Grigórievna. Até que em certa altura o herói do romance, que tem mais ou menos a idade de Dostoiévski, conhece por acaso uma jovem que, por coincidência, tem a idade de Anna Grigórievna. Talvez um ou dois anos a mais, esclarece Dostoiévski, com prudência. O autor se pergunta se é crível que essa moça se apaixone por seu herói. Anna Grigórievna, que alega ainda não ter se dado conta de nada, responde que se a moça, a heroína do romance, não for uma megera, e sim uma mulher séria, com uma alma nobre e sensível, ela pode com certeza amar esse artista excepcional. "Que diferença faz se ele é doente e pobre? Será que só podemos amar alguém pela aparência e riqueza? Por que você vê um sacrifício da parte dela? Se ela o ama, será feliz e não terá nada do que se arrepender."[11] De acordo com o relato de Anna, ela falava com o ardor de uma convicção profunda. Dostoiévski não consegue mais esconder a emoção. Enfim, arrisca: "Ponha-se no lugar dela por um momento", teria dito. "Suponha que esse pintor seja eu, que eu revele o meu amor e peça para que você seja minha esposa. Diga, qual seria a sua resposta?"[12]

Anna Grigórievna responde sim.

Aliás, garante que já o ama e que vai amá-lo para sempre.

No dia seguinte, Anna obtém o consentimento da mãe.

Alguns dias depois, Dostoiévski lhes faz uma visita. Em São Petersburgo, as noites de novembro são frias, e ele está congelando. Embora peça chá quente, conhaque, mais chá, não consegue se aquecer. Anna Grigórievna o censura por ter vindo de sobretudo. Ele responde que lhe garantiram que o tempo permaneceria agradável e que não precisaria de seu casaco de pele. Ela quer enviar alguém para buscar a peça. Ele não aceita. Ela insiste. Ele confessa que durante o dia Pavel Issáiev, que tinha dívidas urgentes para pagar, pegou o casaco para penhorar.

Anna fica indignada.

É hora de Dostoiévski informar à futura esposa que está atolado em dívidas, que não vai receber nada por *O jogador*, que vendeu os direitos de *Crime e castigo* a preço de banana e que cuida da família de seu falecido irmão Mikhail, do filho natural deste e de sua mãe, e também do seu próprio enteado, Pável Issáiev, Pacha, que tem vinte anos e não parece querer trabalhar, ao todo umas dez pessoas que não têm nenhum meio de subsistência e para quem ele se sente na obrigação de garantir o necessário.

Pela primeira e provavelmente última vez, Anna Grigórievna perde a compostura. Ela chora, e grita, e lembra ao noivo que agora ele também tem obrigações para com ela, que não tem o direito de pôr em perigo a saúde – e talvez a própria vida – sem pensar na mulher que o ama mais do que tudo. Não vê que sua morte iria aniquilá-la? Em seguida se recompõe, decidida a pôr em ordem os negócios do futuro marido. Ela vai precisar de dez anos para quitar as dívidas e lhe trazer uma tranquilidade financeira, da qual ele mal terá tempo de desfrutar.

Para começar, com o consentimento da mãe, Anna Grigórievna – que aos vinte anos ainda não é maior de idade – propõe que Dostoiévski se torne seu tutor oficial para dispor à vontade de seus bens. Ele recusa a oferta, o que não impede seus credores de obterem das autoridades o direito de fazer um inventário dos bens da futura esposa do devedor, na esperança de que, assustado com esse ato abusivo, Dostoiévski encontre um meio de pagá-los. Só não contavam com a experiência já adquirida nesse tipo de negócio por Anna, nem com sua determinação. Ela faz o necessário para desencorajar tais manobras e adverte os interessados de que, dali em diante, precisarão lidar com uma pessoa bastante competente e aplicada, decidida a defender com unhas e dentes os interesses de Dostoiévski.

O escritor assina com Kátkov um novo contrato para seu próximo romance e obtém um adiantamento de dois mil rublos.

Deixa seu apartamento na casa Alonkin, cujo aluguel continua pagando, para a viúva de seu irmão e aluga outro para viver com a esposa. O local se encontra no número 27 da Rua da Ascensão, em frente à igreja de mesmo nome, do outro lado da Praça Sennaia, em direção ao canal Griboedov, perto do cruzamento da Grajdanskaia com a Stoliarnaia, onde ficaria a casa em que teria morado Rodion Raskólnikov, o herói do romance que ele acaba de finalizar.

Programado para 12 de fevereiro de 1867 e adiado porque Dostoiévski volta a ficar doente, o casamento é comemorado às sete da noite do dia 15, na grande catedral da Trindade, na presença de diversos amigos – alguns de prestígio incontestável entre os círculos intelectuais de São Petersburgo. A noiva usa um vestido de chamalote branco e, durante a festa, é servido champanhe.

Um homem totalmente bom

Depois de descobrir a situação financeira desastrosa do marido, Anna Grigórievna ainda precisa enfrentar uma terrível provação.

Durante uma visita à sua irmã, de repente Dostoiévski se detém no meio de uma frase. Ele empalidece, se levanta do sofá, parece perder o equilíbrio e então, com um grito assustador, desaba no chão, inconsciente. A crise dura apenas alguns minutos mas, quando recobra os sentidos, Dostoiévski parece não reconhecer as pessoas e não saber onde está. Tem dificuldades para falar, balbucia palavras incompreensíveis. Ao fim de meia hora, as duas irmãs conseguem deitá-lo no sofá. Uma nova crise ocorre pouco depois e, por duas horas, Dostoiévski se contorce, afetado por dores terríveis que arrancam gritos. O casal deve passar a noite *in loco*.

Os médicos informam a Anna que seu marido sofre de uma doença grave e incurável e que a melhor maneira de conseguir uma melhora é descansar e evitar abalos nervosos. Acreditam que uma viagem ao exterior poderia ser benéfica ao doente e permitiria que ele fugisse do estresse diário.

Anna Grigórievna acha que é também uma maneira de fugir dos credores que perseguem seu marido e de mostrar aos parentes deste, que vivem às suas custas e prejudicam sem perceber sua saúde, que dali em diante não podem mais contar com uma generosidade ilimitada. De fato, nervosos diante da ideia de que Dostoiévski poderia gastar no exterior o dinheiro que estavam acostumados a usurpar, Pacha e a viúva de Mikhail protestam com veemência. De nada adianta, porque agora tratam com Anna

Grigórievna, que pretende colocar os interesses do marido acima de todos os outros e que não fica impressionada com as lamentações deles, considerando-as sem fundamento.

Obstinada e capaz de tomar decisões que leva até as últimas consequências, Anna Grigórievna penhora os móveis, o piano, as peles e as joias a fim de reunir o dinheiro necessário para uma estadia de três meses no exterior. Já Dostoiévski recebe de Kátkov mil rublos adicionais para o romance prometido.

Em 14 de abril de 1867, o casal deixa São Petersburgo rumo a Dresden, uma cidade que Dostoiévski já conhece e adora por ser pacata, por seus jardins e sua pinacoteca. Assim que chegam e se estabelecem em um apartamento na Johannisstrasse, Dostoiévski leva a esposa até a pinacoteca, onde quer mostrar a *Madona Sistina*, de Rafael. Tem a impressão de que esse quadro é a ilustração perfeita da ideia de que o sofrimento produz a beleza, o que busca também em seus romances, cujos personagens encontram pela infelicidade um esplendor moral purificado de tudo o que neles há de feio, vulgar, sujo, miserável.

Nas duas primeiras semanas em Dresden, Dostoiévski trabalha à noite no novo romance, cuja trama ainda busca, e acorda por volta das onze da manhã. Não está de bom humor, como observa Anna Grigórievna:

> Devo dizer algumas palavras sobre uma característica estranha do temperamento de Dostoiévski. Quando se levanta de manhã, ele parece sob a influência dos sonhos e dos pesadelos da noite, que ainda o atormentam. Ele não fala com ninguém e não gosta que nenhuma pessoa lhe dirija a palavra. Eu me acostumei a nunca importuná-lo nesses momentos, mesmo quando tenho boas razões para isso, e a esperar até que ele beba suas duas xícaras de café bem quente.[1]

Depois de beber as xícaras em silêncio, Dostoiévski volta ao trabalho até a hora do almoço, refeição que fazem ao final da tarde, em geral no Italienisches Dörfchen, situado às margens do rio Elba, em frente à pinacoteca. Eles preferem as mesas no terraço, com vista para o rio. A comida é fresca, os preços são acessíveis, e por meio franco é possível comprar uma garrafa de vinho do Reno, seco, leve e agradável. Muitas vezes aproveitam a proximidade da pinacoteca para fazer uma visita. Todos os dias passam no Café Francês, onde Dostoiévski lê os jornais. Ele também frequenta a biblioteca municipal, onde encontra publicações e livros proibidos na Rússia. À noite, passeia com Anna Grigórievna no parque. Às vezes, sentam-se perto do coreto, onde a orquestra toca "uma música por uma moeda de dois soldos".

Tudo isso é bom demais para ser verdade.

Decorridas duas semanas, Dostoiévski quer mudar de ares e parte para Bad Homburg. Sozinha, Anna Grigórievna encontra na correspondência do marido uma carta de Paris e abre, talvez sem segundas intenções. Trata-se de uma resposta de Apolinária Súslova a uma missiva que Dostoiévski lhe enviara pouco tempo antes. Anna Grigórievna acha a carta de Súslova "grosseira" e fica desolada ao constatar que seu marido escreve em segredo para uma mulher que talvez já tenha amado. Fica com ciúme, preocupada e infeliz.

Em Bad Homburg, antes de ir ao cassino para jogar roleta, Dostoiévski encontra tempo para escrever à esposa. Estupefato, ele se pergunta que bicho o mordeu para abandonar sua mulher e ficar longe dela, em um lugar onde não sabe ao certo o que procura:

> Não parei de pensar em você e fiquei me perguntando: por que abandonei minha Ania? Revi você inteira, até a última dobrinha da alma e do coração, durante esse tempo todo, desde o mês de outubro, e entendi que não merecia um anjo tão perfeito, radiante, doce, calmo, bonito, inocente e com fé em mim. Como pude deixar você? Por que parti? E para onde? Deus me confiou você para que nenhuma das

> primícias e riquezas de sua alma e de seu coração se percam, e sim para que se tornem exuberantes e floresçam. Ele me entregou você para que, através de sua pessoa, eu expie meus pecados imensos apresentando você a Ele, formada, guiada, protegida, a salvo de tudo o que é vil e provoca a morte do espírito; e eu (é verdade que esse pensamento já me ocorria antes, em segredo, sobretudo quando eu rezava), e eu, com coisas desprovidas de caráter, desorientadas, como minha viagem estúpida de hoje, eu também posso desorientá-la...[2]

É claro que em um momento inicial ele teve vontade de descer do trem na primeira estação e voltar a Dresden. Comemora por não ter tomado essa atitude: não tem o direito, só porque isso lhe convém, de não cumprir com seu dever, que é jogar roleta para corrigir sua situação financeira e a de sua família.

Extremamente triste, continua seu caminho. Quanto às chances de ganhar, Dostoiévski é categórico:

> Esta é minha observação, Ania, definitiva: se a pessoa é sensata, em outras palavras, se é como um iceberg, fria e de prudência desumana, então inevitavelmente, sem qualquer sombra de dúvida, pode ganhar o quanto quiser. Mas é preciso jogar muito tempo, dias a fio, se contentar com pouco se estiver com azar e não desafiar a sorte.[3]

Definitivamente, Dostoiévski não é esse iceberg. No dia seguinte, só lhe restam poucos florins com os quais espera reaver o dinheiro perdido, porque não gostaria de ser obrigado a penhorar o relógio. Algo que acaba fazendo, de qualquer maneira. O dia seguinte não é "decisivo" e, sempre por obrigação, Dostoiévski prolonga sua estadia. Desta vez, a sorte está do seu lado: ele recupera o dinheiro para resgatar o relógio e ainda sobram quase cem táleres.

Decide não jogar mais, segura a barra, mas acontece uma catástrofe! No caminho até a estação, ele passa pela posta e não encontra a carta que estava esperando de Anna

Grigórievna. "Tudo me passou pela cabeça, que você estava doente, que tinha morrido...", escreve a ela em 9 de maio. Como um louco, perambula durante uma hora pelo parque, em seguida, tão desnorteado que não consegue se dar conta direito do que faz, vai até o cassino e perde tudo. Dostoiévski continua:

> Se você não está doente, então me envie o quanto antes, assim que receber esta carta, vinte imperiais. Não perca um só segundo, é tudo o que peço. Primeiro, preciso resgatar meu relógio, depois pagar o hotel, depois a viagem. Vou devolver tudo o que sobrar, não se preocupe.[4]

Enquanto levanta o dinheiro, Anna Grigórievna, que tem crises de choro, de ansiedade e de insônia, e se apressa a escrever para o marido a fim de acalmá-lo. Grato e preocupado em demonstrar o quanto a ama, Dostoiévski responde com palavras amorosas que são também, traiçoeiramente, recriminações:

> Entendo que não há nada a fazer, se você é incapaz de suportar minha ausência a esse ponto e se é tão ciumenta! Mas não culpo você, amo você por isso...[5]

Na verdade, o problema é justamente que tem um amor incondicional por Anna. Como a ama, sente saudades. Como morre de saudades, se apressa para ganhar a fim de voltar o mais depressa possível para o lado dela. Essa precipitação faz com que perca a tranquilidade "desumana" necessária para poder vencer. Embora perca, o dever o impede de deixar Bad Homburg. Obrigado a prolongar a estadia, sente ainda mais saudade da esposa, que gostaria de encontrar o quanto antes, e se apressa a ganhar... É um círculo vicioso:

> Ania, minha querida, minha alegria, eu preciso ganhar. É uma necessidade! Eu não jogo para me distrair. Essa é a única solução e de repente tudo está perdido por um erro de cálculo.

> Não culpo você, amaldiçoo a mim: por que não a trouxe comigo? Jogando aos poucos, todo dia, É IMPOSSÍVEL não ganhar, com certeza, já repeti vinte vezes a experiência. No entanto, deixo Homburg perdendo, apesar de saber que, se eu puder me conceder mais um prazo, mesmo que de apenas quatro dias, durante esses quatro dias sem dúvida recuperarei tudo.[6]

Os vinte imperiais pedidos chegam, enfim, em 11 de maio.

A carta que Dostoiévski manda no dia 12 tem um tom dramático:

> Ania, minha querida, minha doçura, luz dos meus olhos, me perdoe e não me chame de traste. Cometi um crime, perdi tudo o que você enviou, tudo até o último copeque. Uma coisa, uma só coisa me enche de temor: o que você vai pensar de mim? Temo pelo seu julgamento. Será que ainda poderá me estimar? Pois de que vale o amor sem estima?[7]

De resto, não há nada a fazer em relação a esse desastre, explica Dostoiévski, que se considera uma vítima das circunstâncias. Assim que recebeu no final da tarde, na estação de correios, o dinheiro enviado por Anna Grigórievna, Dostoiévski quis deixar sem demora Bad Homburg. Lamentavelmente, chovia e fazia frio. Estava só com um sobretudo e, com tosse e dor de dente, ficou assustado em fazer a viagem noturna. Na manhã seguinte, acordou tarde. Ainda assim correu para a estação, mas o próximo trem para Frankfurt só partia em algumas horas. Mesmo sem vontade alguma de jogar, acabou indo para o cassino para talvez recuperar um pouco do que perdera no dia anterior, decidido mesmo a jogar apenas uma pequena quantia. Como perdeu, aumentou a aposta. A conclusão é simples:

> Continuei jogando a contragosto, para recuperar pelo menos o dinheiro necessário para a passagem... E perdi tudo.[8]

O infortúnio traz algo de bom: o que acaba de acontecer é uma lição de que não vai se esquecer tão cedo, escreve Dostoiévski a Anna Grigórievna, que descobre outra faceta da personalidade do marido, definitivamente complexa. Agora, não lhe resta nada senão "trabalhar e trabalhar" para provar a todos, começando por sua esposa, do que é capaz. Assim, é preciso que Anna Grigórievna envie "sem tardar" o dinheiro para a viagem até Dresden. Uma vez lá, ele vai enviar a Kátkov uma carta pedindo mil rublos, e eles partirão para a Suíça.

Kátkov envia quinhentos rublos.

Em 21 de junho de 1867, Dostoiévski e Anna Grigórievna, grávida, deixam Dresden e rumam a Genebra.

O itinerário passa por Baden-Baden, onde há um cassino e o casal para por alguns dias. Em 27 de junho, Dostoiévski penhora sua aliança, em 7 de julho um broche e brincos de Anna, um presente de casamento. No dia 9 o sobretudo, no dia 11 seu casaco de pele, no dia 25 os vestidos e o casaco de Anna Grigórievna. Anna Grigórievna, que sofre de náuseas e vômitos por conta da gravidez, fica mais triste pelo estado do marido do que pela perda das joias e pelo aperto da pobreza:

> Devo reconhecer que não fiz uma só queixa a meu marido e que nunca tivemos nenhuma discussão em virtude desse assunto. [...] Mas sofri, do fundo do coração, por vê-lo sofrer. Ele voltava para casa (porque achava que uma sala de jogo não era lugar para uma mulher) pálido, sem forças, mal conseguindo se segurar nas próprias pernas. Ele me pedia certo valor (eu era responsável por administrar nosso dinheiro, que ele me entregava sempre que recebia), saía de novo e retornava depois de meia hora, mais abatido ainda.[9]

Com algumas centenas de rublos que chegam da Rússia, eles conseguem recuperar parte dos pertences penhorados. Dostoiévski compra até *Madame Bovary*, obra de que Turguêniev, também em Baden-Baden, falou muito bem durante uma conversa em que teve a delicadeza de não mencionar a dívida, mas que mesmo assim terminou mal. Dostoiévski não gosta de Turguêniev nem de "seus abraços aristocraticamente fingidos, em que faz menção de beijar você mas, na verdade, lhe oferece o rosto".[10] Pensa que seu livro mais recente, *Fumaça*, deveria ser queimado em praça pública e que seu autor é de um orgulho "repugnante".

> E entre outras coisas essas pessoas se vangloriam do ateísmo! Ele [Turguêniev] me declarou que era definitivamente ateu. Mas, meu Deus: o deísmo nos deu Cristo, ou seja, uma representação tão elevada do homem que é impossível ser compreendida sem devoção e que é impossível não acreditar que se trata do ideal da humanidade pelos séculos dos séculos! Ora, o que eles nos apresentaram, os Turguêniev, Herzen, Útin, Tchernichévski? Em vez da suprema beleza divina, em que cospem, são todos de um amor-próprio tão repugnante, de uma irritação tão descarada, de um orgulho tão atordoante que isso é simplesmente incompreensível. [...] Ele [Turguêniev] insultava a Rússia e os russos de maneira escandalosa, insuportável. Todos esses liberais de baixo nível, esses progressistas, mais ainda os da escola de Bielínski, tiram do insulto à Rússia grande prazer, grande satisfação...[11]

Por sua vez, Turguêniev critica o amigo por seu chauvinismo limitado, que o leva a rejeitar cegamente, por princípio, as ideias "cosmopolitas" e recusar reformas sociais e políticas necessárias, apenas porque vêm do Ocidente. Mais tarde, a respeito dessa discussão em Baden-Baden, da qual guarda uma lembrança bem precisa, Turguêniev alegará que em momento algum ela se tornou um debate: ele teria se restringido a ouvir calmamente as acusações do amigo, às quais não teria respondido, considerando-o um homem doente e meio irresponsável.

Já Anna Grigórievna, depois de enfrentar momentos difíceis com uma coragem que provavelmente tinha origem na força de seu amor, e depois de ter esperado por um tempo que seu marido pudesse superar sozinho o inferno do jogo, entende o quanto esse vício é terrível:

> Arrasado e agitado por soluços, Fiódor Mikháilovitch se ajoelhava na minha frente e implorava meu perdão pelos sofrimentos que seu vício me causava. Estava desesperado. Eu me esforçava para ser persuasiva e para acalmá-lo, afirmando que nossa situação não era desesperadora e que sempre havia soluções para sair do apuro. [...] Porém, certo dia precisei me render à evidência: meu marido nunca ganharia um único copeque. Quero dizer com isso que ele perderia o que recebesse em um dia no seguinte, sem que meus avisos ou minhas orações pudessem impedi-lo. No primeiro momento, achava estranho que um homem como Dostoiévski, que ao longo da vida tinha suportado os sofrimentos mais atrozes – a galé, a farsa da execução, quando só ficou sabendo do indulto depois de ouvir o crepitar das armas carregadas sem bala, os anos de exílio na Sibéria e, mais recente, a doença e a morte da primeira esposa e na sequência a do irmão...! –, que um homem desses não pudesse parar de jogar antes de ter perdido tudo. Essa fraqueza me parecia até aviltante. Eu sofria não por causa das preocupações com dinheiro, mas por descobrir em meu marido algo de desprezível e deplorável. Depois entendi que a força de vontade e o caráter não eram nada para esta que considero hoje uma espécie de doença temível, diante da qual todos ficamos desarmados quando atingidos. Só há um remédio: fugir. Precisávamos sair de Baden-Baden depressa.[12]

Em 11 de agosto de 1867, Dostoiévski deposita no montepio os brincos recém-resgatados e a aliança de Anna.

No dia seguinte vão à Basileia, onde ficam apenas um dia.

Dostoiévski quer ver um quadro de Hans Holbein, pois essa pintura causara enorme impressão em um dos autores míticos de sua juventude, Nikolai Karamzin, que comentara a pintura em *Cartas de um viajante russo*. Trata-se da predela de um retábulo em que o pintor flamengo representa o cadáver de Cristo. Anna Grigórievna registra:

> Esse quadro produziu um fortíssimo efeito em meu marido, que ficou como petrificado. Já eu não podia ver a obra, a tal ponto me perturbava, algo que devia evitar em razão da gravidez. Passei para outra sala. Quando voltei depois de uns vinte minutos, Fiódor Mikháilovitch continuava ali, imóvel. Seu rosto perturbado revelava uma expressão de assombro que eu tivera oportunidade de observar muitas vezes no início de suas crises de epilepsia. Depois de pegar seu braço com suavidade, levei-o para outra sala e pedi que se sentasse em um banco, esperando a qualquer momento o começo de uma crise. Por sorte, isso não aconteceu. Aos poucos, Fiódor Mikháilovitch recobrou a calma, mas antes de sair do museu quis voltar e ver outra vez o quadro.[13]

No momento oportuno, o escritor se lembrará da obra para oferecer ao herói de seu novo romance uma chance de falar sobre sua fé. Rogójin tem pendurada acima de uma porta a reprodução, herdada de seu pai, de o *Cristo morto*, de Holbein, e adora contemplar a cópia desse quadro merecidamente célebre. "Ora, mas você sabe que ao olhar esse quadro um crente pode perder a fé?"[14], lhe pergunta o príncipe Míchkin.

Em Genebra, os Dostoiévski alugam um quarto mobiliado na margem direita do rio Ródano, na esquina da Rue Guillaum-Tell e da Rue Bertellier. Das janelas, avistam o lago Léman, cujas margens "são pitorescas". Todavia, o clima é insuportável: o tempo muda "quase três vezes por dia", afetando a saúde de Dostoiévski. Suas crises recomeçam com a mesma frequência de antes da partida de São Petersburgo: uma vez por semana. Além disso, Genebra é "um lugar sinistro", "o cúmulo do tédio", "uma cidade hemorroidal".[15]

A extrema falta de dinheiro e as dificuldades do dia a dia são insuportáveis. Dostoiévski se queixa disso em longa carta datada de meados de agosto e endereçada a Apolon Máikov. Como é fácil de imaginar, a missiva termina com um apelo: poderia Máikov lhe enviar, o mais depressa possível, 150 rublos que serão reembolsados, junto com as dívidas mais antigas, pelo *Mensageiro russo* em dois meses, "assim que eu enviar para eles meu romance, e vou enviar..."? Mas, meu Deus, se pergunta ele na mesma carta, como trabalhar oprimido pelas preocupações? Isso fica ainda mais difícil quando tem a obrigação de escrever um "grande romance". Por quê? Pela fama ou pelo amor à literatura? Nada disso!, explica Dostoiévski. Apenas porque, se errar a mira, não encontrará um editor disposto a dar adiantamentos. Ora, ele só pode viver disso.

Tanto pior. Ele vai começar de qualquer maneira, "com tudo, como um louco".

Em dez dias, Dostoiévski, que já conhece a identidade dos personagens, elabora um projeto e, por um enredo basicamente policial, encadeia os destinos de alguns heróis tão diferentes entre si que, de outra maneira, não tinham nenhuma chance de se encontrar. A maneira como encaram as provas às quais são submetidos pelo autor revela com transparência os mecanismos secretos e desequilibrados do funcionamento dos homens. No entanto, Dostoiévski demonstra preocupação. Será que deve escrever esse romance, que está amadurecendo dentro dele há um tempo, nesse momento? Será que tem forças para isso? Será que escreveria a obra se não estivesse sendo pressionado pela necessidade, que nem sempre é boa conselheira? Dostoiévski admite:

> Estava há muito tempo atormentado por uma ideia, mas temia fazer um romance, porque essa ideia era difícil demais e eu não me sentia preparado, embora a ideia seja tentadora e eu a adore. Trata-se de representar um homem totalmente bom. No meu ponto de vista, nada poderia ser mais difícil, ainda mais em nossa época. [...] Só que uma situação desesperadora

me obrigou a levar adiante essa ideia, que ainda não estava concluída. Arrisquei como na roleta: "Talvez ela se desenvolva sob minha pena" [...]. De modo geral, o projeto está formado. Depois me ocorrem detalhes que me provocam muito e alimentam a chama dentro de mim. Mas e o essencial? Mas e o *herói*? Pois o essencial surge para mim na forma do *herói*...[16]

Sua preocupação não é fingimento. Para ele, só existe uma única figura "realmente boa" no mundo: Cristo. Mas Dostoiévski está à altura de se comparar com os evangelistas? Os escritores sempre fracassaram nessa tentativa, com uma exceção: Cervantes, que foi bem-sucedido porque não fez elogios a seu Cristo. Pelo contrário: o seu Dom Quixote prega para aqueles que não o entendem e que, de qualquer maneira, se recusam a segui-lo, o que permite ao autor ser irônico. Cervantes confere a seu herói uma grandeza que ele não adquire por uma apologia, e sim pela zombaria, escarnecido por aqueles que nós consideramos ridículos. Não é assim que Dostoiévski planeja seu herói. "Por isso, tenho muito medo de que esse romance seja um retumbante fracasso"[17], escreve Dostoiévski à sobrinha favorita, Sofia Ivánovna.

Dostoiévski escreve à noite. Acorda tarde, dá uma volta no lago ao lado de Anna Grigórievna, grávida de três meses. Os dois almoçam na cidade. Ela volta para fazer a sesta. Dostoiévski a acompanha, antes de ir ao café da Rue du Mont-Blanc, onde encontra os jornais russos, que lê com atenção. Todas as noites, o casal faz uma longa caminhada pelas ruas movimentadas e suntuosamente iluminadas de seu bairro. Eles param em frente às vitrines das lojas de luxo, e Dostoiévski fica um longo tempo escolhendo as joias que daria a Anna Grigórievna se tivesse dinheiro. Em casa, dita a ela as páginas escritas durante a noite, que Anna passa a limpo na manhã seguinte.

O escritor vê com frequência o poeta Nikolai Platónovitch Ogariov – amigo e colaborador de Herzen –, que lhe oferece um livro de poesia com dedicatória e lhe empresta pequenas quantias de dinheiro. Os agentes da Terceira Seção encarregados de vigiar os emigrantes logo reportam esse fato para a central em São Petersburgo, e as alfândegas recebem ordens para que, ao ingressar na Rússia, o ex-preso político Fiódor Dostoiévski seja revistado com cautela e detido, caso esteja de posse de materiais de propaganda contra o Estado.

As autoridades russas têm boas razões para ficar de olho aberto. O Congresso da Liga da Paz e da Liberdade reúne durante uma semana, em Genebra, personalidades contrárias à autocracia. Na ausência de Victor Hugo, que não pôde comparecer, de Marx, que preferiu o Congresso da Associação Internacional dos Trabalhadores, e de Herzen, ofendido pelas opiniões depreciativas que alguns participantes têm a seu respeito, o Congresso recebe com grande pompa Garibaldi, e Bakúnin faz um discurso pedindo o desmembramento do Império Russo e a abolição de todas as monarquias. Adoentado, Dostoiévski só acompanha os trabalhos do Congresso no dia seguinte a essa intervenção, que preocupa as autoridades russas. Fica irritado com as explanações dos diferentes oradores, que lhe soam pretensiosas, vazias e irrealistas. É a primeira vez, diz ele, que vê "em ação" os revolucionários que conhecia apenas por livros. De fato, na opinião deles, para se alcançar a paz mundial é preciso começar destruindo, a ferro e fogo, o papa, os Estados, os capitalistas e, para finalizar, todos aqueles que não pensam como eles. A conclusão de Dostoiévski é categórica:

> Este Congresso mostrou com clareza o valor de todos esses velhos exilados e socialistas e deixou claro de que forças dispõem, e que ninguém os seguiria, com exceção dos loucos da mesma espécie.[18]

No entanto, entre as crises de epilepsia, os acessos de mau humor e as longas cartas enviadas à Rússia para explicar sua situação e pedir dinheiro para todos que o pudessem emprestar, entre os momentos de depressão e os de raiva, em que fica furioso com aqueles que estão arruinando a Rússia, e convencido também de que não é possível escrever nada que preste nesta paisagem "entupida" de montanhas, Dostoiévski não consegue mais trabalhar em seu romance. Preocupada, Anna toma uma decisão desesperadora, embora corajosa: "Então, para tirá-lo de seus pensamentos tristes, propus que fizesse uma viagem a Saxon-les-Bains, onde poderia mais uma vez tentar a sorte na roleta. Fiódor Mikháilovitch também achou que isso poderia lhe fazer bem".[19]

O preço a pagar, previsível, é considerável, em vista da condição financeira do casal. Dostoiévski escreve de Saxon-les-Bains em 24 de setembro:

> Ania, querida, sou pior do que um tolo. Ontem, por volta das dez da noite, tinha um ganho líquido de 1.300 francos. Hoje, nem um centavo. Nada! Perdi tudo. E isso porque o vigarista do lacaio do Hotel des Bains não me acordou, como pedi, para que eu partisse às onze horas para Genebra. Dormi até onze e meia. Nada a fazer, só me restava partir às cinco. Às duas, fui para a mesa da roleta e... perdi tudo. Sobraram catorze francos, apenas o valor da passagem. Às cinco, fui à estação e me informaram que era impossível ir direto a Genebra, que precisaria passar a noite em Lausanne. Só me faltava essa! Tenho apenas catorze francos! Então pego a aliança, procuro um lugar para penhorar. [...] Espero voltar amanhã de manhã.[20]

Não volta. No entanto, Anna Grigórievna obteve o resultado esperado:

> Como eu esperava, Fiódor Mikháilovitch perdeu de novo o dinheiro que tinha e a quantia obtida com o penhor de diferentes objetos. Mas, como eu também esperava, voltou

> de Saxon-les-Bains na melhor disposição do mundo para trabalhar. Em 23 dias, escreveu 98 páginas para o *Mensageiro russo*. É verdade que estava descontente, mas ele sempre foi muito severo consigo e raramente eu o vi satisfeito com o que escrevia.[21]

O *Mensageiro russo* publica os primeiros capítulos de *O idiota* em 31 de janeiro de 1868.

Sônia, a filha de Dostoiévski e Anna Grigórievna, nasce em 22 de fevereiro, às duas da manhã. É registrada no dia seguinte no cartório da cidade de Genebra.

Lutos e alegrias de um possesso

Agora moram em um apartamento de dois quartos na Rue du Mont-Blanc.

Sônia Fiódorovna, a filha de Dostoiévski e Anna Grigórievna, é "sadia, robusta, bonita, fofa, um bebê magnífico". Dostoiévski alega que ela é a sua cara: "Ela tem exatamente as minhas feições, meu rosto redondo, minhas rugas na testa e, quando está deitada, parece que está pensando em um romance", escreve ele para Apolon Máikov, em 21 de março, um mês depois do nascimento. "Sua testa é assustadoramente parecida com a minha." Dostoiévski passa metade do tempo cuidando de Anna Grigórievna, doente depois um parto bastante difícil, e da sua filha, que ele pode ficar olhando durante horas em silêncio. Às vezes fala com ela e cantarola canções de ninar e cantigas russas. Ajuda Anna Grigórievna a preparar as refeições e a dar banho na pequena. Prende com alfinetes de segurança sua mantinha de algodão. Afasta-se com pesar para ir até a mesa de trabalho, na outra peça.

Dostoiévski não está satisfeito com seu romance. Acha que falta consistência à primeira parte. Serve de consolo a ideia de que a função desta é apenas despertar a curiosidade do leitor para que prossiga a leitura, pois a continuação abordará, como registra nos diários, três formas de amor, cada uma encarnada por um personagem: Rogójin, o amor-paixão; Gânia Ívolguin, o amor-vaidade; o príncipe Míchkin, o amor cristão. O projeto muda o tempo todo. O gatilho dessas três formas de amor poderia, em um primeiro momento, se parecer com Olga Umiétskaia, uma jovem de dezesseis anos processada por ter ateado fogo à casa dos pais, que provavelmente queria assassinar, e cujo julgamento Dostoiévski, que anotou o nome dela em seus diários, acompanha de perto pelos jornais, lamentando não poder intervir nos debates. Nastácia Filíppovna, que a substitui e cujo personagem começa a ganhar espessura, a princípio deveria se suicidar. Em seguida Dostoiévski muda de ideia e considera assassiná-la pelas mãos de Rogójin. Em suas anotações, define a relação entre eles com uma palavra: "Shakespeare". O próprio Míchkin é ora esfinge, ora Cristo.

Quando o trabalho empaca, Anna Grigórievna paga o preço e sugere ao marido que se distraia alguns dias jogando na roleta. Dostoiévski foge para Saxon-les-Bains por um ou dois dias em 22 de março, depois em 4 de abril. No entanto, no começo de maio, não consegue enviar ao *Mensageiro russo* senão os dois primeiros capítulos da segunda parte. A redação pede desculpas aos leitores, apelando para os problemas de saúde do autor.

Batizada em 4 de maio, a pequena Sônia falece no dia 12.

Dostoiévski fica despedaçado. Chora "como mulher", registra Anna Grigórievna, também arrasada. Ele cobre de beijos o rosto e as mãos daquele pequeno corpo sem vida. Dá pena de ver seu rosto tão devastado pelo sofrimento. Escreve a Apolon Máikov:

> Duas horas antes de sua morte, eu não sabia que ela ia morrer. Três horas antes, o médico tinha dito que ela ficaria melhor e que iria sobreviver. Ela só ficou doente durante uma semana. Morreu de pneumonia. Oh, caro Apolon Nikoláievitch, pouco importa, pouco importa se o amor que eu tinha pelo meu primeiro filho parecia risível, pouco importa se eu o expressava de maneira ridícula nas várias cartas a todos que me felicitavam. Aos olhos deles eu não passava de alguém ridículo, mas a você, a você não tenho medo de escrever. Esse pedacinho de carne de apenas três meses, tão frágil e vulnerável, era para mim uma pessoa inteira, que já tinha

uma consciência e um caráter. Ela já me reconhecia, já me amava e sorria para mim quando me aproximava de sua cama. Eu tenho uma voz ridícula e desagradável mas, quando lhe cantava algumas árias de que gostava, ela virava a cabeça e me olhava com alegria. Eu lhe dava beijos e isso a deixava de bom humor. Para me consolar, dizem que vou ter outros filhos. Mas a minha Sônia, onde está? Onde está esse pequeno ente querido por quem, para devolver a vida, se pudesse, eu aceitaria sofrer o suplício da cruz?[1]

O funeral ocorre em 14 de maio, no cemitério de Plainpalais de Genebra. O túmulo, com uma cruz de mármore branco na vertical, é cercado por ciprestes. Dostoiévski e Anna Grigórievna voltam todos os dias com flores. Dali em diante, Genebra, cidade que queriam abandonar havia muito tempo, torna-se insuportável.

Duas semanas depois, tomam um navio para se estabelecer em Vevey, na outra extremidade do lago Léman. Deixam as malas no guarda-volumes do cais e vão visitar uma última vez o túmulo de Sônia, chorando sem parar. Durante a viagem, Dostoiévski se queixa da vida, o que raramente faz. Conta para Anna Grigórievna sobre a morte prematura de sua mãe, que amava tanto, e sobre as desilusões da adolescência. Fala das humilhações de que fora alvo por parte dos colegas, que de início o bajularam e depois o ofenderam inúmeras vezes. Lembra dos meses passados na cela da Fortaleza de Pedro e Paulo, da sentença de morte e do simulacro da execução. Comenta que os sofrimentos e as amarguras da deportação explicam, em parte, seu casamento incompatível com uma mulher perversa e caprichosa, já muito adoentada, o que a tornava ainda mais insuportável, e que até sua morte o fez passar por um calvário.

Em Vevey, a paisagem é magnífica e, em um primeiro momento, Dostoiévski parece satisfeito. Mas o clima, como já o tinham alertado, é nocivo para os nervos e provoca dores de dente. Dostoiévski receia "pagar caro pela vista". Sem contar que, para os moradores, os turistas, de quem não gostam, não passam de uma fonte de renda e só pensam em roubá-los. "O pior, no entanto, é a sujeira. Um quirguiz em sua iurta vive de maneira menos suja..."[2] Para coroar, uma carta anônima informa que ele é monitorado continuamente pelos agentes da Terceira Seção.

É a gota d'água.

No início de setembro, Dostoiévski e Anna Grigórievna deixam a Suíça e vão para a Itália, como tinham planejado desde a saída de Dresden, projeto sempre adiado e renunciado por tantos problemas e infelicidades. Fazem a viagem em uma diligência, caminhando ao lado dos cavalos quando a encosta é íngreme demais, tomando atalhos por veredas nas montanhas e colhendo flores. Quando enfim chegam a Milão, alugam uma casa modesta e visitam a cidade. Dostoiévski fica deslumbrado com a catedral "maciça, marmórea, gótica, esculpida *à jour** e fantástica como um sonho".[3]

Enquanto isso, em Moscou, o *Mensageiro russo* publica os três primeiros capítulos da terceira parte de *O idiota*. Dostoiévski ainda não sabe como terminar seu romance. Só lá para o final do mês planeja um último encontro entre Rogójin e o príncipe Míchkin, diante do cadáver de Nastácia Filíppovna. Ainda assim, mesmo com a ajuda de Anna Grigórievna – a quem dita, como faz desde o primeiro encontro, as páginas do rascunho da noite, que ela passa a limpo e ele corrige em seguida –, Dostoiévski não acredita que seja capaz de concluir o romance antes do final do ano, como a redação prometeu aos leitores... No fim de outubro, informa a Kátkov que, para evitar eventuais reclamações, ele deveria anunciar que os últimos capítulos serão publicados separadamente, em um suplemento que

---

* Em francês no texto original.

será lançado em janeiro. Depois, pede para Kátkov outra vez o "salvar", enviando algumas centenas de rublos.

Depois de Milão, o casal vai para Florença.

Chegam à cidade no início de dezembro. Assim que se instalam no número 8 da Via Guicciardini, em frente ao Palácio Pitti, Dostoiévski se inscreve na biblioteca pública da Via Tornabuoni, aberta das oito da manhã às dez da noite. No local, pertinho de onde mora, encontra muitos livros estrangeiros e sobretudo os jornais russos, que consulta todos os dias. Sente saudade da Rússia, mas não pode correr o risco de voltar e ser preso por dívidas não quitadas com credores: "Com minha doença das quedas eu não resistiria na prisão, logo não poderia trabalhar. Como então honraria minhas dívidas e de que modo viveria?"[4], escreve a Máikov.

O inverno em Florença é chuvoso. Em compensação, quando o tempo está bom, "é quase o paraíso: não daria para imaginar nada melhor do que a impressão deixada por esse céu, esse ar, essa luz".[5] Dostoiévski adora a catedral e, em particular, os baixos-relevos de Ghiberti que adornam as portas do batistério. No Palácio Pitti e na Galeria dos Ofícios, onde Anna Grigórievna sempre o acompanha, admira a *Vênus de Médici*, uma escultura "formidável" da antiguidade grega, e as pinturas de Rafael, que para ele se trata do artista que melhor captou a beleza divina.

O ano de 1869 começa bem.

Nikolai Strákhov publica uma nova revista, *Aurora*, e solicita a colaboração do velho amigo, que não perde tempo para pedir mil rublos para uma novela ou "de preferência um romance de dez folhas de tipografia, que entregaria no mais tardar até setembro". Strákhov fica desconfiado. Sem receber resposta, um mês depois Dostoiévski volta atrás e diminui suas pretensões. Propõe uma narrativa mais curta em troca de trezentos rublos a enviar "sem demora". Recebe a quantia em abril e entregará no final do ano *O eterno marido*, romance que Anna Grigórievna alega ser parcialmente autobiográfico.

De resto, Dostoiévski está contente por ter concluído *O idiota*, cujas últimas folhas envia ao *Mensageiro russo* em 17 de janeiro, embora esteja insatisfeito: disse "apenas um décimo do que queria dizer" nesse romance que não renega, porque continua sendo a narrativa de uma "grande ideia", mesmo que na sua opinião ele tenha "fracassado". Tanto pior, vai fazer melhor da próxima vez! Já tem em mente a ideia de um novo romance, algo "enorme" e que "vai causar sensação", mesmo em caso de insucesso:

> Já tenho o personagem: um russo de nosso meio, de meia--idade, não muito culto mas com certa cultura, com uma patente bastante avançada e que, de repente, perde a fé em Deus. [...] A perda da fé age de maneira colossal sobre ele. A ação do romance e o panorama são mais amplos. Ele convive com as novas gerações, com os ateus, os eslavos e os europeus, os fanáticos e os eremitas russos, os padres; entre outros, acaba sendo fisgado por um jesuíta, missionário e polonês; foge dele para afundar no abismo da seita dos flagelantes e, no final, encontra Cristo e a terra russa, o Cristo russo e o Deus russo.[6]

Sem dúvida, precisa amadurecer antes de colocar no papel esse romance, que só pode ser escrito na Rússia. De qualquer forma, será uma obra longa, que exigirá vários anos de trabalho.

Enfim, para coroar essa série de acontecimentos felizes, Anna Grigórievna informa que está grávida de novo.

A alegria é tão grande quanto a preocupação. Depois de receber de Strákhov os primeiros fascículos do romance de Tolstói, *Guerra e paz* – obra que merecera uma crítica de Strákhov em sua revista e que Anna Grigórievna também deseja ler –, Dostoiévski finge perder, preocupado em não prejudicar a gravidez da esposa, a passagem em que o autor descreve de modo tão pungente os sofrimentos da princesa Bolkonski, que morre ao parir. Como não tem noção de italiano, receia também não ser capaz de se entender com o médico e a parteira durante o parto, que poderia ser tão difícil e perigoso como o precedente. É o caso de se mudar mais uma vez para um país de língua alemã.

Acionado, Mikhail Kátkov envia o dinheiro necessário para cobrir as dívidas de Florença e para os custos da viagem.

Em 22 de julho, Dostoiévski, Anna Grigórievna e sua mãe, que veio para ajudar e cuidar da filha durante a gravidez, deixam Florença, que se tornou insuportável em razão do calor e do barulho. Fazem uma breve escala em Veneza, onde "quase não saem" da Piazza San Marco, ora porque Dostoiévski não se cansa de admirar a igreja e seus mosaicos, ora porque fica seduzido pela arquitetura engenhosa do Palácio do Doge. Em Viena, Anna Grigórievna "solta gritos de entusiasmo" ao conhecer as dezoito alas do palácio Hofburg, a Albertinaplatz e a Graben. As igrejas são monumentais e suntuosas. Lamentavelmente, Anna Grigórievna perde seu leque cinzelado, o que lhe arranca muitas lágrimas: "Ela tem tão poucos objetos de valor!", confessa Dostoiévski em uma das cartas em que conta a viagem.

Eles chegam a Praga, onde pretendem ficar. Esplêndida e repleta de flores, a cidade das casas de boneca dominadas pelo castelo os atrai ainda mais porque existe ali um movimento eslavófilo forte. Dostoiévski, que fica pouco à vontade nos salões e não gosta das pessoas, embora precise da admiração reconfortante delas, tem esperanças de encontrar amigos e uma atmosfera acolhedora. Por infelicidade, como a cidade é pouco frequentada pelos turistas, só há para alugar minúsculos quartos mobilados para estudantes, e os hotéis são terrivelmente caros.

Em 2 de agosto, Dostoiévski, a esposa e a sogra param em Dresden, onde alugam um apartamento de três quartos no número 5 da Viktoriastrasse.

Assim que chega, por uma carta de Apolon Máikov – mal informado e repassando boatos –, Dostoiévski fica sabendo da morte de sua tia Kumánina, que teria deixado quarenta mil rublos para um mosteiro. Sem se dar ao trabalho de verificar essas informações falsas, Dostoiévski fica surpreso que ninguém da família o tenha procurado e suspeita de que seus irmãos e irmãs queiram privá-lo de sua parte na herança. Escreve à sobrinha Sônia uma carta em que essa recriminação aparece nas entrelinhas, e outra ao advogado encarregado de administrar os bens de sua tia, pedindo para invalidar a doação feita ao mosteiro. Exige que a soma seja dividida entre os herdeiros e que mandem a sua parte o quanto antes. Sem dúvida, ignora que o advogado em questão só se comprometeu a cuidar dos bens da velha senhora com a ajuda de um dos herdeiros. Andrei, que foi indicado pela família, naturalmente toma conhecimento da missiva precipitada e, no mínimo, infeliz de Dostoiévski. Responde em palavras cujo afeto não esconde a irritação, sua e dos demais irmãos e irmãs. Para esclarecer as coisas, informa que a tia está em bom estado de saúde, embora não tenha mais toda a lucidez, e que as disposições relativas ao patrimônio são tomadas em conjunto. Dostoiévski sente que magoou os parentes. O erro foi dele, algo que tem dificuldade de admitir. Defende-se com acusações em vez de pedir desculpas, o que provoca uma desavença com os seus, incluindo Sônia, sua sobrinha favorita, que com razão toma o partido de sua mãe. Ela diz em uma de suas cartas que "os fins não justificam os meios", o que gera por parte do tio explicações longas e confusas, pouco convincentes, embasadas em lamentações amargas, incapazes de aplacar aqueles que continuam chateados. Dostoiévski aceita mal e, apesar das evidências, passa a se considerar uma vítima:

"Minha família, que é tão próxima, começa a me deixar desesperado. [...] Agressividade, calúnia, gracejos, tudo é descarregado sobre mim. Para todas as desgraças, há apenas um culpado, eu".[7]

Durante todo o verão, Dostoiévski quase não escreveu. Em Florença, para começar, porque fazia muito calor: "Com trinta graus Réaumur na sombra, é literalmente impossível de escrever, quero dizer, de criar".[8] Já em Veneza, Viena e Praga, porque é difícil encontrar inspiração entre uma porta e outra, entre um trem e outro. Em Dresden muito menos, porque as histórias de uma herança que ainda não estava na hora e as discussões em volta do assunto tinham infernizado sua vida. Sem falar da mudança de clima que o deixou doente: está com febre e as crises de epilepsia são mais frequentes. Ora, Dostoiévski queria enviar seu "pequeno" romance para Strákhov o mais depressa possível, a fim de começar aquele prometido ao *Mensageiro russo* para o início do ano seguinte, pelo qual já recebera adiantamentos consideráveis.

Nos dias em que a saúde permite, Dostoiévski levanta-se ao meio-dia e escreve por cerca de duas horas, depois faz uma caminhada: "Para ser mais exato, vou ao correio e volto pelo jardim real". Então, almoça. Às sete da noite, nova caminhada, outra vez pelo mesmo jardim, seguida de chá. Lá pelas dez e meia, prepara os cigarros e passa a trabalhar sem interrupção até cerca de cinco da manhã. Antes de ir para a cama, deixa os rascunhos para Anna Grigórievna, que os transcreve.

Pelo menos enquanto tem condições. Em 14 de setembro de 1869, em Dresden, ela dá à luz o segundo filho de Dostoiévski, tão desejado e aguardado que os pais decidem chamar a filhinha de Liubov, a amada.

No dia seguinte, feliz e livre das preocupações com o parto, Dostoiévski escreve a Strákhov para dar a boa notícia e também para pedir um acréscimo em seu adiantamento – que o escritor vai conseguir apenas depois de meses e meses de uma troca abundante de correspondência, repleta de contas longas e complicadas e de diversas formas de calcular o número de folhas de uma página de tipografia em diferentes publicações, sem esquecer as eternas lamentações de alguém que precisa penhorar até a roupa de cama e a jaqueta para cobrir as despesas diárias. Por sinal, Apolon Máikov é gentilmente convidado a esbarrar por acaso em Strákhov e comentar, como se lhe ocorresse do nada, a situação desesperadora de Dostoiévski. Este sugere que ele evoque cartas sombrias suas, capazes de preocupar os amigos de um doente que poderia não resistir a tantas provações...

Também é verdade que *O eterno marido*, que devia ser uma história de cerca de cinquenta páginas, acabou se tornando "uma novela bastante original", de quase duzentas. Dostoiévski consegue enviar os capítulos finais em 5 de dezembro de 1869.

Agora está livre para trabalhar no romance prometido ao *Mensageiro russo* e para já buscar um comprador para o próximo, esse "grande" romance que, como é de se supor, deve concorrer na mente do autor com *Guerra e paz*, o romance de Tolstói que impressiona pelas dimensões monumentais. Dostoiévski tenta em vão se convencer de que "o conde Tolstói é um talento afetado da altura de qualquer outro"[9]: seu instinto de escritor faz com que sinta a grandeza de semelhante obra e seu orgulho ferido o leva a aceitar o desafio de, por sua vez, pincelar um afresco da sociedade russa da primeira metade do século XIX.

No mínimo pelos últimos dez anos, Dostoiévski vinha querendo escrever um romance cujo princípio de construção fosse aquele utilizado por Liérmontov em *Um herói do nosso tempo*, que admira muito. Trata-se de certo número de histórias, sem relação entre si, cada uma sendo tema de um romance independente, mas que seriam reunidas em um todo por um ou vários personagens comuns.

Assim, se esclareceriam de modo recíproco e ofereceriam, juntas, uma construção romanesca nova em relação a cada uma das partes.

Para conseguir adiantamentos mais altos, algo que o *Mensageiro russo* não poderia oferecer, Dostoiévski procura de novo Nikolai Strákhov. Começa informando que "nunca criou um tema por dinheiro". Nunca "se comprometeu nem se vendeu", salvo quando tinha em mente um tema que considerava "necessário escrever". Este era o caso no momento. Prometendo não voltar a incomodar com pedidos pecuniários, Dostoiévski propõe, mediante um adiantamento de mil rublos, uma obra completamente excepcional:

> Raras vezes tive algo mais novo, mais completo, mais original. Posso dizer isso sem correr o risco de ser acusado de pretensão, pois por enquanto só falo do tema, da ideia que tomou forma na minha mente, não de realização. A realização depende de Deus; posso estragar tudo, o que acontece com frequência, mas algo dentro de mim sussurra que a inspiração não vai me abandonar. Enfim, atesto a novidade da ideia e a originalidade do processo, e por ora contemplo essa ideia com entusiasmo.[10]

Esse romance monumental, explica Dostoiévski, aborda um tema que o preocupou durante toda a vida, "direta ou indiretamente", a saber, a existência de Deus. É composto de cinco partes de cerca de 250 páginas cada. Na primeira, será abordada a história de uma criança que nasceu e cresceu em uma família pertencente aos círculos instruídos da Rússia dos anos 1830. A segunda parte conta como o herói, que talvez tenha sofrido más influências, é enviado para um mosteiro, onde recebe a instrução do padre superior, cujo modelo é Tíkhon de Zadonsk, grande figura da ortodoxia, recentemente santificado – em 1846, sessenta anos depois de sua morte, seu corpo foi exumado e encontrado inalterado, e suas relíquias pareciam ter estado na origem de vários milagres. Dostoiévski, que se acredita um escritor que passa uma mensagem, julga ser uma boa oportunidade para acertar as contas com alguns adeptos de seitas extremistas, com os ocidentalistas ateus e com aqueles que, como o ex-oficial Tchadaiev – declarado louco por decreto do tsar –, criticam a ortodoxia e elogiam o catolicismo que teria, segundo eles, a capacidade de oferecer uma espiritualidade de preocupações sociais. Uma terceira parte será dedicada às peripécias da juventude do herói que, ao sair do mosteiro, é seduzido pelos ideais positivistas. Ele perde a fé e se torna um anarquista orgulhoso, sem outras referências além daquelas de sua razão, a qual se mostra incapaz de controlar suas ambições e seus desejos. Uma personalidade forte e qualidades excepcionais aumentam os desvios do rapaz, que chega ao extremo de cometer crimes e atos de crueldade. Arrepende-se disso na quarta parte do ciclo romanesco. Com a esperança de conseguir a expiação dos pecados por meio da oração e do sofrimento, percorre a Rússia de ponta a ponta, indo de um lugar de peregrinação a outro, em busca de um refúgio que encontra apenas na quinta parte. Enfim em paz, já velho, leva uma vida nova, a de um verdadeiro cristão que precisou perder a fé para encontrá-la ao fim de uma viagem iniciática dolorosa. Morre com serenidade.

Strákhov, que envia em 30 de março o saldo dos valores devidos a *O eterno marido*, gostaria de publicar os primeiros capítulos desse romance "excepcional" a partir do outono, algo com que Dostoiévski, mesmo disposto a prometer qualquer coisa para conseguir algum dinheiro, não pode se comprometer: como deve "somas consideráveis" ao *Mensageiro russo* e como em literatura ele é, afirma, "um homem de palavra", primeiro deve escrever para essa revista. Além disso, há outro obstáculo. Embora possa, se necessário, escrever a primeira das cinco partes no exterior, para a continuação deve voltar para a Rússia sem falta, a fim de alimentar sua inspiração. Por enquanto, não se trata de uma alternativa em virtude das dívidas, que podem levá-lo à prisão.

Ah, se por acaso uma quantia maior caísse do céu e ele pudesse deixar imediatamente Dresden e retornar para São Petersburgo!... Dostoiévski evita comentar com Strákhov ou com qualquer outra pessoa, salvo Anna Grigórievna, que no caminho de volta pretende passar por Constantinopla, Atenas, as ilhas gregas, Jerusalém e Síria, uma viagem com que sonha há muito tempo, mas que nunca realizará.

A indireta é clara, só que Strákhov não tem recursos para compreendê-la.

O retorno para a Rússia não é para breve. Anna Grigórievna lamenta: "Embora cercada pelas pessoas que mais amo – minha filha, meu marido, minha mãe e meu irmão –, sentia falta de algo importante e necessário: meu país, a Rússia. Minha tristeza se transformou aos poucos em uma espécie de doença, e o futuro me parecia sombrio. Eu temia que nunca mais voltássemos para a Rússia, sempre impedidos por algum obstáculo intransponível: a falta de dinheiro ou, quando tivéssemos recursos, uma gravidez ou o medo de prejudicar a saúde da nossa filha. O exterior me parecia uma prisão na qual eu estava trancada e de onde nunca poderia fugir".[11]

Dostoiévski compartilha o mesmo sentimento. Sente falta da Rússia por uma questão de inspiração, talvez, mas também porque em seu país é reconhecido, estimado, porque pode participar das discussões de seus compatriotas, que tem a impressão de que precisam de suas lições, das referências que é capaz de oferecer. Desnorteados pelos falsos profetas do ocidentalismo ateu, encabeçados pelo papa, "chefe do comunismo"[12], eles correm para a perdição. Dostoiévski está plenamente convencido de que é sua obrigação esclarecer e salvar os conterrâneos. Isso também permitirá que, assim que abrirem os olhos, louvem menos esses escritores afetados e desinteressantes, esses Turguêniev e esses Tolstói, que até são dotados, mas de um pequeno talento, e que não entendem o povo russo e sua vocação. Enquanto espera, Dostoiévski deve se contentar em escrever livros que, além de por ora serem o único meio de discutir com seus adversários, devem trazer os meios de subsistência.

O afresco social em cinco partes ainda deve esperar, já que primeiro deve escrever, mais uma vez para o *Mensageiro russo*, outro "pequeno romance". Dostoiévski envia em 7 de outubro de 1870 os primeiros capítulos da obra. Em sua mente, trata-se de uma narrativa de pequena envergadura, tendenciosa, que tem a impressão de escrever quase sem cuidado para se libertar de uma obrigação que o impede de se dedicar, de corpo e alma, à obra monumental que acredita que será o coroamento de sua carreira literária.

Em relação ao romance prometido a Kátkov, encontrou o tema no Evangelho de Lucas.

> Aconteceu o que o evangelista Lucas relata: os demônios estavam no homem, eram legião e rogavam para Ele: ordene que entremos nos porcos, e Ele permitiu. Os demônios entraram na vara de porcos e a manada se precipitou de um despenhadeiro no lago e se afogou. Então, quando as pessoas dos arredores acorreram para ver o que tinha acontecido, viram o homem de quem saíram os demônios, vestido, tendo recobrado a razão, e sentado aos pés de Jesus, e aqueles que presenciaram a cena contaram como o possuído fora curado. Foi exatamente o que aconteceu conosco. Os demônios saíram do homem russo e entraram em uma vara de porcos, em outras palavras, nos Nietcháiev, nos Sierno-Solovióvitch e em outros. Estes se afogaram ou sem dúvida vão se afogar, ao passo que o homem curado, de onde os demônios saíram, está

sentado aos pés de Jesus. Tinha que ser assim. A Rússia vomitou esse lixo com que a tinham encharcado e, naturalmente, nada restou de russo nesses crápulas vomitados. E quem perde seu povo e seu sentimento de nação perde também a fé em Deus e na pátria. Esse é o tema do romance, cujo título é *Os demônios* e descreve como os demônios entraram na vara de porcos.[13]

O demônio do jogo

No início de 1870, a produção literária está empacada. *A vida de um grande pecador*, cuja primeira parte seria publicada sob o título de *Os irmãos Karamázov*, mal se esboça ao longo de noites improdutivas, alimentadas a tabaco. De *Os demônios*, no momento só algumas anotações sobre Timofei Nikoláievitch Granóvski, o modelo para Stepan Trofímovitch, e sobre certo Chapóchnikov, primeira versão de Chátov. Outro personagem de importância primordial e cujos contornos ainda são vagos, Chigalióv, começa a se tornar esse "fanático do humanismo", um Moisés sem Deus, graças às notícias da atualidade e às longas discussões com o irmão de Anna, Ivan Grigórievitch Snítkin, que viera visitar a família em Dresden.

Ivan Snítkin estuda na Academia de Agricultura de Moscou. Ora, em 21 de novembro de 1869, nesse campus e com a cumplicidade de alguns membros de seu grupo, "A vontade do povo", Serguei Guennadievitch Nietcháiev, revolucionário mitomaníaco e de um cinismo tão grande que assustara até o poderoso Bakúnin, mata um dos integrantes, o aluno Ivanov, bolsista da Academia de Agricultura, acusado equivocadamente de ser um traidor apenas por ter contestado a autoridade e os métodos imorais e cruéis de seu chefe. Este consegue fugir para o exterior, mas seus camaradas, logo identificados, são presos e condenados a penas pesadas ao fim de um julgamento ainda mais repercutido porque os acusados evocam as ideias radicais e particularmente sanguinárias de Nietcháiev – que as expõe de próprio punho em *Catecismo do revolucionário*, obra com longos excertos publicados pela imprensa em 1873, no momento da extradição e do comparecimento do autor perante um tribunal russo.

No momento em que Mikhail Kátkov, o diretor do *Mensageiro russo*, dedica vários artigos ao movimento niilista e chega a publicar uma biografia de Bakúnin, Dostoiévski, longe desse campo de batalha, aproveita a presença do cunhado para reunir informações em primeira mão sobre as "sociedades secretas" que florescem nos círculos intelectuais de esquerda e sobretudo nas universidades. Em conversas que às vezes vão até tarde da noite, ele demonstra interesse não apenas pelos detalhes desse crime político como também pela atmosfera que reina na Academia de Agricultura e, de modo geral, em outras instituições de ensino superior. Quer conhecer as ideias dos estudantes, as aspirações e as revoltas dos jovens, entre os quais os extremistas recrutam terroristas exaltados, que põem em perigo todo o equilíbrio da sociedade russa.

Embora tudo esteja iminente, a produção literária não anda. "Por muito tempo não consegui começar o romance", conta o autor. "Refiz diversas vezes o início. É verdade que aconteceu com esse romance algo que nunca tinha me acontecido: durante semanas inteiras eu parava o trabalho no começo e escrevia a partir do final."[1]

Nesses momentos em que se atormenta e, de tanto esperar por uma inspiração que não vem, acaba acreditando que nunca mais virá, Dostoiévski perde a confiança e começa a odiar seu trabalho: "Em geral, não há nada no mundo que me desagrade mais do que o fazer literário, isto é, de fato, o processo de escrever romances e novelas...".[2]

Anna Grigórievna constata que o marido está em um beco sem saída e recorre ao remédio habitual: sugere que vá passar alguns dias em Bad Homburg para arejar as ideias jogando na roleta. Dostoiévski não se faz de rogado. Depois de uma viagem de uma noite de trem, chega em 18 de abril de 1870 a essa pequena cidade termal, uma das capitais europeias do jogo.

Ele joga e perde. De volta ao hotel, tem uma crise. Ao despertar, assim que recobra os sentidos, retorna à mesa de jogo.

Perde de novo.

Volta a Dresden no fim de uma semana, doente. Crises de epilepsia violentíssimas se sucedem em um ritmo incomum: em 4 e 11 de maio, em 1º e 12 de junho, em 1º, 13, 16 e 26 de julho, em 7 e 21 de agosto. Em cada ocasião, precisa interromper o trabalho ao longo de vários dias. O romance avança aos solavancos: "Ainda estou no começo", se queixa Dostoiévski a Nikolai Strákhov. "Não é um bom sinal. Dizem que o tom e o estilo de uma narrativa devem nascer naturalmente no artista. É verdade, mas nem sempre conseguimos encontrá-los e continuamos a procurá-los. Em suma, nunca um escrito me custou tanto esforço".[3] A inspiração vem por fim. Sim, mas isso significa que as perspectivas mudam, que os prismas se modificam, que os diferentes episódios se encaixam de maneira distinta. Em resumo, é preciso alterar muito, reescrever muito, voltar atrás com o sentimento de não sair do lugar.

Dostoiévski está longe de superar as dificuldades:

> Durante o verão, nova mudança: um novo personagem surgiu outra vez, alegando ser o verdadeiro herói do romance, de modo que o anterior (uma figura curiosa, mas sem merecer de verdade o nome de herói) ficou em segundo plano. Meu novo herói me cativou tanto que me lancei em nova modificação.[4]

Em poucas palavras, Nikolai Stavróguin toma o lugar de Piotr Verkhoviénski. Essa modificação à primeira vista benigna, quase técnica, traz consequências tão grandes que Dostoiévski entra em pânico:

> De repente, sinto medo. Temo ter escolhido um tema além das minhas forças. Sinto um medo real, doloroso. No entanto, não introduzi esse herói de uma maneira qualquer. Primeiro *registrei* todo o seu papel no projeto do romance (tenho um projeto de cerca de cinquenta páginas), e ele foi colocado apenas em cenas, ou melhor, em ações, e não em reflexões. Por isso penso que sairá disso um personagem, talvez até *novo*; é o que espero, mas tenho medo. Já é hora de enfim escrever algo sério. Talvez eu fracasse. Seja como for, é preciso escrever, porque com essas alterações perdi um tempo formidável e escrevi terrivelmente pouco.[5]

Além disso, novas preocupações vêm se somar às antigas.

No fim de julho de 1870, a Alemanha declara guerra à França. Os meios de transporte são requisitados, o correio não chega, nem os jornais. Em virtude da instabilidade, "ninguém vende mais a crédito", o que é um problema para alguém acostumado a gastar com antecedência os valores que espera receber mais dia, menos dia. Afora isso, Dostoiévski acredita que essa guerra, que acompanha todos os dias e cujas etapas registra em seus diários, é necessária e benéfica. Escreve à sua sobrinha, que lamenta os sofrimentos provocados pelo conflito:

> Sem guerra, o homem se acomoda no conforto e na riqueza, torna-se inapto a todo pensamento, todo sentimento magnânimo, endurece de maneira imperceptível e afunda na barbárie. Falo dos povos como um todo. Sem sofrimento é impossível compreender a felicidade. O ideal sofre a provação do sofrimento como o ouro a do fogo.[6]

Cabe esperar que a derrota da França, um país onde não há mais "senão velhas frases de um lado, e a covardia e os prazeres da carne do outro", traga a essa nação um renascimento necessário. O abismo em que se encontra mergulhada no momento é o preço a pagar para se livrar de certa letargia, que paralisara toda a sociedade e "até a ciência, que caiu no materialismo estreito, na falta de pensamentos magnânimos". Por certo, a Comuna de Paris não é uma solução, na medida em que se trata da expressão violenta e incipiente de uma utopia, cujo único ideal é a felicidade material e ordinária que, por outro lado, ela pretende contestar. A Comuna é a seu modo a confirmação da falência da Europa positivista:

> O Ocidente perdeu o Cristo (por culpa do catolicismo) e é por isso que desmorona, unicamente por isso.[7]

E quem poderia salvá-lo além do povo russo, que manteve sua fé intacta?

A Rússia aproveita o conflito entre as potências continentais para recolocar parte de sua frota no Mar Negro, o que lhe proibia o tratado assinado após sua derrota na Guerra da Crimeia. A pedido dos russos em Dresden, Dostoiévski, que acrescenta sua assinatura à deles, escreve uma carta endereçada ao ministro das Relações Exteriores, pedindo que felicite o imperador por essa iniciativa. O gesto não passa despercebido: em 31 de dezembro, o ex-forçado, o escritor que a polícia do tsar mantém sob vigilância, é convidado pelo cônsul russo em Dresden a participar do baile de Ano-Novo.

O ano de 1871 parece repleto de boas promessas.

Anna Grigórievna está grávida de novo, e a gestação corre bem. Em 11 de janeiro, Kátkov envia uma remessa de dinheiro e, no final do mês, o *Mensageiro russo* publica os dois primeiros capítulos de *Os demônios*. Dois outros, alterados "umas vinte vezes", são lançados no final de fevereiro, seguidos de uma carta de Dostoiévski à redação, em que pede mil rublos adicionais. Respondem que o valor será pago em junho.

Em seguida, o tempo fecha. Os críticos ficam divididos. Reconhecem a profundidade das análises psicológicas, mas deploram um texto prolixo e incoerente, com passagens longas e tediosas. O próprio Nikolai Strákhov, que aprecia "a abundância e a diversidade das ideias", acha o estilo de seu amigo muito complicado, o que na sua opinião restringe o público a uma elite e, em consequência, reduz a força de dissuasão do romance. Dostoiévski fica outra vez inseguro. Seu "talento está morto". Longe de seu país, assim como Turguêniev, ele perde a essência de sua literatura. Não gosta do que escreve e, muitas vezes, pela manhã, Anna Grigórievna encontra com os esboços da noite um bilhete indicando uma ou outra passagem para transcrever. O resto deve ser jogado no lixo.

Para piorar as coisas, na noite de 31 de março para 1º de abril, Dostoiévski tem uma crise fortíssima que o deixa prostrado durante dias a fio. Seu estado de espírito está no nível mais baixo. Ele está sombrio, mal-humorado, desanimado e infeliz.

Mais uma vez, Anna Grigórievna sacrifica cem táleres e propõe que o marido vá jogar na roleta. Mais uma vez ele faz isso, quase por obrigação: "Essa maneira de ganhar dinheiro sem fazer nada (ainda que não seja tão gratuita assim: pagamos com os tormentos) tem algo de irritante e enervante. Mas quando penso para o que serve esse capital, quando penso nas dívidas e nas pessoas que, além de mim, precisam desse dinheiro, reflito que não tenho o direito de abandoná-la".[8]

Talvez por superstição, porque oito anos antes, jogando pela primeira vez na roleta, ganhara quase dez mil francos, Dostoiévski prefere nessa ocasião tentar a sorte em Wiesbaden.

Depois de três dias perde tudo, até o último copeque. Anna Grigórievna envia trinta táleres para pagar o hotel e a viagem de volta.

Mas quando o demônio anda solto... A menos que seja o anjo da guarda!

Dostoiévski havia tomado a decisão irrevogável de deixar Wiesbaden sem colocar os pés de novo no cassino. Por duas razões, explica para a esposa no dia seguinte. Em primeiro lugar porque, na carta que acompanhava os táleres enviados, Anna explicara que catástrofe seria para eles se o marido perdesse esse dinheiro também, e as palavras da esposa haviam o fulminado "como um raio". Em segundo lugar porque, à noite, tinha sonhado com seu pai, que só aparecera com aquele aspecto aterrorizante duas vezes, sempre para anunciar "uma desgraça terrível", que de fato acontecia pouco tempo depois. Além disso, esse pesadelo confirmava outro que tivera três noites antes, quando sonhara com uma Anna Grigórievna de cabelos brancos, um péssimo presságio.

Decidido a tomar o primeiro trem assim que tivesse recebido os trinta táleres que Anna Grigórievna levantara penhorando objetos pessoais, escondida da mãe, Dostoiévski se dirige para os correios às duas da tarde. É informado de que o dinheiro não chegou. Às quatro, quando volta, descobre que, na verdade, sim, o dinheiro estava disponível desde a manhã, mas que por engano lhe passaram a informação errada. Ele protesta, o funcionário dá de ombros. Pouco importa, o fato é que perdera o trem das quatro e o próximo é às seis. Ele já desocupou o quarto de hotel e não sabe para onde ir. Entra no cassino apenas para passar o tempo, ainda determinado, pelas duas boas razões evocadas, a não apostar um único copeque:

> Fiquei perto da mesa de jogo e comecei a fazer mentalmente apostas: ia acertar ou não? O que você acha, Ania? Umas dez vezes seguidas, acertei, cheguei até a prever o zero. Fiquei tão impressionado que passei a jogar e, em cinco minutos, perdi dezoito táleres. Naquela altura, Ania, eu estava fora de mim. Pensei com meus botões: vou tomar o último trem,

> passar a noite em Frankfurt, mas ao menos levarei para casa algo dos trinta táleres que extorqui de você. Como estava envergonhado! Você sabe, meu anjo, que durante todo o ano eu tinha sonhado em resgatar os brincos penhorados que ainda não lhe devolvi...[9]

Mais uma vez, é quase por obrigação, pelo menos impelido por bons sentimentos, que Dostoiévski continua jogando. Sem dúvida tem a esperança de se recuperar e, com a ajuda de Deus, ganhar ao menos o suficiente para resgatar parte dos objetos pessoais penhorados pela esposa "durante esses quatro anos vividos ao meu lado, no nomadismo e na nostalgia".

Por volta das nove e meia, perdeu tudo.

Dostoiévski deixa o cassino "como um louco". Está sofrendo tanto que seu primeiro pensamento é procurar um padre, para ser mais exato, o único que conhece em Wiesbaden, o padre Ioann Ianiévitch, mas não para pedir dinheiro como em 1865, apressa-se em esclarecer, e sim para se confessar. Em seguida, muda de ideia. Atordoado, perambula pela cidade, se perde nas ruazinhas escuras, encontra uma igreja, quer entrar, é uma sinagoga. Vê um sinal. Por volta de meia-noite, retorna ao hotel, onde como por acaso seu quarto continua vago. Gostaria de enviar um telegrama para Anna Grigórievna a fim de pedir dinheiro, mas não se atreve. Passa a noite escrevendo uma longa carta para ela, explicando em detalhes que não tem culpa do que acaba de acontecer e que é uma vítima das circunstâncias e do azar. Ele se xinga de tudo quanto é palavrão para poupar tempo à esposa e implora para ela enviar mais uma vez a quantia necessária para a viagem, aconselhando-a a não comentar nada com sua mãe, de quem teme advertências. Seria melhor que ela dissesse que uma nova crise o impediu de retornar como o planejado, e que ele precisa de dinheiro para pagar a cama que acabou quebrando durante as convulsões.

Também jura, por Cristo e Liubov, a filhinha do casal, que esse episódio o transformou a fundo e que sai "moralmente regenerado por completo". Explica:

> Algo grande aconteceu dentro de mim: a ignóbil ilusão que me atormentava havia quase dez anos desapareceu. Durante dez anos eu sonhei em ganhar. Sonhei com seriedade, com paixão. Agora tudo está acabado! Foi REALMENTE a última vez! Você vai ver, Ania, agora minhas mãos estão desatadas; estava amarrado pelo jogo, agora vou pensar no trabalho em vez de sonhar com o jogo noites a fio, como acontecia. O trabalho será e fluirá melhor. Deus me concederá a sua bênção.[10]

Anna Grigórievna registra, mas levará anos para se convencer de que, de fato, o demônio do jogo abandonara seu marido:

> Naturalmente, não consegui acreditar à época que uma felicidade dessas pudesse acontecer e que Fiódor Mikháilovitch tivesse mesmo renunciado para sempre à roleta. Ele já tinha me jurado tantas vezes sem ter a força para cumprir a promessa. Porém, essa felicidade aconteceu e foi mesmo a última vez que jogou na roleta. Mais tarde, durante suas viagens ao exterior, nunca ficou tentado a ir a uma cidade para jogar. [...] O jogo não o atraía mais. A obsessão de ganhar na roleta fora como uma doença de que ele acabava de se curar para sempre.[11]

Em 20 de abril de 1871, Dostoiévski volta a Dresden, "calmo e bem-humorado". Retoma o trabalho e, desta vez, parece satisfeito: pela manhã, são raras as páginas para jogar no lixo. Confiante, escreve a Mikhail Kátkov e a Apolon Máikov, encarregado de recuperar o dinheiro que o editor Fiódor Stelóvski lhe devia por conta da publicação de um volume de *Crime e castigo*. Suplica que consigam o valor necessário para que possa voltar para a Rússia sem correr o risco de ser preso em razão de dívidas. Precisa regressar para seguir escrevendo. Além disso, Anna Grigórievna não suporta mais o exílio: "está morrendo de desespero", a nostalgia "a deixa doente" e ela já não consegue mais dominar esse sofrimento incessante.

O dinheiro de Kátkov chega, como prometido, no início de junho. Também há chances de que Stelóvski, que é definitivamente um trapaceiro, seja obrigado a pagar os novecentos rublos que deve ao autor.

Não há tempo a perder: não seria recomendável fazer uma viagem tão longa com um recém-nascido, e Anna já está no oitavo mês de gestação. Após fazerem contas cuidadosas, resgatam parte dos objetos penhorados em Dresden, abrindo mão de outros para sempre. Em seguida, queimam a papelada: talvez informado de que continua sendo vigiado pela Terceira Seção, Dostoiévski teme uma revista minuciosa na fronteira e tem razão de acreditar que, por instruções vindas de cima, os agentes da alfândega vão conferir o conteúdo de todos os manuscritos, à procura de textos subversivos de sua autoria ou, então, da pena de outros exilados suspeitos com quem conviveu durante os anos no exterior. A inspeção poderia levar horas, o que é desgastante quando se viaja com uma criança pequena e uma mulher nos últimos meses da gravidez. Melhor só guardar as anotações indispensáveis e se livrar do resto.

Apesar de tudo, é uma decisão surpreendente. O irmão de Anna Grigórievna se encontra em Dresden, onde se prepara para o casamento com a noiva alemã. O mesmo vale para a mãe deste, que aguarda o matrimônio do filho. Dostoiévski poderia ter entregue os manuscritos a eles, para que enviassem aos poucos por correio ou colocassem em suas malas, que provavelmente não seriam revistadas. Como não estariam viajando com uma criança, o atraso ocasionado pela verificação de alguns manuscritos só teria sido, na pior das hipóteses, um contratempo desagradável. Isso sem falar nos demais amigos russos em Dresden, a quem Dostoiévski poderia pedir esse favor.

Por sinal, é essa a atitude de Anna Grigórievna, que esconde alguns diários para a mãe levar para a Rússia.

Então por que Dostoiévski, que guardava esse material de cidade em cidade, agora faz questão de eliminar os manuscritos de *O idiota*, de *O eterno marido* e, sobretudo, das duas primeiras partes de *Os demônios*, sabendo que assim está destruindo a única versão original de um texto que os editores, com o seu aval, às vezes tinham alterado, se afastando do original? Teria o próprio Dostoiévski censurado seus textos enviando versões podadas para publicação? Temeria ser prejudicado por algumas passagens dos manuscritos, caso descobertas na fronteira? Seria possível desconfiar que ele, a bem da verdade, tivesse dado voz a alguns personagens com opiniões perigosas demais, com comportamentos demasiado polêmicos? Haveria nesses manuscritos páginas que a própria Anna Grigórievna ignorava, na medida em que, em suas *Memórias*, ela nunca fez alusão a esses fragmentos que a polícia do tsar poderia considerar sediciosos?

Em 3 de julho de 1871, Dostoiévski acende o fogo na lareira do apartamento e queima os manuscritos de seus romances, muitas anotações e rascunhos, algumas cartas. Na noite de 5 de julho, tomam o trem que deve levá-los a São Petersburgo ao final de uma viagem de 68 horas.

Na alfândega, os funcionários russos colocam Dostoiévski, Anna Grigórievna e sua filhinha de menos de dois anos em uma sala e, tão logo retiram das malas tudo que se parece com manuscritos, passam um pente-fino nesses documentos. Esse procedimento dura um longo período. Os Dostoiévski correm o risco de perder o trem, que não pode esperá-los para sempre. Como ficam nervosos, recebem a resposta de que a polícia está cumprindo o seu dever. Por sorte, Liubov está com fome. Ela começa a chorar e os gritos são tão insuportáveis que, exasperados, os funcionários devolvem a Dostoiévski todos os manuscritos, mesmo os que não tiveram tempo de ler, e informam que, já que não encontraram nada de subversivo, ele está autorizado a atravessar a fronteira russa.

Em 8 de julho de 1871, Dostoiévski retorna a São Petersburgo, pondo fim a uma ausência de quatro anos e três meses.

Um estudo histórico para explicar fenômenos monstruosos

Dostoiévski é agora um escritor reconhecido, considerado um dos melhores de sua geração. Muitos de seus amigos comemoram a possibilidade de ter outra vez sua companhia e, segundo as *Memórias* de Anna Grigórievna, acham que Dostoiévski mudou para melhor: está mais aberto, menos irritado, mais calmo.

Em 16 de julho de 1871, Anna Grigórievna dá à luz um menino que recebe o nome do pai, Fiódor. A família busca um lugar para morar, o que gera alguns aborrecimentos. Pelo lado da viúva do irmão Mikhail, a situação corre bem, pois seus filhos agora têm condições de ganhar a vida e sustentar a mãe, liberando Dostoiévski dessa responsabilidade. Em contrapartida, Pável Issáiev, o Pacha, filho da primeira esposa de Dostoiévski, que não dura um dia em um emprego, ainda espera viver às custas do escritor. Gostaria que Dostoiévski alugasse um apartamento grande, onde ele também pudesse ficar com a esposa, com quem se casara em abril. Anna Grigórievna recusa essa possibilidade de maneira categórica. Dostoiévski se vê no centro de uma discussão dolorosa, obrigado a prometer ao rapaz que continuará dando uma ajuda financeira, contanto que o deixe em paz. Por sinal, sob o pretexto de que não estava recebendo há tempo o dinheiro enviado por Dostoiévski do exterior, Pacha vendera metade da biblioteca que o padrasto lhe confiara. As roupas de inverno penhoradas também estão perdidas: uma amiga, que recebia com regularidade o valor a quitar para que não fossem colocadas à venda, se esqueceu de fazê-lo. Algumas das porcelanas que Anna Grigórievna herdara do pai foram quebradas por conta da negligência das pessoas do depósito. Outro depositário faleceu e sua irmã, que se mudou para o interior, levou tudo, ignorando que alguns objetos não lhe pertenciam. Há também surpresas agradáveis: ao reaver pertences que pessoas de bem se dispuseram a guardar durante a ausência do casal, Anna Grigórievna encontra um velho cesto de vime contendo rascunhos de *Crime e castigo* e de diversos artigos, bem como inúmeras cartas que seu marido havia guardado.

Dostoiévski decide abrir mão de apartamentos mobiliados e aluga, por fim, um imóvel de quatro peças no número 15 da Rua Serpukhovskaia. Há um gabinete com cama para Dostoiévski, uma sala de jantar, uma sala de estar e um quarto grande para Anna Grigórievna e as crianças. Eles compram a crédito móveis "grosseiros" e de péssima qualidade, mas que lhes dão a sensação de enfim ter um "lar".

Toda essa movimentação acabou impedindo Dostoiévski de produzir. A edição de setembro do *Mensageiro russo* é lançada sem os capítulos esperados de *Os demônios*. Os capítulos três, quatro e cinco da segunda parte são publicados em outubro; o seis, em novembro; o sete e o oito, em dezembro. Esses capítulos falam sobre uma sociedade secreta, uma conspiração, o assassinato de Ivan Chátov – o suposto traidor –, sobre Aleksei Kiríllov, cujo suicídio consentido deve servir "à causa"... Os conspiradores, cujo principal objetivo é destruir a ordem estabelecida, querem "provocar um caos tão grande que tudo será virado de cabeça para baixo!". Como os contemporâneos de Dostoiévski não veriam uma crônica da atualidade nesse romance, que o *Mensageiro russo* publica no exato momento em que ocorre, sem a presença de Nietcháiev, o julgamento dos assassinos do estudante Ivanov? De fato, esse romance complexo e denso levanta perguntas simples que preocupam a todos que se deparam com uma violência social e política inquietante e se preocupam com o futuro de seu país, que de repente parece sombrio. Como não ficariam com a sensação de que o autor, por intermédio da literatura, polemizava com essas pessoas cultas e simpáticas encontradas por aí e que às vezes se tornam amigas, sem que ninguém desconfie de que, por trás daquela aparência agradável, escondem-se criminosos, loucos perigosos, capazes das piores infâmias?

Porém, até que ponto se pode ir na denúncia de tais torpezas?

Mikhail Kátkov, o redator-chefe do *Mensageiro russo*, se recusa categoricamente a publicar o capítulo que Dostoiévski envia em meados de dezembro. Trata-se daquele em que Nikolai Stavróguin faz com que o superior do Mosteiro da Virgem de Spaso-Efim leia sua "confissão". Stavróguin conta como, depois de estuprar, levou uma menina a se enforcar. Aliás, talvez a tenha assassinado com as próprias mãos, o que não diminui a alegria que sentiu pela realização do crime.

Como fizera no episódio em que o mesmo Mikhail Kátkov havia achado inaceitável um capítulo de *Crime e castigo*, Dostoiévski vai a Moscou para defender pessoalmente seu texto. As páginas que Kátkov deseja suprimir lhe parecem essenciais para a ideia do romance. Falam de contrição, o que supõe um crime. Para que o arrependimento tenha repercussão, é necessário que o delito seja incomum. Além disso, "A confissão de Stavróguin" é o depoimento de uma mudança: o culpado entende que apenas a fé traz uma solução para suas angústias, que a razão não pode dissipar, pelo contrário; como as verdades científicas não são morais, aqueles que se fiam nelas se colocam fora do bem e do mal. Ora, o homem é de tal maneira que não pode viver sem essa referência, da qual sua consciência tem necessidade absoluta. Para o autor de *Os demônios*, este capítulo, em que o criminoso se confessa com esperança de encontrar refúgio no amor de Cristo, é a pedra angular de sua construção romanesca. Talvez não tenha razão, pois o romance seguiu seu curso sem essas poucas dezenas de páginas – que, reconstituídas com base em provas incompletas de uma segunda versão e em uma cópia, também parcial, de Anna Grigórievna, foram publicadas apenas cinquenta anos depois, em 1923, sob o título de "A confissão de Stavróguin".

Dostoiévski teria outras razões para defender esse capítulo chocante?

Que credibilidade pode se dar às acusações de seu amigo Nikolai Strákhov, que em uma carta de 1883 a Tolstói, publicada trinta anos depois, descreve um Dostoiévski brutal e cruel? Vindas de um amigo muito próximo, essas palavras são perturbadoras. Nessa mesma carta, Strákhov se lembra do prazer que Dostoiévski sentia ao ler para os amigos "A confissão de Stavróguin". Vai mais longe ainda: "Viskovatov me contou um dia que Dostoiévski até se vangloriou uma vez, em um balneário, de ter... uma menina que sua governanta lhe trouxera". Strákhov alega que, no fundo, "todos os romances de Dostoiévski são *justificativas pessoais*"[1] e que a escrita lhe serve como arrependimento, do mesmo modo como Stavróguin deita no papel a narração de seus crimes.

Sem poder fazer um julgamento prévio dos fantasmas que Dostoiévski poderia ter alimentado, nenhum outro depoimento vem corroborar as acusações bem concretas de Strákhov.

Em Moscou, diante de Mikhail Kátkov e Nikolai Liubimov, Dostoiévski explica demoradamente a razão de ser deste capítulo. Também observa que, como se trata de um texto que Stavróguin envia a seu confessor, as infâmias em questão talvez não passem, no fim das contas, do produto da sua imaginação perturbada. Como último recurso, propõe reescrever o capítulo, algo que faz. Stavróguin não confia mais a Tíkhon a "confissão" integral e deixa pairar uma dúvida quanto à realidade dos fatos relatados, mas a cena ainda fala do estupro de uma menina, e o tom continua violento e sarcástico. Tempo jogado fora. Temendo uma reação hostil por parte dos leitores, que poderiam ficar chocados pelo assassinato de uma criança e pela maneira desenvolta com que o assassino relata o crime, temendo também uma censura muito atenta aos fatos religiosos e que não podia aceitar a ideia de que o caminho para Cristo passasse pelo crime, a direção da revista rejeita todas as variantes.

O *Mensageiro russo* não publicará "A confissão de Stavróguin", tenha a forma que tiver.

Além do mais, da mesma maneira que fizeram nos tempos da publicação de *Crime e castigo*, Kátkov e Liubimov tiram o livro-caixa. Recebendo 150 rublos por folha de tipografia, em uma época em que Turguêniev e Tolstói recebem quinhentos, Dostoiévski deve ao *Mensageiro russo* 1.300 rublos, e está fora de cogitação deduzir desse montante a quantia pedida pelo capítulo que a revista se recusou a publicar. Pior ainda: preocupados com o rumo que Dostoiévski poderia dar ao romance, Kátkov e Liubimov querem ver a totalidade do texto antes de continuar a publicação – e de conceder eventualmente outros adiantamentos para o autor.

Como o dinheiro move o mundo, Dostoiévski, que não tem recursos, deve se curvar às ordens de quem paga. Desamparado, não sabe mais como conduzir sua narrativa para, ainda assim, passar adiante a mensagem que sente que deve ao povo russo e à humanidade inteira. Precisará de algum tempo para recobrar o fôlego: o fim de *Os demônios* será publicado pelo *Mensageiro russo* somente um ano depois, nos números 11 e 12 de 1872.

Para melhorar a situação, Anna Grigórievna queria retomar a atividade de estenodatilógrafa. Dostoiévski não vê inconveniente mas, quando a esposa encontra trabalho, faz cenas de ciúme tão gratuitas e violentas, às vezes em público, batendo com o punho na mesa e fechando portas, que ela acha mais prudente desistir da ideia.

Felizmente para as finanças, que continuam no vermelho, Dostoiévski é apresentado por seu amigo Apolon Máikov ao príncipe Vladímir Pietróvitch Mechtchérski, escritor nas horas vagas. Este tem contatos na Corte e garante que o herdeiro da coroa, Aleksandr Aleksándrovitch Románov, futuro Alexandre III, poderia dar seu aval a um pedido de ajuda por parte de um autor de quem ouve falar muito bem. Ainda que não permita saldar suas dívidas, o montante enviado pelo tsarévitche, de acordo com Dostoiévski, "não é insignificante". O escritor agradece em palavras talvez mais obsequiosas do que o necessário:

> Gostaria mais uma vez de me dirigir à Vossa Majestade, ainda que, ao mesmo tempo, quase hesite em expressar meus sentimentos: para quem dá com um coração magnânimo, o reconhecimento mais direto expresso pelo devedor, mesmo que o mais sincero, é quase sempre um pouco penoso. Meus sentimentos estão divididos: tenho vergonha pela ousadia passada e, ao mesmo tempo, fascínio pela valiosa atenção dada por Vossa Majestade ao meu pedido. Para mim, essa atenção é mais cara do que tudo, mais cara até do que a ajuda que Vossa Majestade concedeu, salvando-me de um grande desastre. Com um sentimento de ilimitada devoção, gostaria de continuar sendo o mais humilde súdito de Vossa Majestade imperial.[2]

A benevolência do herdeiro do trono não passa despercebida, desencadeando outras iniciativas venturosas. A princesa Oboliénskaia, filha de um ministro, quer adaptar para o teatro imperial *Crime e castigo*, sem temer a Comissão de Censura que, em 1867, indeferira o pedido do ator Nílski e seu amigo A.S. Uchakof. Dostoiévski fica honrado e incentiva esse projeto, que não dará certo, embora também demonstre dúvidas, como escreve:

> Trata-se de um mistério da arte, que deseja que a forma épica nunca encontre correspondência na forma dramática. Acredito inclusive que exista, para as diferentes formas de arte, uma série de pensamentos poéticos que correspondam a elas, de modo que um pensamento não pode ser expresso em outra forma, imprópria para ele.[3]

A pedido de Pável Mikháilovitch Tretiakov, que deseja ter em sua galeria de arte russa os retratos das personalidades mais eminentes feitos pelos pintores mais célebres, Dostoiévski posa em maio para Vassíli Grigórievitch Perov, vindo especialmente de Moscou. Eles se reencontrarão em outubro, no ateliê do pintor. Antes de dar início ao trabalho, Perov, que no ano anterior fizera um retrato notável do dramaturgo Aleksandr Ostróvski, começa tendo uma longa conversa com Dostoiévski. Durante uma semana, ele aparece em diferentes momentos do dia para ouvir seu modelo, fazer perguntas, estudá-lo, realizar esboços.

Com a proximidade do verão, a família busca uma casa de veraneio.

Dostoiévski encontra uma em Stáraia Russa, um pequeno balneário apreciado pelos moradores de São Petersburgo. O local é pitoresco, o clima, agradável, e os banhos de água salgada, que fazem a fama do lugar, benéficos para a saúde. Não é fácil chegar ao vilarejo. Os veranistas tomam um trem até Tchudovo, depois embarcam em um navio que desce o rio Volkhov até Nóvgorod. Outro barco de fundo chato atravessa as águas rasas do lago Ilmen e sobe o rio Pola até Vzvad. Ainda faltam por volta de vinte quilômetros, que devem ser percorridos por diligência.

O primeiro barco chega a Nóvgorod durante a noite. Os passageiros embarcam em outro, que parte apenas na manhã seguinte. Depois de colocar as crianças para dormir, Dostoiévski e Anna Grigórievna permanecem no convés, felizes. A poucas dezenas de metros do cais, estranhas sob a iluminação das primeiras noites brancas, despontam as muralhas de tijolo à vista, minuciosamente ameadas, do Kremlin de Nóvgorod, escondidas aqui e ali por árvores que apenas começam a verdejar. Atrás do campanário de cinco arcadas abertas, encimadas por uma pequena torre que termina em um bulbo, surge a silhueta branca da Catedral da Sabedoria Divina, com suas inúmeras cúpulas bizantinas. Ao nascer do sol, os sinos badalam as laudes.

Em Stáraia Russa, o padre Ivan Ivánovitch Rumiántsev, o anfitrião, aguarda seus hóspedes na rua. Está tão feliz em recebê-los! Vai se tornar um devotado amigo da família. Instala os Dostoiévski em uma grande casa de madeira, espaçosa, com pátio e um imenso jardim.

Dostoiévski e Anna Grigórievna estão contentes.

Não por muito tempo. Tão logo chegam, os pais constatam que, passado o inchaço, a mão da pequena Liubov, que os médicos tinham tratado como uma simples luxação em decorrência de um tombo, apresenta uma deformação preocupante. O médico do balneário e um cirurgião militar chamado para auxiliar são categóricos: era uma fratura e, como foi mal tratada, os ossos calcificaram de maneira torta. A criança corre o risco de ficar com a mão deformada. Depois de encontrarem uma aia e confiarem seu Fédia – que tem apenas dez meses – aos cuidados da família Rumiántsev, Dostoiévski e Anna Grigórievna voltam para São Petersburgo com Liubov, que deve passar por uma intervenção cirúrgica. Estão bem preocupados: ouviram que a operação é dolorosa, mas que seria uma imprudência anestesiar uma criança. Essa não é a opinião do dr. Bratch, amigo de Dostoiévski e clínico renomado, que decide anestesiar a criança com clorofórmio. Não quer os pais na sala de cirurgia: Anna Grigórievna desmaiaria, Dostoiévski poderia ter uma crise. Os dois são convidados a esperar em uma sala adjacente. Eles se ajoelham e rezam.

A operação transcorre bem.

Anna Grigórievna permanece com Liubov em São Petersburgo, pois o cirurgião quer monitorar a mão da pequena paciente. Dostoiévski retorna sozinho para Stáraia Russa, onde "Fédia está bem, faz muita caca, é de uma alegria contagiante, arranca os chapéus e ri".[4] O que não basta para dissipar os acessos de mau humor de seu pai. Acostumado a ditar à esposa os rascunhos da noite, não consegue trabalhar em seu romance, cuja publicação o *Mensageiro russo* interrompera desde o inverno. "Escrever é bom quando flui, só que aqui está avançando de maneira penosa. Além disso, não estou com nenhuma disposição para escrever"[5], confessa Dostoiévski, que também não tem nada para ler. Convidado para saraus na casa de pessoas – em geral desconhecidos – que não quer ofender, ele se censura por desperdiçar seu tempo em reuniões mundanas em que se pratica "um francês dos mais imundos". De repente, a cidade também se torna desagradável para ele, "uma abominação". Só existem alguns cafés, pouquíssimos salões de chá onde é possível pedir doces. O parque municipal é lamentável. "Sem Fédia talvez eu já tivesse perdido a razão", escreve Dostoiévski a Anna Grigórievna, para dar a entender que ela deve se apressar.

Como a mão de Liubov está curada, Anna Grigórievna pode voltar a Stáraia Russa.

Embora a esposa tenha retornado, essas férias estavam definitivamente condenadas. Anna recebe a notícia da morte da irmã, que falecera em Roma havia algumas semanas por conta do tifo. Sofre muito com a perda. Antes que tenha tempo de superar, é vítima de uma forma grave de angina. A febre a esgota, a inflamação da garganta a impede de falar. O médico receia que, muito debilitado, o coração não resista. Dostoiévski fica desesperado. Anna Grigórievna entende, a partir das crises de choro do marido, que sua situação é crítica, pensa que sua hora está chegando:

> Ficava muito triste diante da ideia de morrer e abandonar meu marido e meus pobres filhos, a quem eu amava tanto e cujo futuro parecia tão incerto. O que poderiam esperar sem a mãe, com um pai doente e sem recursos? [...] Também lastimava por meu querido marido. Quem o amaria, cuidaria dele, dividiria seu trabalho e suas preocupações?[6]

Anna Grigórievna pede papel e redige suas últimas vontades.

Ela não morre e, em 29 de agosto, data de seu aniversário, Dostoiévski lhe dá de presente brincos de ouro com pérolas.

Mais ou menos no final de setembro a família regressa a São Petersburgo. Insatisfeito com o que escrevera no verão, Dostoiévski refaz mais uma vez os cinco primeiros capítulos da terceira parte de *Os demônios*, sem saber se o *Mensageiro russo* deseja continuar publicando um romance que pode trazer problemas – o que Dostoiévski gostaria de evitar, na esperança de ainda conseguir algum dinheiro. Como pretende negociar diretamente com Kátkov, no início de outubro se desloca a Moscou. Kátkov está na Crimeia, onde pretende ficar até o final do mês, e Dostoiévski é recebido de maneira cordial por Nikolai Liubimov, que apesar disso deseja uma versão definitiva do final do romance antes de continuar sua publicação. Dostoiévski não tem uma. Seja como for, espera conseguir uma posição com os capítulos já enviados, que mostram que o autor retomou o fio da meada rompido após a recusa da redação em publicar "A confissão de Stavróguin". Já que Liubimov não leu os capítulos enviados, Dostoiévski aproveita para levá-los e reescrevê-los, para que nada possa ofender a censura nem os leitores do *Mensageiro russo*. Sem Anna Grigórievna, esse exercício leva tempo. Ainda assim, visita diversas vezes o ateliê de Perov para posar. Em contrapartida, perde o encontro com o advogado encarregado de liquidar a complicada herança de sua tia Kumánina, que acaba de falecer.

Dostoiévski trabalha pressionado, tem muitas preocupações, se agita demais, e o que tinha que acontecer acontece: na noite de 10 para 11 de outubro, sofre uma crise de epilepsia aguda e é obrigado a ficar de cama por vários dias. No entanto, valeu a pena: o *Mensageiro russo* enfim publica, depois de longa interrupção, os primeiros capítulos da terceira e última parte de *Os demônios*, cujo final sai em dezembro. O romance é lançado em livro em janeiro, em uma edição... do autor.

Já há um tempo, Anna Grigórievna, que não desistira da ideia de fazer um trabalho útil e enriquecedor, corre atrás de tipógrafos e livreiros para recolher informações sobre o preço dos livros, o custo da tipografia, a comissão das livrarias, as margens de lucro de uns e de outros. A despeito daqueles que não recomendam lançar-se em um ramo sobre o qual não conhece nada e que poderia levá-la a perder dinheiro, ela decide publicar *Os demônios* por conta própria e obtém uma licença comercial em nome do marido – logo ridicularizado pelas más línguas, que o acusam de ser um sovina. Anna compra o melhor papel direto do fabricante, que lhe faz um desconto, e negocia a crédito com o tipógrafo. Ela dá um jeito para a encadernação e faz pessoalmente as correções. Assim que os primeiros exemplares são entregues, em 20 de janeiro de 1873, ela faz um anúncio nos jornais e, no dia seguinte, espera sem arredar pé pelos livreiros. Eles chegam. Ela define o preço do livro a três rublos e meio, quer receber no ato e apenas concede uma margem de vinte por cento. Os livreiros fazem cara feia mas, antes do meio-dia, hora em que, terminadas as "duas xícaras de café bem quente", Dostoiévski enfim desperta, ela já vendeu 150 exemplares. Está satisfeita: "Menos pelo dinheiro do que por ter encontrado uma ocupação fascinante: editar os livros de meu querido marido".[7] Dostoiévski também fica satisfeito de saber, da boca dos próprios livreiros, que os leitores que não eram assinantes do *Mensageiro russo*, ou que por uma razão ou outra não tinham todos os fascículos, estavam ansiosos pelo livro. Anna Grigórievna, que fala sobre o episódio em suas *Memórias*, não perde a oportunidade para acertar algumas velhas contas:

> Fiódor Mikháilovitch levava muito em conta a opinião de seus leitores, que o incentivavam o tempo todo com demonstrações de simpatia e de interesse por seus livros. Já os críticos (com exceção de Bielínski, Dobroliúbov e Burenin) fizeram pouquíssimo para apoiar seu talento.[8]

No final do ano, os 3.500 exemplares da primeira edição de *Os demônios* foram vendidos, gerando para o autor-editor um lucro de quatro mil rublos – que não cobrem, longe disso, as dívidas acumuladas ao longo dos anos.

Um dos primeiros exemplares é enviado à Corte.

Ao saber por Konstantin Pietróvitch Pobedonóstsev, amigo do herdeiro ao trono, que este demonstra interesse pelo livro e gostaria de ter um exemplar, Dostoiévski envia um junto com uma carta de duas páginas destinada a lhe "apresentar" a obra:

> Trata-se de algum modo de um estudo histórico pelo qual procurei explicar a possibilidade, em nossa surpreendente sociedade, de fenômenos tão monstruosos como o crime de Nietcháiev. Meu ponto de vista é que semelhantes fenômenos não são um acaso, não são únicos e por isso não há, no meu romance, nem acontecimentos nem personagens pintados de acordo com a realidade. Esses fenômenos são a consequência direta da ruptura secular de toda a sociedade russa esclarecida com os princípios naturais e originais da vida russa. [...] Vejo com satisfação e orgulho a hipótese de que talvez Vossa Majestade, herdeiro de um dos destinos mais elevados e mais pesados do mundo, o futuro guia e senhor da Terra russa, queira dedicar um pouco de Vossa atenção à minha tentativa – fraca, bem sei, mas consciente – de representar, sob uma forma artística, uma das feridas mais perigosas de

> nossa civilização contemporânea, civilização estranha, sem nada de natural nem de original e que, no entanto, conduz até hoje a vida russa.[9]

Tudo leva a crer que o herdeiro do trono viu com simpatia a carta de alguém tão devotado a seu país, a seu tsar e à ortodoxia.

Isso não impede ataques virulentos de toda parte, sem que ninguém questione os méritos e o talento do autor. Por um lado, os "progressistas" o acusam de dar a entender que os revolucionários são "idiotas e maníacos". Dostoiévski responde que nunca os considerou dessa maneira, recriminando-os apenas por um erro de julgamento que, de resto, ele próprio cometera na juventude:

> O horror reside no fato de que se possa, entre nós, cometer o ato mais infame, o mais ignóbil, sem ser necessariamente um celerado. [...] De que se possa não considerar a si mesmo como um celerado, e às vezes até não ser um de fato, embora se cometa uma perversidade clara e inegável – essa é a nossa desgraça contemporânea.[10]

Erro de julgamento de que se dera conta e se livrara por meio do "contato direto com o povo", graças à "união fraterna com o povo em uma infelicidade comum, ao sentimento de ter se tornado semelhante a ele, de ter se igualado a ele e até de ter se reduzido a seu último grau de decadência".[11]

Por outro lado, os "conservadores" ficam chocados por suas "fantasmagorias desvairadas e mórbidas".

Humoristas metem a colher no assunto e a caricatura de Dostoiévski aparece nos jornais, um sinal de sua popularidade. Na *Centelha*, Dmítri Dmítrievitch Mináiev se diverte imaginando o escritor em uma festa em sua homenagem, na qual todos os hóspedes se fantasiam de demônios e são obrigados, no final da cerimônia, a cometer suicídio, se porventura ainda não tiverem perdido a razão. Na *Gazeta de Petersburgo*, Nikolai Aleksándrovitch Lékin, que fará fortuna com suas publicações satíricas, assina um folhetim repleto de ironia, *A caça aos niilistas e às meninas de cabelo curto*, drama em três atos com balé e fogos de bengala, no qual um dos personagens é Nikolai Leskov, o boi-almiscarado, e outro o Idiota, filho do precedente, modo depreciativo e transparente de designar Dostoiévski.

Uma amizade de trinta anos

Convencido desde sempre de que é um gênio – o que não exclui as inseguranças, que se habituou a afastar por meio de higiene mental a fim de suportar melhor as terríveis provações que deve enfrentar e que lhe parecem o preço a pagar por sua excepcionalidade –, como Dostoiévski não ficaria tentado a achar que tem algo a dizer sobre absolutamente tudo? E a achar também que as pessoas querem sua opinião sobre os temas da atualidade e, de modo mais geral, sobre tudo o que se passa em sua cabeça?

Talvez não esteja enganado: ao saber que Dostoiévski se juntou aos colunistas do *Cidadão*, Vsiévolod Serguéievitch Soloviov, irmão de Vladímir, o famoso filósofo, corre para fazer sua assinatura. Provavelmente não seja caso isolado. Sem desanimar pelo fracasso comercial de *O eterno marido*, cujo editor vendeu apenas duzentos exemplares, Dostoiévski planeja publicar com regularidade suas anotações diárias, ainda mais fáceis de compilar por se tratar de reflexões lançadas no papel em desordem, assim que lhe ocorrem, sem preocupação com estilo nem com qualquer arquitetura lógica destinada a convencer. No entanto, nesse início de 1873, sua situação financeira, embora muito melhor do que a do passado, ainda não lhe permite embarcar em um projeto dessa envergadura.

De resto, por enquanto, nem vai precisar. Homem influente e bem relacionado, que dizem ter aumentado consideravelmente seu patrimônio por meio de acordos financeiros nem sempre irretocáveis, o príncipe Vladímir Mechtchérski decidiu investir uma quantia considerável em um periódico que seria a ponta de lança da luta conservadora. Ele confia o cargo de redator-chefe a Dostoiévski, que tem a possibilidade de publicar seu *Diário* nas páginas do *Cidadão* e se cerca de alguns bons amigos, como Apolon Máikov e Nikolai Strákhov. Reúne também alguns colaboradores regulares, personalidades de menor expressão, mas que têm peso no meio literário de São Petersburgo e de quem se pode falar, no mínimo, que não são "progressistas".

Dostoiévski tem de novo uma revista nas mãos e está satisfeito. O trabalho na redação é pesado, mas repleto de satisfações para um homem como ele, que tem uma mensagem a passar, que se acredita imbuído de uma missão, que precisa de um instrumento para pregar, se não todos os dias, ao menos todas as semanas, a seu rebanho. Em seu primeiro editorial, Dostoiévski explica o projeto da revista: falar aos cidadãos, falar sobre o que os preocupa e em uma linguagem acessível. A respeito do *Diário*, que será sua coluna permanente, ele é vago: "Minha posição é o que existe de mais indeterminado. Mas vou falar com meus botões e, para meu próprio prazer, por meio desse *Diário*, e então, palavra de honra, vamos ver o que vai sair. Falar sobre o quê? Sobre tudo o que mexer comigo ou suscitar minha reflexão".[1]

Dostoiévski honra a promessa. Seu *Diário* no *Cidadão* é um verdadeiro guarda-tudo. A coluna, na qual com frequência se encontram observações justas e eventualmente ideias surpreendentes, aborda tudo, sem ordem, ao sabor de pensamentos muitas vezes duvidosos ou de uma banalidade assustadora, que o autor considera interessantes apenas porque são seus. Dostoiévski fala ao mesmo tempo da cerimônia imperial chinesa e dos mujiques que batem nas esposas, de Bielínski e de Herzen, do fato de que com a ciência e a razão não se fazem sociedades, e sim formigueiros, do duelo do leão e do porco... Quando não tem contas para acertar com os "progressistas" nem revides a responder a ataques de que foi alvo em um momento ou outro; quando não tem lições a dar para anunciar que a vocação do povo russo é "preservar em si a imagem divina do Cristo em toda a sua pureza, para revelá-la ao mundo que está desencaminhado"; quando não faz absoluta questão de informar que o objetivo da arte é "extrair o ideal da realidade"[2], Dostoiévski aproveita para fazer um pouco de literatura, nem sempre da melhor qualidade: *Bobók*, uma narrativa estranha em que mortos tagarelam em um cemitério, não é uma obra-prima e é difícil encontrar o dedo do romancista.

O discurso do *Diário* é aquele – banal, pletórico e inflamado, com argumentos nem sempre convincentes – de seus personagens, que de vez em quando dizem e desdizem uma coisa, quando não se plagiam entre si para dizer a mesma coisa, porta-vozes, sob identidades diferentes, do autor escondido por detrás e que, ali, passa a sensação de ser um deles, o herói de um romance em que falta apenas a trama para se parecer com suas obras.

O trabalho de um redator-chefe de uma revista semanal também traz dificuldades. Dostoiévski recebe inúmeros manuscritos, faz a triagem e as escolhas, exige modificações. Os autores descontentes enviam cartas ultrajantes. Dostoiévski responde no mesmo tom a pessoas que, apesar de tudo, não tem intenção de ofender. Anna Grigórievna passa a peneira e esquece de remeter algumas missivas, sabendo que as explosões do marido são passageiras e que ele pode se arrepender de palavras violentas demais escritas em um momento de fúria. Anna Grigórievna não pode exercer a mediação quando os autores vão pessoalmente até a redação, localizada no número 77 da Névski Prospekt, onde Dostoiévski recebe de segunda a sexta, das duas às quatro da tarde. Ela constata com amargura que a função de redator-chefe no *Cidadão* rendeu ao marido muitos inimigos. Sem falar daqueles que não o perdoam por trabalhar em uma revista "reacionária".

Na época jovem revisora na tipografia que imprime o *Cidadão* e grande admiradora do escritor, Várvara Vassílievna Timoféieva registra em suas *Memórias* seu primeiro encontro com o ídolo. Ela vê aparecer um homem mal-humorado, "de rosto lívido e lábios esmaecidos". Ele tem "um olhar fixo, pesado e ostensivamente hostil". "Quem é?", pergunta ela. "Dostoiévski, um traste!", responde seu chefe, expressando a opinião de toda essa juventude progressista, à qual Várvara Timoféieva também pertence. Ela explica:

> Nos círculos literários liberais em que a juventude participava e eu tinha amigos [...] ele era chamado de maneira irreverente de "o herético" ou, de modo mais delicado, de "o místico", "o anormal", o que naquele tempo tinha o mesmo sentido. Era a época da publicação de *Os demônios*, obra que nos parecia uma caricatura monstruosa, um pesadelo de êxtases místicos e de psicopatia... E o fato de que seu autor assumiu a direção do *Cidadão* atraiu contra si muitos de seus antigos leitores e amigos.[3]

Sua relação ambígua com o homem a quem revela suas ambições literárias e cuja afeição lhe parece sincera, apesar das discussões ideológicas, não impede Várvara Timoféieva de perceber o comportamento irritante do redator-chefe. O tom autoritário e arrogante, as observações cáusticas e secas, os ataques de fúria injustificados provocam tensões que ele nunca se dá ao trabalho de perceber e remediar. Desconfiado, Dostoiévski suspeita de maquinações sujas por trás de cada erro tipográfico e critica aqueles a quem ordena, de resto, não tocar em seu texto, mesmo que seja apenas para colocar ou retirar uma vírgula, nem a corrigi-lo. Além disso, não aceita nem respeita a opinião dos outros:

> Ou você renuncia a tudo por seu Deus e pensa exatamente como ele, ou você é um inimigo, um estranho! E então os

olhos perversos, o sorriso zombeteiro, a voz exasperada, as palavras glaciais, zombeteiras...[4]

Várvara Timoféieva escolhe ser convencida e passa de corpo e alma para o lado do Cristo, o lado da fé pregada por Dostoiévski, que é também a de sua mãe. Graças a Dostoiévski, ela tem a sensação de ter podido "voltar para casa".

O desconhecimento da lei vale ao redator-chefe do *Cidadão* uma condenação oficial. Em um de seus artigos, o próprio Vladímir Mechtchérski citara fragmentos de um discurso do tsar, que a revista imprimira sem pedir autorização da Corte, o que constitui um delito. Presente no julgamento no Tribunal Estadual de São Petersburgo, Dostoiévski é condenado a uma multa de 25 rublos e a dois dias de prisão. Durante os trâmites da execução, conhece o promotor Anatoli Fiódorovitch Kóni, homem de mente aberta, amigo dos escritores e sempre disposto a intervir a favor deles junto às autoridades. Dostoiévski cumpre sua pena em 21 e 22 de março do ano seguinte, em uma cela do posto da guarda da praça Sennaia. Aproveita para reler *Os miseráveis*.

O príncipe Mechtchérski pede a seu funcionário para ser "magnânimo" e não culpá-lo por esses dois dias desperdiçados. Ainda assim, as relações entre os dois homens se deterioram: Mechtchérski não fornece mais o dinheiro de que a revista precisa para pagar a tipografia e os colaboradores. Dostoiévski, que também é responsável pela contabilidade, deve enfrentar os credores descontentes e chega até a penhorar seu relógio por oitenta rublos, a fim de pagar as contas do *Cidadão*.

Para piorar, suas obrigações de redator-chefe o impedem de acompanhar a família a Stáraia Russa. Escreve a um amigo:

> Às vezes acho que cometi uma grande loucura ao me ligar ao *Cidadão*. Por exemplo: não posso viver sem minha esposa e

sem meus filhos. No verão, eles precisam ir para o campo por questões de saúde, e o mais longe possível de São Petersburgo. No entanto, eu preciso ficar perto do *Cidadão*. Logo, me separar da minha família. Algo perfeitamente insuportável.[5]

Em Stáraia Russa, os Dostoiévski desta vez alugam a casa do sr. Gribbe, uma *datcha* de madeira, construída no estilo das casas alemãs do Báltico. Fica localizada nos limites da cidade, à beira de um riozinho, o Pererititsa, que corre mansamente entre olmeiros velhos. Embora pequenos e com o pé-direito baixo, os quartos são bem iluminados, e no primeiro andar a sala se estende até uma varanda fechada por uma vidraça, com vidros coloridos em formato de losango, que encantam Liubov. A mobília de mogno à moda antiga, os grandes espelhos esverdeados, o papel de parede desbotado e as gravuras penduradas nas paredes conferem ao conjunto um ar patriarcal. Os armários embutidos e os alçapões que escondem as escadas fazem a festa das crianças, assim como o bilhar, cujo barulho das bolas de vidro que soam "como guizos" elas adoram. Bastante grande, o pátio é pavimentado: Dostoiévski pode fazer ali suas caminhadas em dias chuvosos, quando as ruas do lugarejo se transformam em rios de lama. No final do pátio fica uma pequena cabana equipada para a "sauna russa", que Dostoiévski usava com frequência, por não gostar da banheira. Atrás, há um jardim e uma horta. Afastada o suficiente das demais casas, a *datcha* parece menos ameaçada pelos incêndios, tão temidos por Anna Grigórievna. Sempre que acontece um incêndio na cidade, ela acorda todo mundo e começa a juntar, em lençóis estendidos no chão, os objetos que precisam salvar em caso de perigo. Dostoiévski acha essas precauções inúteis, mas cede, contanto que, assim que a calmaria volte, os pertences sejam colocados exatamente no mesmo lugar.

Durante o verão, aproveitando a ausência de Mechtchérski, Dostoiévski muda a rotina da redação: eles se reúnem na quinta, a composição ocorre na sexta e no sábado, e a impressão no domingo de manhã. Na segunda, Dostoiévski pode deixar São Petersburgo para ir a Stáraia Russa, de onde retorna na quarta. Fica feliz de passar dois dias da semana com a família, mas a viagem é longa e cansativa, e a escapada, curta demais, nem sequer serve para o descanso. Na volta, retoma um trabalho extenuante para a saúde e para os nervos. Além disso, cabe acrescentar as viagens a Moscou, para reuniões com o advogado encarregado de cuidar da herança da tia Kumánina: este precisa de certos documentos para a partilha justa de uma propriedade nas imediações de Riazan, semente de discórdia entre irmãos e irmãs. Aleksandra chega até a mover uma ação, que perde, sendo condenada a pagar as custas processuais.

Em 16 de julho, Dostoiévski não se encontra presente para comemorar o aniversário de Fédia. Alguns dias depois, tem um pesadelo: vê o filho caindo do terceiro andar da casa. Acorda aos berros: "Adeus, Fédia!". Escreve sem demora a Anna, em Stáraia Russa: "Mande notícias de Fédia o mais depressa possível. Não aconteceu nada com ele na noite de sábado para domingo? Eu acredito em sinais...".[6] Anna Grigórievna informa que na noite de sábado para domingo Fédia dormiu como uma pedra e pede para o marido deixar de acreditar em sonhos. Também pede para cuidar da saúde.

Anna tem razão: depois de Dostoiévski passar vários meses sem crises de epilepsia, elas voltam. Tem uma em 20 de abril, outra no começo de junho. Como a de 1º de agosto, mais grave, o deixou de cama, Anna Grigórievna quer voltar a São Petersburgo. Dostoiévski tranquiliza a esposa e pede para continuar no campo, para o bem das crianças. Ela obedece, mas só durante um mês: no início de setembro, deixa Stáraia Russa, apesar do tempo bom, que anuncia um outono agradável.

A saúde do marido, que praticamente não tirou férias, piora de modo considerável. Ele dorme mal, o que não é novidade, se cansa muito, tosse e tem dispneia. Os médicos diagnosticam um enfisema pulmonar e decidem recomendar um tratamento novo, que consiste em passar duas horas, três vezes por semana, em um aparelho de ar comprimido. Embora eficaz, o tratamento exige que Dostoiévski chegue cedo ao hospital e espere pelos atrasados, antes de ficar apenas respirando por duas horas, que lhe parecem insuportavelmente longas – em resumo, o que é benéfico para os pulmões não o é para os nervos.

Dostoiévski começa a se perguntar se não subestimou a carga de trabalho de redator-chefe de uma revista semanal. Para se resguardar das crises de epilepsia, que curiosamente desapareceram por mais de cinco meses e retornaram em abril de 1873, ele deveria evitar esforços, algo impossível nessa função. Além disso, está cada vez mais irritado com certas atitudes "grosseiras" do príncipe Mechtchérski e com o contato diário com autores nem sempre tratáveis. Boas razões para se lembrar de repente que é escritor e ainda não acertou as contas com seus principais adversários: Turguêniev, é claro, famoso em toda Europa, Gontcharóv, que recebera dez mil rublos pelo romance *Oblómov*, e sobretudo Tolstói, que por ora parece ser o primeiro da lista. Sem dúvida, Dostoiévski não se esqueceu de que havia prometido escrever um romance das dimensões e do alcance de *Guerra e paz*, e só quem não o conhece acreditaria que havia abandonado o ambicioso projeto.

Como o trabalho no *Cidadão* o impede de escrever, deve abrir mão do cargo.

Sim, mas o salário pago por Mechtchérski não é desprezível.

Um acontecimento feliz, ou melhor, dois, contribuem para essa decisão.

O dia 19 de março de 1874 é a gota d'água: o Ministério do Interior lhe envia uma "advertência" por ter publicado no *Cidadão* uma frase de Bismarck considerada ofensiva: "O alemão russificado não serve para nada porque perdeu as virtudes germânicas e ganhou todos os vícios dos russos". Exasperado, Dostoiévski decide que vai abandonar suas funções, só não quer fazer isso antes de encontrar novas receitas.

Nem precisa procurar.

Poucos dias depois, no início de abril, batem à porta. Anna Grigórievna, que seleciona as visitas, olha para o cartão que a criada acaba de entregar e não acredita nos próprios olhos. É Nikolai Nekrássov, o bom e velho amigo de outrora, o homem que realmente lançou Dostoiévski no mundo literário ao entregar a Bielínski o manuscrito de *Gente pobre*. Ele escolhera o lado dos "progressistas" e garantira o sucesso do *Contemporâneo*. Essa revista, a que dera uma linha abertamente revolucionária, não tinha poupado Dostoiévski, cujas ideias "eslavófilas" e o tradicionalismo religioso foram criticados com palavras depreciativas, para dizer o mínimo. Após a proibição do *Contemporâneo*, depois do atentado de 1866 contra o tsar, Nekrássov assumiu a direção da *Anais da pátria*, uma revista mensal a que deu novo fôlego: o número de assinaturas triplicou e ultrapassou a marca de cinco mil, e o periódico desfruta agora de um prestígio inegável nos círculos intelectuais. Em vista de suas posições, a atitude para com Dostoiévski não mudou, e Nikolai Konstantínovitch Mikháilovski, o principal colaborador de Nekrássov na revista, julgou com muita severidade *Os demônios*: o autor, escreveu Mikháilovski, teria interesse em situar a ação de seus romances na Idade Média e só tratar de "flagelantes, demonômanos e licantropos", de danças macabras, de festins em tempos de praga e, enfim, desses infelizes que buscam o sofrimento e a redenção. Cometeria um equívoco ao atacar "o que não conhece", incapaz de compreender a alma dos revolucionários de hoje, que lutam contra os verdadeiros demônios, os da exploração, do trabalho desumano e dos bancos, liderados pelo demônio "do enriquecimento nacional, o mais invasivo e o menos preocupado com o limite que separa o bem e o mal".[7]

Naturalmente, Dostoiévski respondeu, e sem medir as palavras. Além disso, não faz muito, atacou no *Cidadão* Nekrássov, que, em vez de se guiar pelo talento, agora extinto, é verdade, preferiu seguir de maneira tola a moda intelectual: "Há talentos notabilíssimos que estariam fadados a um futuro promissor, mas que a 'tendência' monopolizou tanto que literalmente os uniformizou de um jeito qualquer. Li os dois últimos poemas de Nekrássov: definitivamente, esse poeta respeitado agora circula de uniforme".[8]

De uniforme ou não, após um rompimento de quase trinta anos, Nekrássov está ali, na sala de Dostoiévski, e propõe publicar seu próximo romance pelos *Anais da pátria*. Oferece 250 rublos por folha de tipografia, isto é, cem rublos a mais que o *Mensageiro russo* e *Aurora*. Dostoiévski informa que, como não tem outro meio de sustento, sobrevive dos adiantamentos de seus editores. Por isso, pede dois ou até três mil rublos por assinatura do contrato. Nekrássov aceita.

Para a surpresa de Nekrássov, Dostoiévski só quer dar uma resposta depois de falar com a esposa. Ele não sabe que, já há um bom tempo, ela é a responsável pela chave do cofre: Anna cuida melhor do que ninguém das contas. Ela manda os credores esperar e vai pagando-os pouco a pouco, e colocou um fim aos pedidos às vezes audaciosos dos parentes do marido, em particular do filho de sua primeira esposa, que não quer trabalhar e, agora casado e pai de uma menina, Macha, não perde uma única oportunidade para extorquir dinheiro deles. Ela fez um bom negócio publicando *Os demônios* e distribuindo por conta própria a obra aos livreiros, e está prestes a seguir a mesma estratégia com *O idiota*. Para lhe dar autonomia total, em 28 de março, diante do tabelião, Dostoiévski passou seus direitos autorais para a sogra, permitindo que Anna Grigórievna pudesse explorá-los melhor. Dostoiévski lhe confia a responsabilidade integral pelas finanças da casa, e às vezes pede conselho para as contas do *Cidadão*.

Ele vai procurar a esposa, que não está longe. "Aceite", diz ela, antes que ele tenha tempo de abrir a boca. Ele fica surpreso. Ela escutara a conversa atrás da porta. Ele acha essa atitude vergonhosa. "Não há nada de vergonhoso nisso", responde Anna Grigórievna. "Entre nós não há segredos e, de qualquer maneira, você teria me contado tudo da mesma forma. Então, que diferença faz se fiquei escutando a conversa atrás da porta? Não estava ouvindo algo que não era da minha conta, já que se trata de nossos negócios".[9]

Tudo seria perfeito não fosse o dinheiro que Dostoiévski deve ao *Mensageiro russo*, que por isso tem prioridade sobre os próximos romances. Não pode se comprometer antes de falar com Kátkov. Nekrássov acha isso natural. Dostoiévski decide ir o quanto antes a Moscou para tratar pessoalmente de um assunto que lhe permite, independente da resposta de Kátkov, renunciar a seu cargo no *Cidadão*. Enquanto isso, pede uma licença de seis meses por razões de saúde. Em 22 de abril, a revista informa seus leitores a respeito da saída de seu redator-chefe, "que, apesar disso, continua sendo um colaborador permanente".

Uma nova crise, fortíssima, obriga Dostoiévski a adiar a viagem a Moscou. Chega à cidade em 24 de abril, ainda doente, "completamente prostrado", com a cabeça pesada e um pouco de febre. Encontra-se com Kátkov no dia seguinte e exige receber 250 rublos por folha de tipografia e um novo adiantamento considerável. Kátkov pede alguns dias para consultar seu administrador, mas sabe de antemão que sua revista não precisa por agora de um novo romance, mesmo um de Dostoiévski, e que, de qualquer maneira, teria dificuldade em atender as exigências do escritor: o *Mensageiro russo* adquirira os direitos de *Anna Karenina*, de Tolstói, romance que custa quinhentos rublos por folha de tipografia. No final do ano, quando Dostoiévski descobre isso por acaso, fica ofendido: "Não, realmente me têm em uma conta baixa demais, e tudo isso porque vivo do meu trabalho".[10]

A resposta de Kátkov é negativa. Dois dias depois, ele volta atrás e escreve a Dostoiévski propondo um adiantamento. Tarde demais: em 3 de maio, Nekrássov pagara a Dostoiévski os dois mil rublos prometidos e firmaram o contrato. Dostoiévski registra em uma folha de papel o título de seu novo romance: *O adolescente*, "é um primeiro esboço da minha ideia".[11]

Com um bom dinheiro na mão e livre das obrigações de redator-chefe, Dostoiévski não espera mais: em 10 de maio, deixa com toda a família São Petersburgo e se estabelece em Stáraia Russa. Dez dias depois, o chefe de polícia local recebe da Chancelaria uma orientação por escrito que passara pelo gabinete do governador de Nóvgorod. Deve monitorar de perto "o tenente reformado Fiódor Dostoiévski" e relatar todos os seus movimentos.

O chefe de polícia toma nota e informa que o suspeito partiu para o exterior.

Depois de examinar Dostoiévski em razão de seus problemas respiratórios, que se somavam à epilepsia, o dr. Kochalkov recomendou que o paciente seguisse tratamento na Alemanha, nas termas de Ems. Essa não é a opinião de Iakov Bogdanovitch von Bretzel, o médico que trata de Dostoiévski. Ele e o príncipe Mechtchérski indicam ao escritor as termas de Bad Soden. Preocupado com a saúde e ainda incomodado com a dispneia, depois de uma nova crise Dostoiévski deixa a família em Stáraia Russa e parte para a Alemanha no início de junho, sem saber ao certo a cidade onde vai ficar. Em 9 de junho, está em Berlim para consultar um célebre especialista em doenças pulmonares, o dr. Frerichs. Este, que "vive em um palácio (literalmente)", mal examina o paciente e o encaminha com uma recomendação a um de seus colegas de Ems. Antes de ir para Ems, Dostoiévski aproveita a estadia em Berlim para visitar o Museu Real e ver os quadros de Wilhelm von Kaulbach, um pintor muito bem falado na Rússia, provavelmente em virtude das alegorias religiosas e de algumas grandes telas de gênero, na verdade bastante maneiristas e afetadas. Realmente, nada do gosto de Dostoiévski, que fica decepcionado.

Na noite de 11 de junho, Dostoiévski toma o trem para Ems. Não consegue dormir, pois os passageiros estão "apertados como sardinha em lata". Ao raiar do dia, descobre uma paisagem "encantadora, delicada e fantástica. [...] Colinas, montanhas, castelos, cidades com torres fascinantes, em uma combinação extraordinária com montes e vales".[12] Chega a Ems, "uma cidadezinha situada entre falésias (as mais pitorescas do mundo) dos dois lados de um riacho...".[13]

Dostoiévski fica encantado, mas não por muito tempo: "Os preços são um horror!". Hospeda-se miseravelmente no hotel Flanders, depois no hotel Fürst Blücher, de onde se muda mais uma vez para o hotel Ville d'Alger. Ali os quartos têm pé-direito alto, e o dele dispõe de sacada, cujas janelas gosta de deixar abertas até tarde da noite. Tem vista para a estrada rural, que segue o meandro do rio, buscando seu caminho entre as encostas arborizadas da montanha. O ar é vigoroso e perfumado.

O dr. Ort, o médico de Ems a quem fora recomendado pelo colega de Berlim, acredita que Dostoiévski não sofra de asma, como o levaram a acreditar, mas de um "catarro crônico". Prescreve ao paciente que beba durante quatro semanas a água da fonte Kesselbrunnen, com propriedades adstringentes. Como tem tendência à constipação, Dostoiévski fica preocupado, mas dá um voto de confiança ao médico. O problema é que a equipe das fontes distribui a água das seis às oito da manhã e das quatro às seis da tarde. Dostoiévski precisa se levantar bem cedo, algo a que não está acostumado. Por isso, não consegue escrever. Gostaria muito de começar e se lançar no novo romance, mas como?!, se a vida de curista não permite.

Assim que desperta, vai para a fonte. Dosada em dois copos que deve beber de maneira alternada, a água tem um gosto "azedo e salgado, de ovo podre". Às oito horas, toma o café no hotel. Incapaz de produzir na parte da manhã, Dostoiévski vai para a biblioteca municipal, onde encontra os poemas de Púchkin, que relê com cuidado: "Eu me regalo: a cada dia encontro algo novo". Lá pelo meio-dia, dá uma volta pelo Kursaal [o salão das termas], onde lê os jornais russos. Almoça tentando seguir as prescrições médicas: evitar vinagre, comer carnes gordas e beber vinho tinto, de preferência francês – cujo preço é estratosférico. Na parte da tarde, depois do descanso obrigatório, sai para caminhar, mas a cidade é tão pequena que ao fim de dois dias já conhece todos os cantos. Topa com o imperador Guilherme, "um velho de estatura alta, com um ar importante" e que, ao contrário dos soberanos russos, não responde ao cumprimento daqueles que se levantam e fazem reverência. Durante essas caminhadas, Dostoiévski conhece pessoas, nem sempre agradáveis: a diretora de um instituto em Novotcherkassk, uma imbecil "cosmopolita e ateia" que adora o tsar, mas despreza a Rússia; burgueses ricos que ostentam sua riqueza; compatriotas iletrados e tolos que o aborrecem com discursos estúpidos destinados a impressionar. Mal-humorado, é desagradável com os curistas, odeia "seus rostos inchados", os alemães "de visão distorcida" e também a horda de compatriotas "superficiais, vazios, fúteis e presunçosos em todos os sentidos".[14] Fica com a reputação de "russo venenoso, que não para de dar lição a todo mundo".[15]

Após o jantar, desaba, mas dorme mal. Desperta cansado para recomeçar um programa estúpido e monótono.

Em poucas palavras, Dostoiévski está no fundo do poço. Acaba "criando antipatia por cada casa, cada arbusto" e "tomando cada um por inimigo pessoal". Espera com impaciência as cartas de Anna Grigórievna, assim como ela as suas. Trocam correspondência com muita regularidade, mas a circulação do correio é falha, com atrasos exasperantes. Nem imaginam que, de acordo com as ordens recebidas, o chefe da polícia de Stáraia Russa não deixa chegar nem partir nenhuma carta sem ter lido de ponta a ponta e registrado o conteúdo por escrito – afinal, o pobre homem não tem mais nada a fazer!

Como o tratamento não surte efeitos visíveis, o dr. Ort pede para ele mudar de fonte: Dostoiévski passa a beber a água da fonte Krähnchen e tem a sensação de estar melhor. Diante de tanta insistência, e depois de hesitar muito, o dr. Ort autoriza o paciente a voltar a tomar água às quatro da tarde, o que até então era proibido. Um avanço, sem dúvida, mas que não muda nada em relação ao essencial: "A minha estadia aqui é insuportavelmente tediosa"[16], reclama Dostoiévski, exasperado.

Pequeno consolo, a princesa Chalikova, cunhada de Kátkov, o diverte: ele gosta de conversar com essa bem-humorada velhinha de uns sessenta anos que tem uma língua ferina. Ele a acompanha em suas caminhadas, e ela o leva para conhecer os arredores da região. Para não despertar o ciúme de Anna Grigórievna, que não fica devendo em nada ao seu, Dostoiévski toma o cuidado de não mencionar a encantadora dama de companhia da princesa, Pelagueia Gusseva, uma admiradora. No entanto, não se impede de relatar o modo como esta indicara à sua senhora, que ainda não conhecia o escritor, a maneira de reconhecê-lo no parque em que marcaram encontro: "Assim que a senhora encontrar o homem com o olhar mais profundo, um olhar como a senhora nunca viu, pode se aproximar sem hesitar".[17]

Tudo isso não é o suficiente para um romance.

No mais, Dostoiévski ainda não sabe ao certo o que deseja escrever, salvo que será um assunto que o preocupa há muito tempo: a perturbação dos filhos que, privados de uma família de verdade, entregues à própria sorte, colocam o crescimento pessoal acima de todas as coisas e perdem seu amor pelo próximo, como Cristo ensinou. Tudo o mais ainda é vago, obscuro. Faltam a Dostoiévski umas poucas personagens que, uma vez imaginadas, serão o gatilho da ação do romance, sendo o próximo passo apenas escrever a história. Ele "arranca os cabelos com o projeto", que pretende que seja simples, talvez porque seu amigo Strákhov tenha comentado que a complexidade de seus romances o impeça de ampliar seu público de leitores. Ele poderia adquirir uma fama de alcance europeu como Turguêniev, contanto que oferecesse aos leitores um texto tão refinado quanto o deste, com uma só trama e um número limitado de personagens.

Dostoiévski não consegue e joga um projeto atrás do outro no lixo.

Ao deixar Ems no final de julho, Dostoiévski não passa, como planejado, por Paris, onde já o espera na posta-restante uma carta de Anna Grigórievna. Talvez tenha ido a Genebra para rezar ao pé do túmulo de sua filha. Anna Grigórievna menciona que ele lhe trouxe alguns ramos do cipreste que tinham plantado juntos no cemitério.

A mala preta

Em 4 de agosto de 1874, Dostoiévski chega a Stáraia Russa.

O chefe da polícia local faz um relatório no dia 17, sem desconfiar de que ainda terá muito trabalho. Anna Grigórievna receia ter de pagar Nekrássov se a redação, de uma linha contrária às ideias do marido, lhe pedir alterações inaceitáveis do ponto de vista de suas opiniões, algo que ele se recusaria a fazer. Como ela acredita prudente controlar os gastos, propõe a Dostoiévski não alugar mais um apartamento em São Petersburgo, o que custaria quatro vezes mais, e passar o inverno ali mesmo. Em um primeiro momento, Dostoiévski não aceita: não gostaria que a esposa se entediasse em um lugar que não oferece nenhuma das distrações da capital. Anna Grigórievna vai com regularidade ao teatro e, verdade seja dita, tem sua cadeira na ópera, mas em um lugar ruim, na última fileira da galeria: o imenso candelabro esconde metade do palco. Além disso, como aprecia vestir-se com bom gosto, adora conferir nas lojas da Névski Prospekt peças de roupa que não pode comprar, mas que imita e confecciona por conta própria – não tinha ela enviado a Ems cinquenta rublos pedindo ao marido para comprar em Paris, onde ele planejava ir ao fim do tratamento termal e onde os preços eram mais acessíveis, certo tecido para um vestido?

Anna Grigórievna explica ao marido que economizar é uma questão de prudência. Durante um tempo, ela não poderá mais ir ao teatro nem à ópera, nem tampouco incrementar o guarda-roupa. Em contrapartida, as crianças vão ficar muito melhor em uma casa grande com jardim e no ar do campo! "Além do mais, teremos que trabalhar duro durante o inverno para continuar e concluir *O adolescente*"¹, acrescenta ela. Dostoiévski acaba se convencendo. De resto, não tem muita escolha: Anna Grigórievna já visitara uma casa grande cujo proprietário, o almirante Leontiev, aluga por oitenta rublos durante a alta temporada, mas por apenas quinze rublos por mês durante o resto do ano, feliz de não deixar o imóvel desocupado. Uma pechincha. Eles se mudam para lá no final de agosto.

O estado de saúde de Dostoiévski está melhor – no fim das contas, o tratamento termal de Ems lhe fez bem: sua respiração está mais profunda e ele tosse menos. Está menos irascível, "com um comportamento agradável, muito comunicativo e alegre".² A vida nesse pequeno povoado de poucos milhares de habitantes é pacata e Dostoiévski, resguardado do corre-corre diário da capital, sente que os nervos vão melhor. As crises epilépticas se tornam raras.

E o trabalho enfim progride.

Três dias depois de chegar a Stáraia Russa, Dostoiévski se dá conta de que seu interesse não é tanto por Versílov, registrado por enquanto em suas anotações apenas como "Ele", e sim pelo filho deste, ou mais precisamente pela relação entre os dois:

> Há muito tempo tenho por ideal escrever um romance sobre as crianças russas contemporâneas e, claro, também sobre os pais contemporâneos, sobre como são suas relações hoje [...]. Peguei uma alma imaculada, mas já contaminada por uma terrível possibilidade de perversão, pelo ódio precoce da pequenez e do "acidente" de sua condição, pela complacência com que, ainda casta, abre conscientemente seus pensamentos ao vício, acalentando-o já em seu coração, deleitando-se com ele em sonhos ainda acanhados, mas já audaciosos e impetuosos – tudo isso entregue apenas às suas próprias forças, apenas ao seu próprio discernimento e também, é verdade, a Deus. Eis aí os abortos da sociedade, os membros "acidentais" de famílias "acidentais".³

Seria uma réplica ao romance de Turguêniev, *Pais e filhos*, publicado quinze anos antes? Trata-se de uma suposição possível.[4] Ainda mais porque Dostoiévski, muito atento a esse tipo de detalhe, não ignora o sucesso do romance de Turguêniev, já na terceira reimpressão, o que sugere que o tema interessa a um público maior do que o seu.

Cinco dias depois, sabe que seu romance será uma "confissão": "Narrativa em primeira pessoa, está decidido!".[5]

Agora é só escrever.

A vida da família Dostoiévski em Stáraia Russa é regrada como um relógio. Dostoiévski, que dorme no divã do escritório, acorda às onze, faz alguns exercícios físicos e passa um bom tempo no banho. Adora ter água à vontade para se lavar e, no fim, se enche de água-de-colônia. Liubov conta que muitas vezes, durante o banho, seu pai cantarola cantigas. Ela se lembra de alguns versos: "Nunca na alvorada desperte aquele que dorme/ Um sono tão suave e agradável. / A aurora respira o frescor de seu corpo,/ Um orvalho luminoso acaricia suas faces...".[6]

Depois, passa em seu quarto para se vestir. Os filhos nunca o viram de roupão ou de pantufas. Ele usa botinas e botas de inverno. Suas camisas – em geral brancas, coloridas quando há visitas – seguem a moda russa, com botões no ombro esquerdo, e têm a gola e os punhos engomados. As peças devem estar impecavelmente limpas, pois a mais ínfima sujeira o impede de trabalhar. Mesmo puídas, nos momentos de extrema pobreza, suas roupas sociais revelam a preocupação que tem em se vestir bem, nos melhores alfaiates, a quem pede tecidos de qualidade.

Assim que fica pronto, Dostoiévski toma o café da manhã na grande sala de jantar. Começa mergulhando em um copo de vodca alguns pedacinhos de pão preto, que depois mastiga com desenvoltura: "É a maneira mais saudável de consumir essa bebida", explica a Mikhail Aleksandrov.[7]

As crianças se juntam ao pai e contam as façanhas da manhã. Dostoiévski ouve, fala, se diverte com os disparates. Anna Grigórievna afirma que nunca conheceu alguém mais compreensivo com as crianças nem que soubesse conversar com elas com tanta consideração. Depois de mais ou menos uma hora, ele vai para o escritório ditar a Anna Grigórievna as páginas do rascunho feito ao longo da noite. Pede a opinião dela e até, quando não está seguro, começa lendo tudo o que acabou de escrever para só depois corrigir o texto, durante o ditado, levando em conta as objeções da esposa, algo que a deixa muito orgulhosa. Se porventura ela tem dificuldade em entender algumas passagens que pressupõem "certo nível de conhecimentos filosóficos", ele fornece as explicações necessárias.

Se sobra um tempo, Dostoiévski escreve algumas cartas ou lê mas, impreterivelmente e faça chuva ou faça sol, às três e meia em ponto faz sua caminhada pelas ruas tranquilas do povoado e pelo calçadão. Caminha devagar, sem ver ninguém, sem falar com ninguém, tão perdido em pensamentos que certo dia não reconhece a esposa e a filha, que ao encontrarem-no, para brincar, pedem uma esmola como fazem os mendigos, a quem ele dá mecanicamente uma moeda sem olhar. Na volta, entra na venda de Plótnikov, um conhecido com quem gosta de conversar. Compra "em pequenas quantidades" petiscos e doces. Às cinco horas, todos almoçam. Para abrir o apetite, a velha aia das crianças inicia com um copo de vodca, que bebe, conforme a tradição russa, com "um pedaço de pão com sal". A refeição é alegre, as crianças não param de falar e os pais nunca discutem à mesa assuntos que os filhos não possam entender. No café, Dostoiévski lhes conta histórias e lê livros infantis. Tem uma queda pelas fábulas de Krylov.

Chega então a hora da caminhada da noite. Dostoiévski e Anna Grigórievna saem juntos, mas conversam pouco ou nada. Dostoiévski anda sempre em passos curtos, olhando para baixo, perdido em pensamentos. Eles param na estação de correios, onde os funcionários acabaram de fazer a triagem. A correspondência deles é sempre muito abundante. Outra vez em casa, Dostoiévski lê as cartas e os jornais. Toma notas acrescentando reflexões sobre os fatos surpreendentes e os acontecimentos políticos, os julgamentos em andamento ou algumas ideias recolhidas de artigos. Faz comentários em voz alta se Anna Grigórievna estiver presente. Na maioria das vezes, ela está ocupada colocando as crianças na cama. Os filhos aguardam Dostoiévski, que às nove entra no quarto para rezar com eles. Ajoelhados diante dos ícones, sussurram juntos o Pai-Nosso, a Ave--Maria e no final, bem curta, sua oração preferida: "Mãe de Deus, que sois toda a minha esperança, cuidai de mim".

Então Dostoiévski volta ao escritório para terminar de ler os jornais. Anna Grigórievna joga paciência na sala. Às vezes o marido aparece para comentar uma ou outra notícia surpreendente que leu nos jornais ou apenas para conversar. Dá uma ajuda na paciência. Às onze horas, Anna vai para a cama. No escritório, Dostoiévski prepara vários cigarros para ter à mão na hora certa: ele compra *papirossi*, tubinhos de papelão que preenche de tabaco com a ajuda do porta-penas. Escreve até as três ou quatro da manhã.

Um mês depois, no início de outubro, Dostoiévski anuncia a Nekrássov que terá os primeiros capítulos do novo romance para a edição de janeiro de 1875 dos *Anais da pátria*. A pedido de Anna Grigórievna – que, incentivada pelo lucro das edições de *Os demônios* e *O idiota*, deseja agora publicar *Memórias da casa dos mortos* –, Dostoiévski revê o texto, mas sem botar fé. No momento em que Anna Grigórievna se encontra em São Petersburgo para as compras de Natal, mas também para vender o livro de seu marido que acaba de ficar pronto, Dostoiévski recebe uma carta do livreiro Tcherenin pedindo cinco exemplares, um balde de água fria. Em 17 de dezembro de 1874, Dostoiévski escreve à esposa para expressar seus receios quanto ao sucesso da iniciativa editorial dela. Está equivocado. Em São Petersburgo, Anna Grigórievna, que sempre recebe no ato e só concede margens reduzidas, vende em poucos dias setecentos exemplares, isto é, um terço da tiragem.

Eles passam as festas de Natal e Ano-Novo em família.

Stáraia Russa está coberta por uma espessa camada de neve, que decora até os mais ínfimos ramos de árvores, ao menos até a próxima tempestade, quando tudo desaparece durante horas em turbilhões. Voltando de São Petersburgo em uma troica sobre o lago congelado, entre borrascas ofuscantes que movimentam grande quantidade de neve e escondem a sinalização, Anna Grigórievna constata que, perdido, o cocheiro Timofei soltou as rédeas, confiando no instinto dos cavalos que, de fato, os levam sem hesitação até Stáraia Russa. As crianças brincam na neve e andam de trenó. Nos quartos, cujas janelas são sacudidas pela ventania e cujas frestas com tapas-ventos acolchoados detêm as correntes de ar, aquecedores repletos de lenha propagam um calor que cheira bem. Marido e mulher continuam fazendo caminhadas, cobertos de peliça, a cabeça bem protegida por gorros de pele, o rosto açoitado por um frio cortante, que faz a neve ranger debaixo de seus pés – os de Dostoiévski muitas vezes ficam congelados, apesar das grossas meias de lã que comprimem as calças até a altura do joelho, porque a sola de suas botas não é espessa o bastante.

Anna Grigórievna está outra vez grávida.

Tendo partido para São Petersburgo a fim de corrigir as provas dos primeiros capítulos de *O adolescente*, Dostoiévski pede, em suas cartas quase diárias, para a esposa dar "um beijo" em Fédia, em Liubov e... no Desconhecido. Também suplica que tome cuidado para que Fédia não suba nas cadeiras: sonhou que o pequeno fazia isso e se machucava ao cair.

Em 5 de fevereiro de 1875, Dostoiévski vai encontrar Nekrássov, que o recebe de um modo "extraordinariamente amistoso e cordial". Gostou muito do que leu, assim como Saltykov-Chtchedrin, codiretor da *Anais da pátria*. Dostoiévski ouve a promessa de um novo adiantamento, do qual duzentos rublos são pagos na hora. A atmosfera é diferente à noite, quando vai à residência de seu amigo Máikov, onde também se encontra Strákhov. Os dois não comentam nada, mas Dostoiévski tem a impressão de que ficaram ofendidos por ele ter passado para o lado dos inimigos do *Mensageiro russo*. Talvez tenham razão. Eles divulgaram na "Crônica petersburguense" do *Cidadão* uma nota publicada pelos *Anais da pátria*, destinada a tranquilizar seus leitores "progressistas": a redação teria recusado "a obra mais genial do autor mais genial" se este tivesse expressado opiniões contrárias à linha geral da revista, que nunca teria aceitado o romance do sr. Dostoiévski se este tivesse continuado seus ataques contra "nossos niilistas socialistas".

Cabe concluir que, mudando de editor para ser mais bem remunerado, Dostoiévski traiu, ao menos em seu romance, as suas convicções?

Mas que convicções?

Aquelas confusas e bem genéricas, jamais embasadas em argumentos e em exemplos convincentes, que ele professa pela voz de seus heróis, não muito mais convincentes do que o criador, que acaba se assemelhando a suas criaturas? Tão comovente quanto seus personagens, o autor também se deixa levar por uma fé cega mas indiscutível, por esses sentimentos obscuros, ainda que poderosos, que revolvem os homens como as ondas de uma realidade informe, incompreensível, maravilhosa e assustadora. Trata-se, em suma, do tema de *Os demônios* e de *O adolescente*: essa "regra geral da vida" que conduz todos os personagens, uniformemente verdadeiros apesar de sua excepcionalidade.

Em um projeto abandonado de prefácio a *O adolescente*, Dostoiévski registra:

> Estou orgulhoso de ter reproduzido pela primeira vez a verdadeira imagem da maioria dos russos e de ter revelado pela primeira vez seu lado monstruoso e trágico. O trágico é a consciência de ser monstruoso [...]. Apenas eu mostrei o trágico do subsolo, isto é, o sofrimento, a autopunição, a previsão de uma melhora e a impossibilidade de se alcançá-la e, acima de tudo, acima de tudo a ardente convicção desses infelizes de que tal é o destino de todos e, por isso, não vale a pena se emendar.[8]

Não existe razão para se excluir Dostoiévski dessa "maioria dos russos", cujos comportamentos aberrantes e os crimes, relatados pelos jornais, não passam da parte visível, por acidente, de uma quintessência comum a todos, incluindo ele próprio. As notícias policiais são as vias de acesso para ela. Dostoiévski as registra com cuidado para utilizá-las no momento certo. Entre outras, esta: a história de um assassinato em Tobolsk. Dois irmãos são suspeitos de matar o pai para ficar com a herança. O mais velho, que vivia brigando com o progenitor, é condenado com base nas provas fabricadas pelo mais novo, casado e pai de vários filhos. Sete anos mais tarde, este, que fica doente pelo remorso, confessa o crime para a esposa, que o acompanha até a galé para que ele peça perdão ao irmão:

> Sua mulher se ajoelha diante do forçado e pede para ele não falar nada, para salvar seu marido. O forçado diz: "Estou acostumado". Fazem as pazes. "Você já está punido de qualquer maneira", fala o irmão mais velho. O aniversário do mais novo. Os convidados estão reunidos. Ele confessa: eu matei. As pessoas acreditam que está tendo uma crise. O fim: o mais novo parte outra vez para encontrar o mais velho na galé. Solto, este está fazendo o caminho de volta. O mais novo pede ao mais velho para ser o pai de seus filhos. "Ele tomou o caminho certo!"[9]

Certa manhã, ao descer como sempre para a sala de jantar, onde Anna Grigórievna e as crianças o aguardam com o café bem quente, Dostoiévski conta, enojado, que um rato subiu na cama e fez cócegas em seu pé. Quando tirou as cobertas, o roedor fugiu, conta ele com uma careta de desgosto. Logo se iniciam os preparativos para a guerra: enquanto Dostoiévski bebe o café e brinca com os filhos, Anna Grigórievna entra no quarto do marido, junto com a criada e a cozinheira, desfaz a cama, arrasta os móveis, olha em cada canto. Nada. Para ela, o maldito rato deve ter fugido pela janela aberta. Dostoiévski cai na gargalhada: 1º de abril! Anna Grigórievna leva na brincadeira, as crianças se divertem, e eles também começam a inventar mentiras.

No dia 8 do mesmo mês, na ausência de Anna Grigórievna, que passa alguns dias em São Petersburgo, Dostoiévski tem uma crise aguda de epilepsia e registra os detalhes. O ataque tem início à meia-noite e meia, no exato momento em que se prepara para escrever. As convulsões o arremessam até o meio da sala, onde desaba e perde os sentidos por cerca de quarenta minutos. Desperta com o porta-penas na mão e fica aliviado ao perceber que não se machucou com o objeto. Sente um "extraordinário" medo de morrer, e essa ansiedade demora várias horas para desaparecer.

Seus problemas respiratórios tampouco estão solucionados, apesar das horas que, a cada viagem a São Petersburgo, Dostoiévski passa rangendo os dentes e olhando atravessado para seus vizinhos, sob o aparelho de ar comprimido do dr. Simonov. Os médicos recomendam fortemente que volte a fazer um tratamento termal em Ems. Anna Grigórievna também é dessa opinião, convencida de que, após um mês de tratamento e de repouso longe das preocupações do dia a dia, Dostoiévski voltará em melhor estado de saúde.

Em 25 de maio de 1875, Dostoiévski torna a partir para passar um mês em Ems.

Em Berlim, o tempo está "execrável, chuvoso e ventoso". Compra um chapéu por cinco táleres e um guarda-chuva por dez, o que é caro, embora o material de seda, verdade seja dita, pareça "de boa qualidade". No fim, são aquisições muito úteis, pois em Ems também está chovendo, algo que o desespera: "Ems sob chuva é a pior das abominações". O dr. Ort, que examina o paciente, considera que o tratamento termal anterior deu bons resultados e prescreve dois copos de água mineral de manhã, com uma xícara de leite, e um à noite. As doses serão aumentadas aos poucos e ele terá direito também a gargarejos com água da fonte Kesselbrunnen.

Dostoiévski se hospeda no hotel Lucerna. As janelas dão para o pátio de uma oficina, e as marteladas começam a partir das seis da manhã e não param durante todo o dia, "algo enlouquecedor"! Por sorte, um quarto fica vago no Ville d'Alger, onde é conhecido, e ele se muda para lá. Antes de iniciar o tratamento, comete um pequeno desvario que os médicos desaprovariam: "se empanturra" de morangos e cerejas.

Continua chovendo a cântaros.

Dostoiévski pega um resfriado, espirra "duzentas ou trezentas vezes por hora". Não para de assoar o nariz e utiliza em uma única noite cinco lenços. Tem febre e enxaquecas. No dia seguinte, sentindo-se um pouco melhor, para economizar, desiste de consultar um médico. A tossezinha não desaparece.

Caso contrário, morreria de tédio. Não conhece um entre os diversos e "repugnantes" curistas russos, que invadiram a estação termal. Não há com quem trocar duas palavras. Prefere ficar no quarto e ler algumas "coisinhas" e o *Livro de Jó*, que o deixa em um estado de "entusiasmo doentio": de vez em quando, interrompe a leitura e anda de um lado para o outro da peça, "à beira das lágrimas".

Lê todos os dias o único jornal russo disponível em Ems. Quando faz tempo bom, escuta no parque as duas orquestras que tocam músicas de caminhada.

Mas não escreve, e Nekrássov espera a continuação de *O adolescente* para a edição de agosto da *Anais da pátria*. Em vez do texto, Dostoiévski envia uma carta em que copia algumas linhas do folheto distribuído aos curistas de Ems: é expressamente proibido se dedicar a atividades intelectuais. O problema é que, por não ter comunicado a tempo, Nekrássov pode recusar um novo adiantamento que se faria necessário no regresso de Dostoiévski à Rússia, para alugar um apartamento em São Petersburgo: Anna Grigórievna está chegando à fase final da gestação e ele prefere que o parto ocorra na cidade. Isso a tranquiliza. Mais uma vez, ela tem medo de morrer dando à luz. Dostoiévski escreve para tranquilizá-la: estatisticamente, há mais chances de ser esmagado na rua por um fiacre. Sem falar que ela já está na quarta gravidez, o que reduz os riscos. Além disso, Anna com certeza se fortaleceu durante esse ano passado no campo.

Talvez tenha razão: Anna Grigórievna se sente forte o bastante para ir encontrar o marido em Ems, quando em 23 de junho fica sabendo que um jornal de São Petersburgo informa que o escritor Fiódor Dostoiévski, em tratamento termal no exterior, está gravemente doente. Seria uma crise mais violenta do que as outras ou uma piora súbita da doença pulmonar? Anna Grigórievna corre para consultar o jornal em questão na sala de leitura do pavilhão de banhos de Stáraia Russa. O veículo não fornece mais detalhes. Ela passa na casa dos Rumiántsev para pedir que cuidem de seus filhos, vai em disparada até os correios a fim de enviar um telegrama ao marido e retorna para casa e prepara as malas. Felizmente, no começo da noite, Dostoiévski responde seu telegrama com outro: "*Ich bin ganz* *gesund; warum fragen Sie. Scbreibe alle drei Tage einen Brief. Dostoewsky*".*

Que alívio!

Dostoiévski deixa Ems na manhã de 3 de julho de 1875, apesar da crise de epilepsia, por sorte sem gravidade, ocorrida à noite. Viaja ao lado de um conhecido que vai para Baden-Baden, onde se encontra Turguêniev. Dostoiévski de repente se recorda que lhe deve cinquenta táleres, tomados de empréstimo há quase uma década e, por razões desconhecidas, faz questão de aproveitar a oportunidade para devolver a quantia. "Isso me deixou em situação crítica", escreve a Anna Grigórievna, "mas não podia de modo algum agir de outra maneira: era uma questão de honra".[10] O dinheiro é devolvido, mas Turguêniev, que se lembra bem de que Dostoiévski pedira cem táleres, se esqueceu de que, no fim das contas, emprestara apenas cinquenta. Aproveita que um de seus amigos, de passagem por Baden-Baden, vai para São Petersburgo e faz um pedido: por favor, lembre a Dostoiévski que ele ainda lhe deve cinquenta táleres. A situação se torna confusa e desagradável. Por sorte, Anna Grigórievna encontra entre centenas de cartas da época aquela que Turguêniev enviou no momento do empréstimo. Turguêniev reconhece o erro e pede desculpas.

Em um domingo, 6 de julho, Dostoiévski chega a São Petersburgo. Hospeda-se no hotel da Virgem do Sinal como de costume, e os funcionários, a par dos rumores alarmistas divulgados pelos jornais, ficam contentes em encontrá-lo bem. Depois de vários dias de viagem, sente-se cansado demais para buscar apartamento, e está fora de cogitação que Anna Grigórievna venha para ajudá-lo na tarefa, embora se ofereça. Ainda assim, ele visita vários apartamentos que não o agradam, antes de desistir e voltar

---
* Estou muito bem, por que pergunta? Escrevo para você a cada três dias. Dostoiévski.

para Stáraia Russa, onde decide, em comum acordo com Anna Grigórievna, ficar até o outono.

Uma vez instalado, retomando enfim a rotina, feliz ao lado dos filhos e com o carinho da esposa, algo de que parece ter muita necessidade, Dostoiévski recomeça a trabalhar no romance em andamento.

Aleksei Fiódorovitch Dostoiévski, o quarto filho do escritor, nasce em 10 de agosto.

Faz um tempo magnífico, a estação do ano é agradável, a vida em casa, repleta de alegria, e Dostoiévski está satisfeito com o que escreve. Melhor ainda, embora não saiba: o ministro do Interior dá instruções para suspender a vigilância do tenente reformado Fiódor Mikháilovitch Dostoiévski – instruções que serão transmitidas ao governador de Nóvgorod, de que Stáraia Russa faz parte, apenas seis meses mais tarde, quando o escritor já tiver deixado há muito tempo o balneário.

Realmente, depois de passar mais de um ano longe de São Petersburgo, era hora de voltar.

A mudança tem suas peripécias. É preciso tomar um barco em Ustriki, a cerca de vinte quilômetros de Stáraia Russa. Dostoiévski segue em uma primeira diligência, com Liubov e Fédia. Anna Grigórievna vai em uma segunda, com o bebê e a aia. Na terceira viajam a cozinheira e diversas bagagens, incluindo uma mala preta comprada na Gostinii Dvor, um modelo bem comum que abriga os livros e os papéis de Dostoiévski: suas anotações para o romance que está escrevendo e, sobretudo, o manuscrito dos capítulos que espera entregar a Nekrássov assim que chegar a São Petersburgo. Em Ustriki, nada de barco: considerando que no final de temporada o número de passageiros não é suficiente para trajetos diários, o capitão responsável pela travessia do lago Ilmen decidira fazer o percurso a cada dois dias. Eles são obrigados a alugar quartos e passar a noite na casa de camponeses, que aproveitam a oportunidade para extorquir os viajantes. No dia seguinte, na hora de partir, Anna Grigórievna discute com o anfitrião, que cobra um preço exorbitante e ameaça reter as bagagens. Ela não dá o braço a torcer, paga o que acha justo e a família deixa o local sob os insultos do camponês que os hospedou.

O lago não é muito profundo e, durante o verão, o nível da água ainda baixa. Mesmo o barco de fundo chato que faz a viagem até Nóvgorod deve ancorar a algumas centenas de metros do cais. Os passageiros fazem o trajeto até lá de barca, mas para subir em uma é preciso dar alguns passos com água até os joelhos. A menos que o viajante pague alguém para levá-lo na garupa. Outros camponeses, impossíveis de se vigiar, carregam as bagagens lançadas em desordem no convés.

Depois de chegar a Nóvgorod à tarde, Dostoiévski e Anna Grigórievna vão com as crianças até a estação de trem, onde as bagagens são trazidas por carroceiros depois de terem sido despachadas na plataforma de desembarque pelos funcionários da companhia de navegação. Anna Grigórievna tem o cuidado de conferir se as malas da família estão ali. Ela avista a mala preta. No fim da tarde começa o registro das bagagens e o carregamento no vagão de cargas do trem para São Petersburgo. Quando ela quer despachar a mala preta, alguém observa que não é a sua. No entanto, é tão parecida. Um nome está inscrito na alça. De fato, aquela mala não é a sua. Com a ajuda dos funcionários da ferrovia, Anna Grigórievna procura por todos os cantos. A mala com os papéis de Dostoiévski não está em lugar nenhum.

– É uma catástrofe! – exclama este, atordoado.

Anna Grigórievna se culpa por sua negligência.

Desconfiam de que só pode ser uma praga do camponês que os hospedou e com quem discutiram. Será que a bagagem ficou em Ustriki, esquecida pelos camponeses que carregavam as barcas? Dostoiévski decide não tomar mais o trem e sair à procura da mala no dia seguinte. Talvez tenha ficado no porto de Nóvgorod. Embora já seja quase noite, Anna Grigórievna, sem dizer nada ao marido, decide tentar a sorte. Do lado de fora da estação, há dois fiacres. Os cocheiros hesitam: a uma hora dessas, os arredores do porto estão desertos e perigosos, frequentados por todo tipo de saqueadores. Por um rublo e meio, o mais jovem decide arriscar. Perto do porto, indivíduos mal-encarados surgem do nada e o cocheiro chicoteia os cavalos. Enfim chegam. Um passadiço de madeira leva até o pontão onde se encontra o barco. Anna Grigórievna corre até lá, desperta o guarda, um velho doente. Sim, esta tarde os carroceiros esqueceram uma mala preta. Ela está ali, no convés.

Ela está ali, no convés, mas pesa cinquenta quilos.

O velho não pode ajudar: trata-se de algo acima de suas forças. Anna Grigórievna grita para o cocheiro. Este adoraria dar um apoio, mas tem a impressão de que viu um grupo à espreita, na escuridão: se descer, eles aproveitarão a oportunidade para roubar o fiacre. Anna Grigórievna arrasta sozinha pelo convés a mala de cinquenta quilos que guarda os manuscritos do marido.

Dostoiévski, que acabara percebendo a ausência da esposa, está preocupado. Procura Anna em todos os lugares, mas nem a aia, que dá colo para Aleksei, nem a cozinheira sabem onde ela está. Pede que cuidem das crianças que estão dormindo e sai atrás de Anna. Informam que uma mulher tomou um fiacre, mas ninguém sabe dizer ao certo para onde.

Anna Grigórievna reconhece de longe o marido, andando de um lado para o outro na entrada mal iluminada da estação.

– Achei a mala – grita ela.

Otelo

Em setembro de 1875, os *Anais da pátria* podem enfim retomar a publicação de *O adolescente*, com os quatro primeiros capítulos da terceira parte. Os demais seguem o cronograma, e os últimos são lançados na edição de dezembro.

De novo, a crítica fica dividida – desta vez, sem relação com os debates partidários de janeiro, que tinham mais como alvo a mudança de Dostoiévski do *Mensageiro russo* para a *Anais da pátria*, algo que alguns consideraram também uma traição de um ponto de vista literário. Tornou-se um hábito: enquanto alguns críticos, e não os menores, não poupam elogios a um autor que, como escreve Vsiévolod Soloviov, "sabe dar expressão aos sentimentos e aos pensamentos mais inacessíveis", outros lamentam "um espírito deletério" e que se julga o dono da verdade, escondendo suas obsessões patológicas por trás de análises psicológicas confusas, pouco capazes de tornar verossímeis os comportamentos extravagantes de alguns desequilibrados. Também censuram os excessos de detalhes que fazem perder o fio da meada, e a verborragia vazia e cansativa de seus personagens. Turguêniev acha o romance do amigo terrivelmente "caótico": "Meu Deus, o que é esse azedume, esse mau cheiro de hospital, essa algaravia de perfeita inutilidade e essa erosão psicológica?"[1], questiona.

Essa não é a opinião de Dostoiévski, que está convencido do interesse do leitor nessas longas digressões em que o autor, como seus personagens, fala dos mais variados assuntos, mesmo que suas competências às vezes sejam tão relativas quanto as deles. Então, por que não se libertar do pretexto romanesco para retomar, de modo regular e mais rentável, o *Diário*, cuja fórmula já havia experimentado no *Cidadão*? Publicados pelo autor – para ser mais exato, por sua esposa, que depois de editar *Os demônios*, *O idiota* e *Memória da casa dos mortos* tem agora certa experiência de como imprimir ao menor preço e distribuir a edição, moderando as pretensões dos livreiros –, esses fascículos mensais podem ser uma renda considerável. Anna Grigórievna concorda. Como não pode fazer tudo sozinha, ela prefere cuidar do *Diário* e deixa a publicação de *O adolescente* para o editor Kekhribardji, que em janeiro do ano seguinte lança o romance em livro, com uma tiragem de 2.400 exemplares.

Em 22 de dezembro de 1875, Dostoiévski envia ao Departamento de Imprensa um pedido de autorização para publicar uma revista mensal de uma folha e meia de tipografia, cujo programa anuncia da seguinte maneira:

> Desejo abordar na publicação todas as impressões realmente vividas como escritor russo, tudo o que vir, ouvir e ler.[2]

O preço da assinatura anual seria de dois rublos e, vendido separadamente, cada número custaria vinte copeques.

O ministro do Interior, o general Aleksandr Iegórovitch Timachev, assina a autorização em 26 de dezembro, embora exigindo censura prévia.

O primeiro número da nova série do *Diário de um escritor* é lançado em 31 de janeiro de 1876, graças sobretudo aos esforços de Anna Grigórievna, que é, em uma palavra, heroica: depois de cuidar dos filhos, que tiveram escarlatina e febre tifoide, ela se recupera de uma angina pesada. Anna batalhou para conseguir créditos até as primeiras entradas de dinheiro, negociou com os fornecedores para ter um papel de excelente qualidade a um bom preço e abriu concorrência entre os tipógrafos para escolher o melhor pelo orçamento mais em conta. Além disso, corrigiu as provas, acompanhou o processo de encadernação, fez pessoalmente os embrulhos e os despachou via correio para os livreiros. A tiragem é de dois mil exemplares, mas o sucesso supera em muito as expectativas: em poucos dias a primeira edição está esgotada, e uma segunda não dá conta de todos os pedidos – apenas em São Petersburgo serão vendidos três mil exemplares. A edição de fevereiro terá uma tiragem inicial de seis mil exemplares.

A fórmula é original, verdade seja dita. Não existe nenhuma relação entre as diferentes partes que compõem um fascículo, e mesmo dentro de cada uma delas o discurso é bastante desconexo. Por motivos evidentes. As convicções expressas com uma segurança que não teme nem a confusão nem as contradições, as declarações peremptórias, as referências culturais díspares e as afirmações gratuitas excluem de saída qualquer pensamento metódico, qualquer estratégia para convencer, qualquer uso sistemático de uma série de argumentos destinados a demolir o bloco dos potenciais antagonistas.

Na publicação, desordenadamente, Dostoiévski fala do "milagre" da evangelização dos russos e das "famílias acidentais" que já não garantem o laço natural das gerações; dos advogados, mestres na arte da impostura intelectual e dos rumores maliciosos a respeito de Mikhail Dostoiévski; da França, entregue "à dominação ilimitada da burguesia, o primeiro inimigo do *dèmos*"[3], e de *Dom Quixote*, "a mais grandiosa expressão do pensamento humano"; das virtudes da guerra e da *intelligentsia* russa, que como um elo de corrente só é forte se todos os elementos permanecerem entrelaçados; de uma visita a um orfanato e do julgamento da atriz Kairova, que tentou degolar a esposa de seu amante... Em contrapartida, o discurso nunca é puramente teórico. Em suma, o autor continua sendo um contador de histórias que relata com os instrumentos da sedução literária tudo o que "vir, ouvir e ler": variedades e lembranças díspares, acontecimentos internacionais e fofocas, episódios da história da Rússia e da Europa e impressões de leitura.

Isso quando não descamba sem rodeios para a narrativa. É preciso bem pouco...

O suicídio de jovens, um fenômeno social que parece tomar proporções preocupantes e que os jornais muitas vezes mencionam em detalhes, preocupa Dostoiévski. Sofre com a situação "como se, a cada vez, se tratasse de um de seus próximos", observa uma de suas amigas, a escritora H.L. Simónova.

Na carta deixada pela filha de Herzen, que se suicidou em dezembro de 1875, uma palavra o chocou: antes de cobrir o rosto de algodão embebido em clorofórmio, esta pediu àqueles que fossem colocá-la no caixão para conferir se estava bem morta. Despertar viva dentro de um caixão não seria "chique". Uma palavra que pretende chocar, uma palavra de fúria, mas contra quem?, pergunta-se Dostoiévski. Parece detectar nesse gesto a rejeição de uma vida "retilínea" e do pensamento materialista. Ao reduzir o homem a uma bestialidade com que a razão não pode se conciliar, o positivismo o priva de uma dimensão essencial, indispensável da existência: "Sua alma exigia algo mais complexo"[4], escreve ele.

Cerca de dez meses depois os jornais noticiam o suicídio de uma jovem, uma costureira chamada Maria Boríssovna, que saltara da janela do terceiro andar abraçada a um ícone da Virgem:

> Esse ícone na mão, que traço estranho, nunca visto antes em um suicídio! Trata-se de um tipo de suicídio humilde, resignado. Não houve aqui, evidentemente, nem murmúrio nem recriminação: apenas viver se tornou impossível, "Deus não quis", e ela morreu depois de rezar. Há coisas tão simples que aparecem, que permanecem muito tempo no pensamento, que angustiam, que chegam a nos fazer sentir como

se culpados. Essa alma humilde e gentil, que se suicidou, isso atormenta o pensamento..."[5]

Acrescenta-se a esse comentário a "confissão", recebida por correio, de certo N.N., que expõe seus argumentos para se suicidar. Trata-se de um desses "materialistas" que não reconhecem nada fora da natureza, à qual negam o direito de tê-los feito nascer para sofrer. N.N. se mata "apenas por tédio de sofrer uma tirania pela qual não tem responsabilidade".[6] Dostoiévski completa essa edição de outubro de 1876 do *Diário de um escritor* com considerações tediosas sobre o papel que a Rússia deve desempenhar na "questão oriental" e sobre o das elites em um momento em que, na Rússia, o dinheiro se tornou o valor supremo. Na edição de novembro, Dostoiévski, que segue "atormentado" pelo tema do suicídio, pede desculpas aos leitores por privá-los de seus costumeiros comentários sobre os acontecimentos contemporâneos e as questões sociais polêmicas. Acha mais proveitoso oferecer uma obra de ficção, o relato de um suicídio: *Uma criatura dócil*, um de seus textos mais comoventes.

E é sempre com o pretexto da tentação de se tirar a vida que Dostoiévski interrompe, na edição de abril de 1877, suas considerações sobre os benefícios da guerra – que a Rússia acaba de declarar contra o império otomano – para inserir no *Diário* outra "história fantástica" sobre o tema suicídio: *O sonho de um homem ridículo*. Porém, como receia aborrecer o leitor com sua literatura, logo se apressa em retomar a verborragia habitual e bastante fútil, seduzido desta vez pelas profecias duvidosas de um autor do século XVI, Johannes Lichtenberger: "Deus inflamará com o amor caridoso a águia oriental, para que voe ao trabalho árduo, resplandecendo duas asas sobre as alturas da cristandade...".[7]

De acordo com suas próprias palavras, no *Diário de um escritor*, concebido para registrar "impressões" que não gostaria que fossem perdidas, Dostoiévski não sabe para onde vai nem como. Embora já tenha praticado essa forma de escrita no *Cidadão*, não conseguiu "esclarecê-la" em sua mente – e chega a se perguntar "se isso vai acontecer algum dia". Navega sem bússola, tão sem método, tão ao sabor do momento e das emoções imediatas, que negligencia o que lhe parece de suma importância para falar de coisas mais triviais, mas que têm a vantagem da diversidade:

> Quando começo a escrever, tenho dez, quinze temas (não menos); mas rejeito a contragosto esses assuntos que seriam da minha preferência: vão ocupar muito espaço, consumir muita energia (o caso Kroneberg, por exemplo), o que prejudicaria a edição, que ficaria sem variedade, com pouquíssimos artigos; e é assim que escrevo algo diferente do que gostaria. Porém, acreditava com toda a ingenuidade que seria um diário de verdade. Um diário de verdade é quase impossível, só dá para fazer uma simulação, para o público...[8]

Embora de mentalidade pragmática e rigorosa, Anna Grigórievna tem de vez em quando ideias mirabolantes. Sempre atarefada pela publicação e distribuição do *Diário*, que acompanha de perto, sempre fechando os pedidos "para os livreiros das onze províncias", cujos pacotes despacha pessoalmente no correio, sem contar a preocupação com os filhos, volta e meia doentes, e os contratempos das lides domésticas, ainda encontra tempo – para brincar, segundo ela – para imaginar uma farsa pitoresca, para dizer o mínimo.

Depois de Dostoiévski observar que Sofia Ivánovna Smirnova, uma amiga do casal, fora bem-sucedida ao traçar, em seu romance *Força de caráter*, o perfil psicológico de um personagem que recebe uma carta anônima acusando sua esposa de infidelidade, Anna Grigórievna fica curiosa para saber a reação de seu marido em uma situação dessas. Talvez não sendo totalmente sincera quando procura convencer o leitor de que Dostoiévski deveria ter reconhecido um texto lido há apenas alguns dias, ela copia com ligeiras alterações a carta anônima do romance de Smirnova e a envia por correio ao marido.

Ele não reage bem.

Anna Grigórievna está presente quando, na noite do dia seguinte, ao verificar a correspondência, Dostoiévski encontra a carta anônima que ela enviou. A missiva fala que sua esposa carrega o retrato do homem que ama no medalhão pendurado no pescoço. Ele fecha de repente a cara e começa a andar de um lado para o outro do quarto. Ela fala com ele, que não responde. De repente, ele para na frente dela e pede o medalhão. Ela se faz de desentendida, já alegre pelo sucesso da farsa. Sem paciência, Dostoiévski arranca o objeto, quebrando a corrente de ouro que ele próprio dera de presente à esposa durante a estadia do casal em Veneza. Ele dá a volta à mesa, senta-se e tenta abrir o medalhão, mas suas mãos tremem tanto que não consegue. Anna entende um pouco tardiamente que foi longe demais, mas não sabe como contornar a situação. Quer ajudá-lo a abrir o medalhão, algo que o marido rejeita com um gesto irritado. Enfim, abre-o e se depara com seu próprio retrato e o de Liubov. Fica olhando para aquilo, atordoado.

– Como pôde acreditar em uma carta anônima? – pergunta Anna Grigórievna, que conta a história.[9]

Dostoiévski não consegue crer que tenha sido uma peça pregada pela esposa. Por quê? Foi uma brincadeira, responde ela, que mostra o texto que copiara à mão e enviara. Ele custa a acreditar. Para aliviar o clima, Anna Grigórievna faz graça, chamando-o de Otelo. Dostoiévski responde com um ar sombrio:

> Você está rindo, mas pare para pensar na desgraça que poderia ter acontecido. Estava com tanta raiva que poderia ter estrangulado você. Realmente é possível pensar que desta vez Deus teve piedade de nós e de nossos filhos. [...] Quando estou com raiva, não respondo por mim.[10]

No pescoço de Anna Grigórievna, provavelmente machucado quando o marido arrancou a correntinha, corre sangue provocado por um pequeno corte, que ela limpa com um lenço. Confuso, Dostoiévski passa a noite pedindo desculpas de joelho, perguntando se o machucado não está doendo, querendo mudar a compressa.

No final da primavera, Dostoiévski e Anna Grigórievna, que pretendem passar o verão em Stáraia Russa, ficam sabendo da morte do dono da *datcha*, que já alugavam havia anos.* Começavam a se sentir em casa nessa propriedade que os herdeiros colocam à venda. O preço, mil rublos – que também inclui a lenha para o inverno –, é aceitável. Dostoiévski não tem dinheiro, mas o irmão de Anna Grigórievna, muito apegado a ela e ao cunhado, compra a *datcha* para eles – será reembolsado por Anna depois da morte de Dostoiévski. A casa abriga hoje um museu em homenagem ao escritor.

Dostoiévski está contente: como sempre perambulou de apartamento alugado em apartamento alugado, sem criar raízes, pela primeira vez desde que deixou a casa da infância – que agora pertence à sua irmã Várvara – tem a sensação de ter um "ninho", um lar. Em junho de 1876, a família Dostoiévski vai de novo passar o verão em Stáraia Russa, desta vez em sua propriedade. Eles compram uma vaca para o leite fresco das crianças: de vez em quando, o animal se perde pelos campos ou se dirige para a casa do antigo dono. Dostoiévski então sai à sua procura para trazê-la de volta ao estábulo.

No fim de junho, deixam as crianças aos cuidados de amigos e da aia e voltam a São Petersburgo, para corrigir as provas do *Diário*, cuja primeira parte é dedicada a George Sand, que acaba de morrer. Seus romances, que

---

* Por um equívoco, Anna Grigórievna afirma em suas *Memórias* que essa compra aconteceu um ano mais tarde.

Dostoiévski devorava na juventude, desempenharam um papel importante em sua formação intelectual:

> Ela foi provavelmente uma das mais perfeitas conhecedoras de Cristo sem saber. Fundamentou seu socialismo, suas convicções, suas esperanças e seus ideais no senso moral do homem, na sede espiritual do gênero humano, na aspiração à perfeição e à pureza, e não na necessidade do formigueiro. Acreditava incondicionalmente na personalidade humana (e até em sua imortalidade) [...] e, por isso mesmo, se identificou pelo pensamento e pelo sentimento com uma das ideias mais fundamentais do cristianismo, o respeito pela personalidade do homem e sua liberdade.[11]

Ela é sobretudo, acrescenta Dostoiévski, uma dessas escritoras europeias que, quando trazem uma "palavra nova"... tornam-se fatalmente russas! Seu exemplo demonstra isso de maneira exemplar:

> Todo poeta inovador da Europa, todo poeta que desponta ali com um pensamento novo e um valor novo, torna-se imediata e inevitavelmente poeta russo, não pode escapar do pensamento russo, deve tornar-se quase um valor russo.[12]

Por sua vez, como Dostoiévski clama nesse mesmo fascículo do *Diário de um escritor*, os russos têm duas pátrias: "nossa Rússia e a Europa". Conclui:

> A maior das maiores vocações, e os russos começam a se conscientizar disso para seu futuro, é a sua vocação universalmente humana, é o serviço universal da humanidade, não só da Rússia, não só da comunidade eslava, mas de toda a humanidade.[13]

Por ora, nesse junho de 1876, esse "serviço universal da humanidade" tem tarefas imediatas. Sérvia e Montenegro, países dominados pelo império otomano, declararam guerra contra este, e a Rússia deve intervir para constituir, em um prazo determinado, uma união de todos os eslavos sob a influência da ortodoxia. Não se trataria nem "de uma união apenas política" nem de um grupo de interesses comerciais:

> Será a verdadeira exaltação da verdade de Cristo conservada no Oriente, o verdadeiro novo hasteamento da Cruz de Cristo e a palavra suprema da Ortodoxia, à frente da qual a Rússia desponta há muito tempo. Será justamente uma obsessão para os poderosos deste mundo e para todos aqueles que, até o momento, triunfaram no século, que sempre olharam para todas as "expectativas" semelhantes com desdém e escárnio, e que nem sequer podem conceber que seja possível acreditar seriamente na fraternidade entre os homens, na reconciliação total dos povos, em uma união estabelecida no serviço da humanidade em todas as coisas, enfim, na própria regeneração dos homens de acordo com os verdadeiros princípios de Cristo.[14]

Dostoiévski envia 25 rublos ao Comitê Eslavo de Caridade, que recolhe contribuições para ajudar os insurgentes sérvios e montenegros.

Esperando que essa "utopia histórica" se realize, ao fim dessa "guerra santa" – cuja vocação messiânica é exaltada por Dostoiévski –, por meio do Tratado de San Stefano seguido em 1878 pelo Tratado de Berlim, a Rússia anexa o Sul da Bessarábia, arrancada de sua aliada, Romênia, e instala seus exércitos na Bulgária, que, afora isso, se torna independente. É um começo.

Após o lançamento da edição de junho de 1876 do *Diário de um escritor*, Anna Grigórievna retorna a Stáraia Russa para ficar com os filhos. Já Dostoiévski parte para Ems, a fim de cuidar da saúde. Planeja gastar quinhentos rublos – o que é muito, considerando sua situação financeira –, mas acredita que esse investimento possa lhe trazer um retorno dez vezes maior se, melhorando, puder escrever em um bom ritmo.

Aproveita a estadia em Berlim para passar horas a fio no Museu das Antiguidades e no de Belas-Artes. Visita o Aquário, cuja entrada custa um marco, mas onde é possível ver "todo tipo de maravilha, crocodilos enormes, cobras, tartarugas, monstros marinhos vivos, peixes, aves e, por fim, um orangotango de verdade, em carne e osso".[15]

Em Ems faz um calor infernal, a ponto de ele precisar trocar de camisa várias vezes ao dia. Depois de pechinchar bastante e obter, na comparação com o ano anterior, um desconto considerável no valor da hospedagem e do almoço, Dostoiévski fica de novo no hotel Ville d'Alger. O médico consultado, que lhe garante que ainda tem muitos anos de vida, prescreve dois copos de água da fonte Krähnchen pela manhã e um à noite, acompanhado de leite, e um copo de manhã e outro à noite da fonte Kesselbrunnen, para o gargarejo. Dostoiévski compra gravatas, se inscreve na biblioteca, oferece uma pequena quantia de dinheiro à fundação de apoio às crianças com deficiência e escreve uma longa carta para a esposa, dizendo o quanto a ama e como esse amor correspondido é importante para ele.

Anna não encontra nada melhor para relatar além do encontro fortuito que teve outro dia, em um centro comercial, com aquele que chama na carta de "ele" – e promete detalhes na missiva seguinte. Dostoiévski se aflige, atormentado pela ansiedade e pelo ciúme. Anna Grigórievna diz enfim que tudo não passava de outra brincadeira: "ele" é um antigo noivo que teve antes de se casar. Os dois apenas conversaram "como bons amigos", e os receios demonstrados por Dostoiévski em carta são infundados e ridículos. Em seguida, talvez com a consciência pesada, ela acha conveniente também falar de seus sentimentos:

> Meu querido, fico extremamente orgulhosa de seu amor, mas muitas vezes penso que não o mereço. Sou uma mulher comum, bastante mediana, com caprichozinhos e exigências, e

> meu único mérito é amar você e nossos filhos com sinceridade e do fundo do coração. E apesar disso sou amada pelo homem mais magnânimo, mais nobre, mais honesto e santo possível. Você não sabe, Fédia, como às vezes fico orgulhosa de seu amor e como aprecio isso. Eu sempre lhe disse: "Você é meu sol, está no alto, e eu, deitada no chão, sou apenas a mulher que reza". [...] Até breve, meu querido, beijo suas mãos e seus pés e continuo sendo a mulher mais feliz do mundo, feliz mas louquinha e resmungona.[16]

Para agradecer sua carta "angelical", Dostoiévski manda "um beijo bem na boca".

Em Ems, Dostoiévski segue entediado. Ele bebe os copos d'água, caminha, lê o romance de Zola *O ventre de Paris*, "uma verdadeira sujeira", dorme mal apesar dos "pós de Seidlitz" prescritos pelo dr. Ort, elabora uma lista de assinaturas para ajudar os povos eslavos vítimas da guerra e receia uma crise que o impeça de trabalhar na narrativa prometida a Nekrássov, que já lhe adiantou mil rublos, e na próxima edição do *Diário*. Por ora, ainda não escreveu nada, mas espera começar em breve, ainda mais porque planeja criar uma nova seção para o *Diário*, a fim de responder às inúmeras cartas de seus leitores. No final do mês, consegue escrever algumas páginas, embora longe de ser o suficiente. Porém, deseja cumprir o programa que estabeleceu e traz benefícios: Dostoiévski engordou, está respirando e dormindo melhor e em melhor condição física. Acontece que esse programa só lhe permite trabalhar duas, três horas por dia, algo que "o atormenta".

Em 7 de agosto de 1876, Dostoiévski deixa Ems. O dr. Ort garante que ele "vai passar bem o inverno".

O escritor só para um dia em São Petersburgo, já que tem pressa de chegar o quanto antes a Stáraia Russa e retomar o trabalho, para terminar a tempo a edição de julho--agosto do *Diário de um escritor*. Nesse número vai falar das termas de Ems, da guerra nos Balcãs, da importância da língua russa na educação das crianças e da degeneração mental e física levada pelo "reino da burguesia" às gerações jovens. Também abordará um problema sério, de que depende o futuro da Rússia: a propriedade rural, cuja distribuição de terra justa deve permitir às crianças "viver no campo", e não "na cidade". Desse ponto de vista, a posse comunitária da terra, que parece se desenhar no horizonte, traz em si "o germe de algo novo, melhor, posterior, ideal, que abrange a todos, algo que vai se produzir não se sabe como, mas cuja semente se encontra apenas entre nós e que pode ser realizado apenas entre nós, porque não são a guerra nem a revolta que realizarão isso, e sim um grande e geral consenso. [...] Então as crianças viverão no Jardim e retomarão o bom caminho, e não veremos mais em cabarés meninas de dez anos bebendo aguardente com os operários das fábricas".[17]

Nossa Senhora de Kazan

Durante os meses do outono de 1876, em seu *Diário de um escritor*, Dostoiévski aborda sobretudo a "questão oriental" e a política que a Rússia deve adotar para socorrer os povos eslavos dos Balcãs, que lutam contra o opressor otomano. "Atraídos de maneira irresistível como para seu centro, como para seu princípio original", estes devem se reunir sob o estandarte da Rússia e da ortodoxia. Trata-se de uma evidência para aquele que considera este o caminho da salvação, do "que é justo" e "da verdade da vida".

A mensagem patriótica e religiosa é reiterada ao longo das páginas

Trata-se de algo repetitivo e de uma retórica cansativa, mas ao menos é claro: como Ivan, o Terrível, que decidira "dar um ponto final à questão oriental de sua época e capturar Kazan"[1], o tsar deve pegar em armas e ocupar Constantinopla. Para começo de conversa.

A exaltação com que Dostoiévski exorta o tsar, em nome da unidade eslava e da ortodoxia, a se lançar em uma guerra que este acha útil por razões completamente diferentes, mas pouco importa, deve ser recompensada. Konstantin Pietróvitch Pobedonóstsev, que entre outras funções de Estado da mais alta importância era o encarregado da educação dos filhos do tsar – e que Dostoiévski conhecera graças ao príncipe Mechtchérski em sua época de redator-chefe do *Cidadão* –, sugere que ele envie o *Diário de um escritor* para o herdeiro do trono, o futuro Alexandre III, que ouvira falar em termos elogiosos da publicação. Em 16 de novembro de 1876, Dostoiévski remete uma carta solicitando permissão para enviar sua revista, a que o futuro soberano dá seu consentimento alguns dias mais tarde.

Dostoiévski não perde tempo.

Transcorridos seis meses, o Departamento de Imprensa informa a Comissão de Censura de São Petersburgo de que o Ministério do Interior decidiu permitir a publicação do *Diário de um escritor*, do tenente reformado Fiódor Mikháilovitch Dostoiévski, sem censura prévia.

Com certeza, Dostoiévski não está do lado dos quase duzentos estudantes que, em 6 de dezembro de 1876, fazem uma manifestação diante da Catedral de Nossa Senhora de Kazan. Eles haviam sido expulsos *manu militari* da igreja, onde queriam celebrar um ofício para Tchernichévski, doente, deportado há uma década na Sibéria, onde faz um trabalho estafante em uma mina. No átrio da catedral, o jovem e ainda pouco conhecido – a não ser pela polícia – Gueórgui Valentinovitch Plekhánov tremula uma bandeira vermelha e faz um discurso revolucionário. Para Dostoiévski, esses jovens não passam de "um rebanho levado ao chicote, pelas mãos de todo tipo de velhacos astuciosos".[2] Sem dúvida, oferecem suas vidas a uma causa que consideram sublime, mas são vítimas infelizes do positivismo ocidental: "Há nisso extravagância mal-intencionada e imoral, imitação simiesca de inspiração externa". Desencaminhados, aqueles que são seduzidos pelo "liberalismo" europeu não trazem a resposta certa às necessidades sinceras de um além, que Dostoiévski faz questão de lembrar:

> É essencial e inevitável ter a convicção da imortalidade da alma humana. [...] Com a falta de fé em sua alma e na imortalidade dessa alma, a existência do homem é contranatura, inconcebível e intolerável.[3]

Depois de manifestar sua opinião sobre a política europeia e a desordem da juventude russa, Dostoiévski passa a outro assunto que considera indispensável e sobre o qual pensa ter competências suficientes para fazer afirmações categóricas: a psicologia das mulheres grávidas.

Ekaterina Kornilova, cujo julgamento está em andamento, lançou pela janela do terceiro andar a filhinha do primeiro casamento de seu marido, um velho com quem se casara, segundo todas as evidências, por interesse. Fez isso com a intenção de matar a criança, embora por sorte a pequena tenha sobrevivido. Ora, nessa altura dos fatos, Ekaterina Kornilova estava grávida. Dostoiévski acredita saber que a gravidez provoca em algumas mulheres um comportamento irracional que seria abusivo condenar. Explica isso de maneira demorada em seu *Diário*, utilizando argumentos no mínimo questionáveis, quando não claramente risíveis. Para ele, Ekaterina Kornilova é inocente e, depois de sua condenação legal, Dostoiévski inicia uma batalha insensata para anular a sentença e revisar o processo. Visita a pobre mulher na prisão, se abre em detalhes em sua revista sobre as deficiências da justiça e intervém junto a seus amigos influentes para convencê-los de que o tribunal cometeu um erro. O único benefício desse envolvimento também "irracional" é o de que, ao final de longas divagações sobre o assunto, convencido de que "até mesmo coisas como esta, aparentemente tão extraordinárias, de fato sempre se arranjam da maneira mais banal"[4], Dostoiévski começa a imaginar a continuação da história: Ekaterina Kornilova, que dá à luz na prisão, entrega o bebê para o marido, que é o pai; como este não queria privar um filho do convívio da mãe, perdoa a esposa e vai visitá-la na galé, de vez em quando ao lado da filha, que não deseja mal à mulher que disseram que tentou tirar sua vida... Dostoiévski esboça o tema de um romance possível, e faz isso com tanta capacidade que seus leitores, talvez não convencidos por completo de seus argumentos "científicos", agora passam a sê-los pela emoção que sentem, tocados por uma tragédia que mexe com seus sentimentos porque os personagens abstratos da coluna policial se tornam concretos graças ao fazer literário.

Ao final de um segundo julgamento, Ekaterina Kornilova é absolvida. Em 24 de dezembro de 1877, o casal Kornilov vai encontrar o escritor para agradecê-lo.

Da mesma forma, depois de algumas novas reflexões sobre suicídio, Dostoiévski descamba outra vez para a literatura e insere entre seu discurso pedante uma narrativa simples e comovente. Trata-se da história de uma menininha que tem tanta vergonha de tirar notas ruins e de dar desgosto à mãe que decide não voltar para casa. Ela muda de ideia depois de passar uma noite na rua, em busca de abrigo.

Naturalmente, é uma narrativa de suma importância para preencher as páginas do *Diário*, mas não se trata daquela pela qual os *Anais da pátria* já pagaram mil rublos adiantados e pela qual Saltykov-Chtchedrin – que dirige a revista desde que Nekrássov, muito adoentado, não tem mais condições de fazê-lo – reclama depois de esperar mais de um ano. Dostoiévski pede desculpas citando o esforço extenuante, intercalado por crises epiléticas, que faz para fornecer mensalmente quase cem folhas para a edição do *Diário de um escritor*. Na sua cabeça, é um dever patriótico:

> O principal objetivo do *Diário* foi, até o momento e na medida do possível, o de elucidar a ideia da originalidade da nossa individualidade espiritual nacional e de destacá-la, tanto quanto possível, dos fatos apresentados pela atualidade.[5]

Isso significa, em essência e embora a intenção do autor seja menos explícita, que é preciso começar ocupando militarmente os Balcãs: "Não é russo quem não reconhecer a necessidade de dominar Constantinopla"[6], registra em suas anotações. Trata-se de algo essencial para, na sequência, reunir todos os povos eslavos na verdadeira fé, que é a ortodoxia.

Em 12 de abril de 1877, Dostoiévski e Anna Grigórievna saem juntos para ir ao banco. O fiacre está subindo a Névski Prospekt quando o casal percebe, na calçada, pessoas que se precipitam e cercam os vendedores de jornais. Eles pedem ao cocheiro para parar, descem e compram a edição especial de um dos jornais de São Petersburgo, que anuncia que a Rússia declarou guerra ao império otomano. Dostoiévski aproveita que estão perto da catedral e corre até lá.

Estranho monumento, essa Catedral de Nossa Senhora de Kazan, construída no início do século XIX para abrigar uma cópia antiga do ícone milagroso encontrado em 1579, em Kazan, por uma menina a quem a Virgem aparecera em sonho. Em um país onde os lugares de culto são minúsculos, essa réplica da Basílica de São Pedro, de Roma, é surpreendente. Não há dúvida de que, com sua cúpula que se eleva a setenta metros de altura e seu átrio cercado por 96 colunas reunidas por uma fachada de templo grego, ela está no espírito daquela cidade que Pedro I quis grandiosa e ocidental. Entretanto, projetada para dar conta das grandes celebrações, é pouco propícia para o recolhimento. Na catedral, onde há uma multidão, padres com trajes litúrgicos já estão oficiando, balançando os incensários para que Deus abençoe esta guerra e ofereça a vitória ao tsar. Dostoiévski desaparece entre a multidão. Como Anna Grigórievna sabe que em momentos assim ele deseja ficar sozinho, só vai à sua procura uma meia hora depois. Encontra o marido refugiado em um canto escuro, tão imerso na oração que, em um primeiro momento, nem sequer a reconhece.

Já está fora de cogitação ir ao banco.

Uma vez em casa, Dostoiévski coloca o jornal comprado em uma pasta em que reúne os documentos importantes. A publicação permanecerá ali até sua morte.

Esse envolvimento exaltado a serviço da Rússia e da fé ortodoxa levanta dúvidas entre aqueles que não são da mesma etnia nem da mesma religião, mas que, apesar disso, há gerações habitam essa terra, que consideram também um pouco como a sua.

Arkádi Grigórievitch Kovner nasceu em Vilna, em uma família pobre, de judeus. Após receber uma educação exclusivamente talmúdica até os dezessete anos e se casar a contragosto, algo frequente nesse meio, com uma moça escolhida por seus pais, ele foge de casa e percorre a Rússia, passando de uma comunidade judaica a outra. Aprende a língua russa, que não sabia, para ingressar na universidade, que abandona. Autodidata de mente brilhante e de grande senso de humor, torna-se jornalista. Escreve com regularidade crônicas satíricas para *A voz* e obtém um emprego no Banco de Descontos e Empréstimos de São Petersburgo. Falsificando assinaturas, consegue roubar 170 mil rublos, mas é preso em Kiev, julgado e sentenciado à prisão. De sua cela, escreve uma longa carta a Dostoiévski, que está acostumado a receber muitas missivas. Esta é excepcional – pela retidão das ideias, pela desenvoltura do tom e pela coragem do propósito – para que o autor do *Diário* julgue válido dar uma longa resposta, em palavras que demonstram seu respeito pela integridade intelectual do interlocutor. Admirador dos grandes romances de Dostoiévski, em particular de *O idiota*, o que lhe autoriza palavras menos lisonjeiras a algumas "ninharias" como *O eterno marido* ou *Uma anedota infame*, leitor assíduo do *Diário de um escritor*, Arkádi Kovner julga estranho que uma alma tão profunda como a de Dostoiévski possa expressar sentimentos antissemitas:

> Eu gostaria de saber por que o senhor se insurge contra os judeus, e não contra a exploração de modo geral; não posso mais suportar os preconceitos da minha nação, e não sofri pouco com eles, nem concederei jamais que a exploração descarada esteja no sangue dessa nação.[7]

Dostoiévski, que recebera uma série de cartas sobre o mesmo assunto e que evoca seus amigos judeus para rejeitar a suspeita de antissemitismo[8], promete voltar ao tema no *Diário*. De qualquer maneira, se apressa a esclarecer sua posição:

> Não sou nem nunca fui inimigo dos judeus. Mas sua existência de quarenta séculos já prova que essa tribo tem uma força vital que não conseguiu, ao longo da história, deixar de se formular em diferentes *status in statu* [Estado dentro de um Estado]. Esse *status in statu* extremamente poderoso é também incontestável em nossos judeus russos. E, se é assim, como podem os judeus não estar em pendência, ao menos em parte, com a raiz da nação, com a tribo russa.[9]

O resto da argumentação se baseia em afirmações menos resolutas: Dostoiévski tem a impressão de que seu correspondente fala dos russos em termos que ele próprio nunca teria empregado para se referir aos judeus. Diz que conhece alguns judeus que se recusam a sentar-se à mesa com russos, que, até onde saiba, nunca tiveram qualquer hesitação em almoçar na companhia dos amigos judeus. Conclusão:

> Então, quem odeia quem? Quem é intolerante com quem? E que ideia é esta de que os judeus são uma nação humilhada e ofendida? Pelo contrário, são os russos que são humilhados em tudo diante dos judeus, pois estes desfrutam de uma igualdade de direitos quase total (podem até chegar a oficiais, o que na Rússia quer dizer tudo), beneficiando-se além disso de seu próprio direito, de sua própria lei, de seu próprio *status quo* que as leis russas protegem.[10]

As dezenas de páginas publicadas sobre esse tema na edição de março de 1877 do *Diário de um escritor* nada acrescentam de essencial ao que já foi dito. No entanto, Dostoiévski faz questão de acrescentar que, se "tudo o que a humanidade e a equidade exigem, se tudo o que o sentimento humano e a lei cristã exigem, se tudo isso deve ser feito para os israelitas"[11], incluindo "a ampliação completa de seus direitos" em vista de uma igualdade total com a população nativa, ele espera em troca que estes, como algumas de suas personalidades mais eminentes, renunciem ao seu sectarismo, para que seja possível que todos se reencontrem em uma verdadeira fraternidade.

Como era de se esperar, a entrada da Rússia na guerra aumentou de maneira considerável o número de leitores dos jornais. O *Diário de um escritor* passa a ter uma tiragem de oito mil exemplares, superando as previsões mais otimistas. Em vista disso, Anna Grigórievna concorda enfim em contratar alguns funcionários para ajudarem-na nas tarefas administrativas e de secretaria da revista. O tom se mantém o mesmo e – entre a mescla das especulações políticas duvidosas e os incessantes lembretes da missão da Rússia, que primeiro deve salvar os eslavos, depois os demais cristãos e, por fim, a humanidade inteira – despontam fórmulas que, embora vazias, não deixam de ser atraentes para todos que estão orgulhosos das vitórias de que participam apenas indiretamente e dos sacrifícios feitos em um front que acompanham à distância. O *Diário de um escritor* declara em alto e bom som que "foi o próprio povo que se levantou para guerra, liderado pelo tsar".[12] Assegura aos leitores que "a guerra vai refrescar o ar que respiramos e no qual asfixiávamos, confinados à impotência corrupta e à limitação espiritual".[13] Dostoiévski conclui de modo panfletário:

> O início da guerra popular atual e todas as circunstâncias recentes que contribuíram para isso só demonstram com evidência, para quem consegue observar, a coesão e o vigor inquebrantáveis do nosso povo e a que ponto nossas forças populares permaneceram imunes contra os germes da decomposição que infectaram nossos intelectuais.[14]

Talvez seja útil esclarecer que, depois de atravessar o Danúbio, chegando diante da fortaleza de Plevna, que oferece resistência, o exército russo sofre derrotas consideráveis o bastante para que o herdeiro do trono, que comanda as operações, veja-se obrigado a enviar um telegrama urgente ao rei da Romênia, pedindo reforços. Até dezembro de 1877, os dois exércitos aliados travam batalhas sangrentas, com baixas pesadas, para conquistar esse ponto estratégico, essencial para esperar uma vitória contra os otomanos. O exército russo sofre baixas também consideráveis na linha de frente do Cáucaso onde, em poucos meses e à custa de avanços insignificantes, a Rússia lamenta cerca de vinte mil mortos. A guerra termina mais em decorrência de uma rodada de negociação do que por conta de uma sequência de vitórias militares. As potências ocidentais – em particular a Inglaterra, que envia uma frota para proteger Constantinopla de um eventual ataque russo – não querem que a Rússia tenha muita importância em uma região que pretendem manter sob seu controle. O Tratado de San Stefano, posteriormente alterado pelo de Berlim, oferece a independência à Romênia, à Sérvia e a Montenegro, e a autonomia a duas províncias búlgaras, embora impedidas de se unir para formar um Estado eslavo poderoso ao sul do Danúbio. O acordo também põe um fim às ambições da Rússia de tomar os Balcãs sob sua tutela. Os poucos territórios atribuídos à Rússia, alguns arrancados de seus próprios aliados, mal escondem o fracasso de um projeto eslavófilo muito mais ambicioso, que talvez não fosse o de Alexandre II. Mais realista, este só planejava um equilíbrio das forças europeias mais favorável ao seu país.

O aumento considerável no número de leitores, e também o modo como Dostoiévski aborda tudo e fornece uma opinião sobre todas as questões sociais, fazem dele uma espécie de guia espiritual para alguns milhares de compatriotas, que têm um interlocutor específico a quem podem se endereçar, o que vale ao escritor uma correspondência abundante, sobretudo por parte das mulheres. Ele se esforça para responder do melhor modo possível, mas tentando detectar em casos individuais problemas de ordem mais geral. Se as questões suscitadas por vezes são graves e colocam em xeque as convicções de Dostoiévski, ou ao menos algumas de suas atitudes, como no caso das duas cartas de Arkádi Kovner, outras tratam de assuntos muito mais pessoais.

Uma moça de Kronstadt queria fugir de um ambiente familiar pesado e conservador para dedicar sua vida aos outros. Ela gostaria de fazer um curso de parteira. Dostoiévski a desaconselha e a incentiva a seguir os "cursos universitários para mulheres", criados pelo professor Bestujev-Riúmin. Ainda assim, lembra a ela que "ser uma boa esposa e, acima de tudo, uma mãe de família é a vocação suprema de uma mulher".[15] Já Sofia Efimova Lúrie pede um conselho para escolher seu marido. Com pedidos de casamento de um médico e de um professor universitário adjunto, não encontra argumento decisivo nem a favor de um nem de outro. A recomendação que recebe é a de submeter os concorrentes "a uma análise rigorosa de vários meses". Olga Afanássievna Antípova está tão desesperada por ter fracassado em uma de suas provas na universidade que Dostoiévski, temendo um suicídio, responde de imediato. Aos dezesseis anos, escreve ele, ninguém tem o direito de acreditar que "nunca vai ser alguém na vida". Censurando-a pelos caprichos de menina mimada, Dostoiévski pretende ser incentivador: "Me dê sua mão e se acalme, meu Deus! Quem nunca fracassou? E o que valeria uma vida sem problemas?".[16]

Ouvinte dos cursos de Bestujev para mulheres, Aleksandra Nikolaievna Kurnossova leu *Crime e castigo* e *O idiota*. Ela presenciou diversas leituras públicas de Dostoiévski e ficou tão mexida que tem a sensação de que só ele pode ajudá-la a vencer a grave crise moral que está atravessando: Aleksandra perdeu a fé, abalada por pessoas que também a levaram a perder a confiança no bem na terra. Já não tem mais motivos para viver, para prolongar uma existência que não tem sentido. Envia uma carta "passional e sincera". Dostoiévski convida a moça para uma conversa pessoal, para discutirem coisas que não podem ser debatidas por escrito, porque se tornam abstratas e, por consequência, ineficazes. Se isso não for possível, aconselha que desconfie daqueles que "abalaram sua fé": são "inconsistentes" e nem sequer têm um "conhecimento científico" do que negam. Ou seja, do Cristo e da fé? Aleksandra Kurnossova deve ter ficado perdida: é possível conhecer Deus "cientificamente", pela razão? Não é o que Dostoiévski prega de modo habitual. Essa afirmação seria um mero deslize verbal ou a confissão involuntária de uma falha na fé do homem que, no passado, escrevera para Natália Fonvízina afirmando que era e sempre seria o filho de um século que questiona e precisa das certezas trazidas pela ciência?

Já Aleksandr Pávlovitch Nalímov queria saber se deve seguir uma carreira literária. Precisa procurar a resposta em seu âmago, como Dostoiévski fizera no passado: "Havia na minha alma uma espécie de centelha em que eu acreditava, e pouco me preocupava com o que resultasse dela".[17] N.A. Kapustina estudou belas-artes, mas também está seduzida pela literatura; Dostoiévski poderia aconselhá-la como escolher entre as duas? Uma mãe pergunta o que é "o bem" e como educar o filho. "Familiarize-o com o Evangelho", responde Dostoiévski. "Ensine a ele a fé em Deus, estritamente de acordo com a lei. [...] A senhora não vai encontrar nada melhor do que Cristo, acredite".[18] Outra moça, Ekaterina Stepanovna Ilminskaia, receberá a fotografia que pede: Dostoiévski pretende "mandar fazer um retrato" em breve.

A maioria das cartas vem de mulheres, jovens ou não. Há também em volta de Dostoiévski um círculo de amigas muito apegadas e que pede constantemente sua opinião. Anna Grigórievna não se surpreende com isso: "Aquelas que instintivamente se abriram com ele sabiam por intuição e adivinhavam que poucos homens compreendem a mulher e seus sofrimentos como meu marido".[19]

A fama alcançada com o *Diário de um escritor*, que excede em muito a obtida como autor, obriga Dostoiévski a ter uma vida mundana que parece não apreciar. Todavia, aceita-a de bom grado na medida em que ela o tranquiliza, massageia seu ego e lhe dá a sensação de se vingar de parte da *intelligentsia* russa que o trata com desprezo por suas ideias "conservadoras". Também vê aí a confirmação de um sucesso que lhe permite julgar-se à altura de seus principais rivais, que subestima. Constata em Turguêniev "um assustador declínio do nível artístico"[20] e acha o mais recente romance de Tolstói, *Anna Karenina*, muito decepcionante. Sentindo que talvez fosse imprudente dizer isso com todas as letras, fica contente quando outros o fazem. Cumprimenta Aleksei Serguéievitch Suvórin pela franqueza que teve ao afirmar, na revista *Tempos Novos*, que *Anna Karenina* se trata de "uma história longa demais, detalhada demais, mesquinha e que põe em cena personagens medíocres e desinteressantes".[21] Isso não impede Dostoiévski de bajular de vez em quando seu ilustre contemporâneo, que chama de "medíocre" em seus diários, mas cujo mais recente romance elogia incondicionalmente na edição de julho-agosto de 1877 do *Diário*: *Anna Karenina* seria "uma perfeição artística", e seu autor, "um grande talento, um espírito notável e um homem muito respeitado em toda a Rússia pensante".[22]

Dostoiévski, que agora faz parte de uma série de comitês e comissões e que marca presença constante em vários salões de São Petersburgo, sai em geral sozinho. Anna Grigórievna pensa que é mais vantajoso ficar em casa, sobretudo porque seu estado de saúde, sempre frágil, começa a piorar, provavelmente em decorrência dos esforços consideráveis feitos para publicar e distribuir o *Diário* e para cuidar da casa e das crianças. Dostoiévski retorna por volta de uma da manhã, veste o sobretudo de verão – que lhe serve de roupão – e, tomando o chá, faz para a esposa um apanhado tão rico e cativante da noite que Anna prefere muito mais esse relato à diversão que o fato de estar presente teria proporcionado. Em noites como essas Dostoiévski não trabalha e, motivado pelo prazer que provoca sua história, às vezes a prolonga até o amanhecer. Descreve em detalhes os trajes das damas, propondo-se, caso tenha gostado de um vestido, um chapéu ou um xale, a procurar algo semelhante para Anna Grigórievna. Faz a descrição de uns e de outros, que Anna tem a sensação de distinguir melhor do que se tivesse visto com os próprios olhos. Reproduz ao pé da letra as discussões dos presentes e os debates com seus pares, que muitas vezes "tentam ofendê-lo ou humilhá-lo". "É preciso dizer com toda a sinceridade", observa Anna Grigórievna, "que os homens de sua profissão, mesmo aqueles com inspiração e talento, muitas vezes o atacavam e, com palavras irônicas, queriam demonstrar a que ponto menosprezavam seu talento".[23]

Enfim chegam as férias – por assim dizer, já que são lançadas duas edições duplas do *Diário de um escritor* durante o verão. No final de maio, Dostoiévski, Anna Grigórievna e os filhos vão para a propriedade de Ivan Snítkin, irmão de Anna, que fica na região de Kursk. Durante a viagem, nas estações onde o trem faz longas paradas a fim de priorizar aqueles que transportam as tropas para a linha de frente dos Bálcãs, Dostoiévski compra pães de mel e cigarros, que oferece aos soldados.

No começo de julho, Dostoiévski volta com urgência a São Petersburgo. A autorização para publicar o *Diário de um escritor* sem censura prévia ainda não foi transmitida a quem de direito, e a pessoa que deve ler as provas da próxima edição e dar o aval está ausente. Dostoiévski deve tomar alguma medida para que outro censor seja designado. A revista é publicada com um atraso de mais de uma semana, por culpa das autoridades e também porque uma nova crise de epilepsia – que vem se somar a outras bastante frequentes desde o inverno – o deixa pregado durante vários dias. Está "terrivelmente" cansado. Enquanto espera o retorno do marido, Anna Grigórievna aproveita a proximidade e vai com as crianças a Kiev, em peregrinação ao Mosteiro das Grutas, um dos locais sagrados da ortodoxia, fundado no século XI por dois monges vindos do monte Atos.

Uma curta viagem a Moscou, em meados de julho, possibilita que Dostoiévski, a caminho de Kursk, faça um desvio em Darovóie. Não havia posto os pés ali desde a morte de seu pai, "ainda que essa pequena localidade sem nada de notável tenha deixado em mim, e por toda a minha vida, a mais forte e profunda impressão, e embora tudo ali estivesse repleto das mais caras lembranças".[24] Felizes ou não, essas lembranças da infância, evocadas por Dostoiévski na edição seguinte do *Diário de um escritor*, são do seu ponto de vista algo venerável e precioso para todos nós: sem elas, nossa vida seria inconcebível.

Dostoiévski parece muito comovido de redescobrir seu passado distante. Faz longas caminhadas pelo campo e pelo vilarejo, onde reencontra pessoas que o conheceram quando era criança. Conversa com elas. Faz questão de fazer sozinho e a pé o trajeto até o bosque de Tchermachnia, onde tanto gostava de se perder durante as férias escolares e onde, com Mikhail, brincava de soldado e de Robinson Crusoé.

Assim que chega, Dostoiévski conta em detalhes para os filhos sua viagem a Darovóie. Promete levá-los lá, para que conheçam os lugares que são tão importantes para ele. Será Anna Grigórievna quem fará isso, por obrigação, em 1884, três anos depois da morte de seu marido.

Cinquenta e seis anos

Quando retorna a São Petersburgo, em setembro de 1877, Dostoiévski fica sabendo que Nekrássov, doente há meses, está à beira da morte, e corre para fazer uma visita. De cama, Nekrássov fica contente de rever seu amigo de trinta anos, de quem foi um dos primeiros a reconhecer o talento. Nekrássov, que só consegue falar com dificuldade, acha Dostoiévski "pálido e cansado". Este explica que está extenuado por conta das crises de epilepsia, outra vez frequentes.

Dostoiévski o visita uma última vez no final de novembro. Deitado no estreito canapé, apoiado em diversos travesseiros, magro e pálido, Nekrássov lembra tanto um cadáver que é espantoso que consiga mover os lábios e falar. Lê, com pausas para recobrar o fôlego, os poemas que acaba de escrever.

Nekrássov morre em 27 de dezembro, às oito da noite. Ao saber da notícia na manhã seguinte, Dostoiévski vai de imediato à residência do finado poeta, a fim de rezar diante de seu corpo. Ao voltar para casa, não consegue retomar o trabalho. Retira da biblioteca os livros de Nekrássov e relê os poemas até as seis da manhã. "Foi como reviver esses últimos trinta anos", observa ele. Os quatro primeiros poemas foram publicados em *Almanaque de Petersburgo*, revista em que o próprio Dostoiévski lançara sua primeira narrativa. Encontra aqueles poemas que lera quando, ao fim de anos de galé, tivera pela primeira vez o direito a um livro. "Toda a minha vida pareceu desfilar na minha frente", confessa Dostoiévski, que acrescenta: "Percebi pela primeira vez o imenso lugar que Nekrássov, como poeta, ocupara em minha vida ao longo desses trinta anos".[1]

Dostoiévski comparece a todas as missas em homenagem ao defunto. Em 30 de dezembro, está presente na Rua Liteinaia, onde morava Nekrássov. Milhares de pessoas estão esperando a saída do caixão. Dostoiévski segue o cortejo sem chapéu, como deve ser. Anna Grigórievna teme por sua saúde e o convence a retornar para, duas horas mais tarde, ir direto ao cemitério do mosteiro de Novodevitchy, localizado bem longe, depois do rio Bol Ijorka.

Quando chegam, o corpo ainda está na capela-ardente. Eles o acompanham até a sepultura. Amigos fazem o elogio fúnebre ao finado, e pedem que Dostoiévski fale algumas palavras:

> Tomado de profunda emoção, me encaminhei até o túmulo ainda aberto, repleto de flores e grinaldas, e com voz embargada pronunciei, depois de outros, algumas palavras. Comecei justamente dizendo que tinha sido um coração partido ao longo de toda a sua vida, e que essa ferida nunca cicatrizada fora a fonte de toda a poesia, de todo o amor, apaixonado até o sofrimento, deste homem por tudo aquilo que é exposto à violência, à crueldade de uma arbitrariedade desenfreada, pelo penoso destino de nossas mulheres russas, de nossas crianças na família russa, de nossos homens do povo cujo quinhão é tantas vezes a amargura.[2]

Dostoiévski fala também da originalidade de Nekrássov, que considera um poeta tão grande quanto Púchkin.

– Maior do que Púchkin! – grita um dos jovens ao redor do túmulo. – Púchkin não passava de um byronista.

– Nem maior, mas também nem menor do que Púchkin – responde Dostoiévski.

– Maior, maior – grita, com a aprovação de todo o grupo, um rapaz que não é ninguém menos do que Gueórgui Plekhánov: anos depois, já um dos mais importantes líderes do movimento revolucionário russo, irá reconhecer publicamente que seu julgamento a respeito de Púchkin era superficial e que cometera um erro ao contestar Dostoiévski.

Dostoiévski e Anna Grigórievna deixam o cemitério ao lado de um amigo, o crítico literário Or.F. Müller. Dostoiévski pede à esposa:

> Quando eu morrer, Ania, quero ser enterrado aqui ou em qualquer outro lugar, mas em hipótese alguma em Volkhov, no quadrante dos escritores. Não quero repousar entre meus inimigos, que me fizeram sofrer tanto ao longo de toda a minha vida.[3]

Metade da edição de dezembro do *Diário de um escritor* é dedicada a Nekrássov. Em uma nota aos leitores, Dostoiévski também anuncia o fim da publicação.

Já cogitava isso havia meses, e as centenas de cartas que chegam "de toda a Rússia, de todas as classes (as mais variadas) da sociedade, lamentando e pedindo para não abandonar a atividade"[4], não mudam a decisão tomada.

O *Diário de um escritor* lhe garante uma renda confortável. As dívidas do passado foram quitadas e, pela primeira vez desde a morte de Mikhail e da falência da *Época*, Dostoiévski não vive mais de maneira precária. A revista também lhe trouxe uma fama muito maior do que seus romances. O fato de escrever sozinho em um periódico, ser a voz única e identificável que fala direta e pessoalmente ao leitor dá a impressão de que Dostoiévski é um guia espiritual que pode se tornar também um confessor compreensivo – como prova a avalanche de cartas em que um conta sobre a morte do irmão no campo de batalha, outro informa sobre os esforços que está fazendo para ajudar as crianças necessitadas, todos ansiosos para comentar as boas ações, como para obter sua aprovação, ou as más, como para receber a absolvição.

Tão ampla divulgação de ideias, sinceras mas particularmente favoráveis à política do imperador, também lhe rendeu a simpatia das mais altas autoridades. Em 2 de dezembro de 1877, Dostoiévski é eleito membro correspondente da Academia Imperial de Ciências, na seção de língua e literatura russas, algo que não poderia acontecer sem o consentimento de Alexandre II, que tem poderes discricionários no que diz respeito a essa instituição. Dois meses depois, o mesmo Alexandre II avisa oficialmente, por intermédio do general Dmítri Serguéievitch Arséniev, tutor dos grão-duques Serguei e Pável Aleksándrovitch, que ficaria grato se Dostoiévski aceitasse ter conversas regulares com os dois jovens para aperfeiçoar a educação moral e espiritual deles, um com vinte e outro com dezoito anos. Tempos depois, também participarão desses colóquios ocasionais os sobrinhos do tsar e seus "pupilos", Konstantin Románov e Serguei Aleksándrovitch, e até mesmo, algumas vezes, a grão-duquesa Maria Fiódorovna e Maria Maximilianovna de Baden, entre outros membros da família imperial. Todos apreciam as palavras sábias do escritor e suas ideias, que reforçam as deles. Os grão-duques até se dignam a ler os romances do homem que seu pai achou por bem designar como mentor. Outro membro da família imperial, o grão-duque Konstantin Konstantínovitch, nascido em 1858 – nove anos após a condenação de Dostoiévski –, confessa ao autor ter ficado bastante impressionado com o modo como descreve os sentimentos de um condenado à morte em *O idiota*. Fica surpreso ao saber que o interlocutor fala de experiências pessoais – e registra isso em seus *Diário*s, publicados muito tempo depois de sua morte.

Mas tudo isso cobra um preço.

Um trabalho em um ritmo que não possibilita descanso é nocivo a uma saúde já debilitada. No último ano, as crises de epilepsia são mais frequentes, e os problemas respiratórios e digestivos pioraram.

E, acima de tudo, como precisa escrever mensalmente uma centena de folhas para entregar em data fixa, Dostoiévski não tem mais tempo para continuar sua obra romanesca, e sofre com isso. Em 24 de dezembro de 1877, registra em suas anotações:

> Memento. – Para toda a vida. 1. Escrever um livro sobre o Cândido russo. 2. Escrever um livro sobre Jesus Cristo. 3. Escrever minhas memórias. 4. Escrever o poema Sorokovini. (Tudo isso, sem levar em conta meu último romance e a retomada eventual do *Diário*, representa um trabalho de no mínimo dez anos, e hoje tenho cinquenta e seis.)[5]

O fim do *Diário de um escritor* é uma decisão sensata, que se impõe.

Porém, o retorno à literatura se revela mais difícil do que o previsto.

Dostoiévski tem "na mente e na alma um romance que pede para se exprimir"[6], mas não consegue parar para escrever. Por um lado, não acha prudente abdicar dos incontáveis convites, tanto em salões quanto em diferentes eventos de caridade ou festivos, cujos organizadores solicitam sua presença; às vezes – se queixa a Anna Pávlovna Filósofova, esposa de um grande dignitário cujo convite recusa –, ele precisaria estar em três lugares diferentes no mesmo dia, no mesmo horário! Seu nome atrai um público grande, que adora ouvi-lo ler. Dostoiévski tem uma voz característica, um pouco rouca, não muito potente, mas o modo de conduzir a entonação da frase e de destacar as ideias impressiona e enfeitiça o auditório, seduzido também pelo fervor de sua declamação. Sua escolha de leitura recai muitas vezes nos poemas de Púchkin ou de Nekrássov, e em alguns fragmentos de *Almas mortas*, de Gogol. Em relação à própria obra, prefere o "Sonho de Raskólnikov", o "Monólogo de Marmeladov" e alguns capítulos de *O idiota*. Transcorridos quarenta anos, o professor Sémion Afanássievitch Venguérov ainda se lembraria da impressão causada depois de um desses eventos, que também contou com a participação, entre outros, de Turguêniev, Grigórovitch e Saltykov-Chtchedrin: "Todos os outros se limitavam a ler, enquanto Dostoiévski profetizava, no sentido pleno do termo".[7] Também representam peças de teatro nessas reuniões. Dostoiévski queria interpretar *Otelo*: é sua peça favorita de Shakespeare, pela qual tem estima especial.

Por outro lado, mantém os hábitos do jornalista interessado pelos acontecimentos da atualidade. Graças à intervenção de seu amigo Anatoli Kóni, que preside o tribunal, está presente na fila da imprensa durante o julgamento de Vera Ivánovna Zassúlitch.

A situação interna na Rússia é crítica. A abolição da servidão e a reforma agrária, a do exército e algumas outras disposições liberais não resolveram as tensões decorrentes de um sistema aristocrático cristalizado. Dentro de uma espécie de caixa estanque feita de privilégios exorbitantes, tem se desenvolvido nas últimas duas décadas – sobretudo graças às novas medidas que permitem o acesso à universidade a estudantes oriundos das classes baixas e médias – uma elite intelectual contestatória. Em razão de suas origens, essa nata conhece a miséria da imensa maioria do povo e, alimentada pelo pensamento liberal ocidental, aspira a uma sociedade democrática mais justa. Parte significativa dessa *intelligentsia* está decidida a agir por todos os meios, inclusive pela violência, para mudar as coisas. Atos estrategicamente preparados por "sociedades secretas", que a polícia consegue às vezes desmantelar, se alternam a ações individuais espontâneas. De uma maneira ou de outra, a ideia de sacrificar a vida pela causa do povo leva a atentados que parecem, por assim dizer, em voga.

Vera Zassúlitch ilustra bem essa atmosfera conturbada de um regime que, tendo perdido sua legitimidade ao se liberalizar, permite, sem desejar e apesar dos mecanismos de defesa violentos, o desenvolvimento das forças destinadas a destruí-lo. Oriunda de família nobre, Vera Zassúlitch descobre na Universidade de São Petersburgo as ideias anarquistas e decide ingressar no movimento revolucionário. Aos vinte anos, em 1869, é presa e passa dois anos nas masmorras da Fortaleza de Pedro e Paulo. Solta, deixa São Petersburgo e se junta, em Carcóvia, ao grupo dos "Baderneiros do Sul", que comete vários atentados. Pelos jornais, ela fica sabendo que, em 13 de julho de 1877, o general Fiódor Fiódorovitch Trepov, governador de São Petersburgo, mandara açoitar o estudante Arkhip Pietróvitch Bogoliubov, que, depois de um longo confinamento, condenado à galé, se recusara a tirar o chapéu diante dele. Essa sanção abusiva despertara uma onda de indignação. Sem conhecer Arkhip Bogoliubov, Vera Zassúlitch decide vingá-lo. Leva meses bolando seu plano e, em 24 de janeiro de 1878, está entre as pessoas que aguardam Trepov na antecâmara para apresentar solicitações. Quando o governador chega à sua frente, Vera Zassúlitch saca o revólver com seis balas, dispara apenas uma vez, solta a arma e não oferece resistência à prisão. Trepov fica gravemente ferido. A jovem revolucionária é julgada em março. Em uma atmosfera turbulenta, na qual aqueles que têm esperança em uma evolução pacífica da Rússia, por meio de reformas moderadas, enfrentam em debates sem fim aqueles que receiam que apenas uma revolução seja capaz de destravar a situação, a imprensa fez desse julgamento um acontecimento histórico. A nata de São Petersburgo está no tribunal. Dostoiévski também.

O escritor condena inapelavelmente os atos terroristas e fica do lado dos defensores do tsar e da ordem estabelecida. No entanto, sente uma irresistível simpatia por essa moça simples de vestido de lustrina preto, cujos olhos escuros nada têm de ameaçador, de agressivo, pelo contrário. Em uma voz suave e monótona, sem se exaltar, ela explica que todo indivíduo, mesmo culpado, tem sua dignidade, cujo ultraje é imperdoável. Ela não tem reivindicações políticas e, nesse caso específico, não contesta nem uma sociedade injusta nem o poder absoluto. O que ela defende é certa concepção do ser humano:

> Decidi provar, ainda que ao preço da minha própria vida, que quando ridicularizamos com tanta crueldade um ser humano não devemos ter certeza da impunidade.[8]

Dostoiévski é dessa opinião – assim como os jurados: Vera Zassúlitch é absolvida.

Dostoiévski fica contente com a sentença: para ele, a acusada – cujo ato desaprova totalmente, bem como aqueles que carregam revólveres pelas ruas – também é uma vítima deste "partido do exterior", que pretende reformar a Rússia de acordo com normas sem relação com as verdades profundas do povo. Esses estudantes de boa vontade, mas desencaminhados, "querem instruir o povo", quando deveriam, em vez disso, se instruir junto a ele. Como fazê-los entender que "o ideal da beleza humana é o povo russo"?[9] Evocando o julgamento de Vera Zassúlitch em uma carta endereçada aos estudantes, Dostoiévski dá instruções a um grupo de alunos a quem não pode, por conta da censura, responder publicamente como desejaria:

> Vocês são apenas os filhos dessa "sociedade" da qual se desviam no momento e na qual, "em todas as partes", reina "a mentira". No entanto, rompendo com a sociedade e afastando-se dela, nossos estudantes se encaminham não para o povo, mas para algum lugar do exterior, para o "europeísmo", para o reino abstrato do homem universal que nunca existiu, separando-se assim do povo, desprezando-o e não o reconhecendo. [...] Porém, nossa salvação está no povo.[10]

Em 16 de maio de 1877, uma grande desgraça: Aliócha falece em decorrência de uma repentina e violentíssima crise de epilepsia.

O menino era forte e saudável e, como o irmão e a irmã, saíra ileso das doenças contagiosas da infância, que todos tinham contraído. O primeiro alerta soa em 30 de abril: algumas convulsões que parecem inofensivas. Na manhã de 16 de maio, elas se repetem. Em um primeiro momento, Anna Grigórievna supõe que as contrações no rosto do filho sejam consequência das dores causadas pelo crescimento dos dentes. Alertado, o médico de família, que mora na redondeza, chega sem demora e não vê motivos para preocupação. Depois que vai embora, novas convulsões assustam Anna Grigórievna, que decide acordar o marido. Dostoiévski tem a impressão de detectar algumas semelhanças com suas próprias crises, e a ideia de que poderia ter transmitido a doença para o filho lhe tira o sossego. Manda chamar na hora um especialista em doenças nervosas, o professor Uspénski, que promete vir assim que terminar suas consultas. Enquanto isso, prescreve um calmante e oxigênio. Inconsciente, Alióchá se agita de tempos em tempos por convulsões que o deixam prostrado e quase sem vida. O médico enfim chega e examina a criança, ainda inconsciente. Tranquiliza Anna Grigórievna e pede para Dostoiévski acompanhá-lo até a porta.

Dostoiévski retorna pálido, mal conseguindo se manter de pé. Ajoelha-se ao lado da cama e reza. Na antecâmara, o dr. Uspénski lhe dissera que o menino não tinha salvação e só lhe restava pouco tempo de vida. Anna Grigórievna compreende e se ajoelha também. De repente, a criança para de respirar. Dostoiévski beija o filho, faz três vezes o sinal da cruz sobre a cabeça dele e cai em prantos.

Aleksei Fiódorovitch Dostoiévski é enterrado dois dias depois, no cemitério da Grande Okhta.

Dostoiévski desmorona. Está fora de cogitação participar do Congresso de Escritores Europeus, para o qual fora convidado e que reúne em 30 de maio de 1877, em Paris, uma constelação de autores importantes, sob a presidência de Victor Hugo. Este sonha com uma Europa dos povos que talvez não seja exatamente a de Dostoiévski: "Nosso 'europeísmo' russo", escreve ele, mais ou menos na mesma época do general Fiódor Fiódorovitch Radetski, "toma um caminho novo, radioso, ortodoxo, o do Cristo".[11]

Anna Grigórievna também está mal. Tem crises de choro, emagrece, está apática e, sem energia, não consegue mais cuidar como queria nem das crianças nem da casa. Quando um jovem amigo do casal, Vladímir Serguéievitch Soloviov, cuja filosofia se baseia nas três visões da encarnação da sabedoria divina que teve aos vinte anos, comenta que pretende visitar o mosteiro de Optina Pústin, um dos locais sagrados da ortodoxia russa, ela se lembra de que há muito tempo Dostoiévski tem a intenção de ir a esse lugar. Convencida de que isso poderia aliviar o sofrimento do marido, Anna pede a Soloviov para levar Dostoiévski e tomar conta dele: no estado em que se encontra, ele não poderia fazer uma viagem dessas sozinho, e ela não está em condições de acompanhá-lo. Vladímir Soloviov aceita o pedido no mesmo instante e marca a partida para a última semana de junho.

De luto, a família deixa São Petersburgo e vai para Stáraia Russa. Agora é possível fazer o trajeto por trem, já que recentemente fora criada uma linha ferroviária ligando esse pequeno vilarejo à grande Nóvgorod.

Para ir ao mosteiro de Optina Pústin, Dostoiévski deve passar por Moscou. Vem a calhar, pois precisa tratar de negócios na cidade. Hospeda-se em um quarto que custa dois rublos e meio no hotel Europa, em frente ao Teatro Maly, mas dorme mal por conta de violentos ataques de tosse. No dia seguinte, vai à redação do *Mensageiro russo* para encontrar Mikhail Kátkov e oferecer seu próximo romance. Kátkov o recebe de maneira muito amistosa e eles começam conversando a respeito de coisas sem importância. Uma tempestade desaba, o que atormenta Dostoiévski. Se eu oferecer meu livro e ele não quiser, pensa Dostoiévski, ficaremos em uma situação embaraçosa até a chuva parar, já que nenhum de nós terá mais nada a dizer, eu ofendido por ter sido recusado, ele constrangido por não ter aceito o livro. Finalmente, toma uma decisão: "Expus tudo de maneira direta e simples. Quando comecei a falar sobre meu desejo de colaborar com ele, o rosto de Kátkov se iluminou, mas assim que citei os trezentos rublos por folha e um adiantamento, ele mudou de expressão".[12]

O *Mensageiro russo*, é verdade, está passando por dificuldade. Por um lado, existem os problemas financeiros, que talvez, no fim das contas, sejam apenas passageiros. Por outro, e mais grave: Mikhail Kátkov, o diretor, dirige também um jornal diário, *Notícias de Moscou*. Acontece que problemas de saúde podem forçá-lo a interromper uma das publicações, porque já não está em condições de dar conta de uma carga de trabalho agora pesada demais para si. O *Mensageiro russo* corre o risco de desaparecer em pouco tempo. Ele não sabe o que dizer. Ao ser informado de que Dostoiévski deve deixar Moscou em dois dias, promete uma resposta para 24 horas e cumpre a palavra. Aceita a proposta, e Dostoiévski corre para dar a notícia à esposa: "Em poucas palavras, Kátkov está contente. Em relação ao adiantamento, aos trezentos rublos e ao resto, não houve problema, porém eles ainda não decidiram se meu romance vai ser publicado no *Mensageiro russo*, nem sequer se o *Mensageiro russo* ainda existirá. Isso vai ser resolvido em outubro. Em relação ao dinheiro, não só Kátkov pagará, como também pediu com insistência para eu aceitar um adiantamento, a saber, dois mil no ato e dois mil em outubro...".[13]

De fato, Kátkov lhe paga dois mil rublos no ato. Dostoiévski envia oitocentos rublos por correio a Anna Grigórievna e guarda o restante em uma pequena bolsa de pano, feita por sua irmã Vera.

O mosteiro de Optina Pústin fica a cerca de quatrocentos quilômetros ao sul de Moscou, na região de Kaluga.

Dostoiévski e Vladímir Soloviov tomam o trem em Kursk, depois, a partir de Sergueievski, alugam uma diligência que leva dois dias para chegar ao destino, passando por Kozelsk. Erguido no meio de uma vegetação abundante que acompanha o curso de um riacho tranquilo, protegido por muralhas não muito altas, exibindo paredes caiadas e apenas pequenas ogivas em baixo-relevo de decoração, o mosteiro de Optina Pústin reúne ao redor de uma igrejinha diversos lugares de oração e um punhado de casinhas brancas, bastante modestas, distribuídas entre canteiros de flores. Há questão de um século, os monges retomaram as tradições mais antigas, perdidas, de uma vida monástica que busca Deus pela "oração interior". O silêncio é apenas uma das maneiras de fechar as persianas do recinto da alma. Libertada dos "ruídos" e dos brilhos falsos do mundo exterior, esta pode enfim entrar em comunhão com a divindade. Esse é o verdadeiro conhecimento, que não deve ser confundido com o da razão, cujas aptidões esbarram na superfície das coisas.

Os *startzi*, que guiam a pequena comunidade de monges reunida ao redor deles, transmitem esse conhecimento a todos que vêm procurá-los. Fazem isso pela palavra, é claro, mas sobretudo pela radiação de sua pessoa, que ilumina a almas dos devotos.

Superior do mosteiro de Optina Pústin desde 1860, Ambrósio desfruta de grande reputação e atrai uma multidão, que muitas vezes vem de longe para pedir conselho. De acordo com alguns relatos – por falta de depoimento do escritor ou de Vladímir Soloviov –, durante sua conversa com o *stárietz* Ambrósio, Dostoiévski está em tal estado de excitação que fala mais do que ouve e quer explicar os fundamentos da fé para o monge ancião a quem quis encontrar justamente para receber, por intermédio dele, a palavra de Cristo. No entanto, algumas palavras do monge Ambrósio, em particular as destinadas a consolar Anna

Grigórievna pela perda do filho, encontram-se na boca do *stárietz* Zossima, personagem do romance *Os irmãos Karamázov*, que nessa época não passa de um projeto.

"A Igreja como um ideal social positivo será a ideia central do meu novo romance"[14], revela Dostoiévski a Vladímir Soloviov ao deixar o mosteiro de Optina Pústin.

O assassino, a idiota e o niilista

O cronograma literário de Dostoiévski parece definido, estabelecido desde que começou a publicar seus romances em folhetim: "Começo um longo romance em meados do verão e escrevo quase até a metade para o ano seguinte. A primeira parte normalmente é publicada, nesta ou naquela revista, a partir de janeiro. Em seguida, vou publicando o romance com algumas interrupções nessa mesma revista ao longo do ano, incluindo dezembro, e concluo sempre no mesmo ano do início da publicação".[1]

Dostoiévski está em meados do verão. Um editor pagou adiantamentos consideráveis e espera os primeiros capítulos. Ele tem há meses, "na mente e na alma", um romance. Resta apenas escrevê-lo.

Contudo, a criação é difícil.

Dostoiévski já sabe qual é o horizonte para o qual deseja conduzir o olhar dos leitores. Também já sabe a mensagem que pretende passar – o que, felizmente, não impede que seus heróis só façam o que bem entendem e sejam autênticos, apesar da vontade do autor em transformá-los nos mensageiros de uma doutrina. Dostoiévski tem algumas anotações, alguns trechos de diálogos, incluindo o com o *stárietz* Ambrósio, alguns rascunhos de situações de conflito que poderiam, cada uma, começar uma narrativa. Falta a história capaz de amarrar todos esses elementos. Uma história significa personagens, que seria cansativo querer inventar: "O que a vida nos oferece é muito mais rico do que todas as nossas descobertas"[2], havia confidenciado a Várvara Timoféieva, ainda na época em que era redator-chefe do *Cidadão*. Ele tem razão, e precisa apenas folhear os *Diário*s para encontrar o que procura.

Em 13 de setembro de 1874, Dostoiévski resumira um "drama" cuja cobertura fora ampla nos jornais, sempre ávidos por histórias trágicas desse tipo: um inocente fora para a galé por parricídio, com base em provas falsas fabricadas pelo verdadeiro assassino, seu irmão. Esse episódio ajuda o escritor a se lembrar de outro, mais antigo, o do subtenente Ilínski, evocado nas primeiras páginas de *Memórias da casa dos mortos*. Depravado e bêbado, endividado e, ao que parece, impaciente para pôr as mãos na herança, o subtenente Ilínski fora condenado por matar o próprio pai, cujo corpo havia sido encontrado em um esgoto, coberto com algumas tábuas. Ilínski sempre alegara inocência sem convencer ninguém, muito menos Dostoiévski: pessoas da mesma cidade, provavelmente esposas de antigos deportados que visitavam o escritor na prisão, tinham feito um relato não deixando qualquer dúvida sobre a culpa daquele infeliz. Surpreso de vê-lo sempre bem-humorado – capaz inclusive de falar com desprendimento surpreendente a respeito daquele que acusavam de ter assassinado –, Dostoiévski tivera a impressão de descobrir nesse homem, que não parecia sentir nenhum remorso, uma forma de deformidade mental que ultrapassava a de um criminoso comum:

> Uma insensibilidade tão brutal chega a parecer impossível. É um fenômeno. Não se trata mais de um crime, e sim de um defeito orgânico, uma monstruosidade física e moral desconhecida até o momento pela ciência.[3]

Depois de escrever a primeira parte de sua obra, Dostoiévski começa o sétimo capítulo da segunda parte por uma nota de esclarecimento, indispensável:

> No primeiro capítulo de *Memórias da casa dos mortos* foram ditas algumas palavras a respeito de um parricida, de origem nobre, tomado como exemplo da insensibilidade com a qual alguns forçados falam dos crimes que cometeram. [...] Há

> alguns dias, o editor do *Memórias da casa dos mortos* recebeu da Sibéria a notícia de que esse parricida era inocente, que passara dez anos na galé sem ter merecido. Sua inocência acaba de ser demonstrada perante um tribunal, oficialmente; os verdadeiros criminosos foram descobertos, confessaram o crime; o infeliz foi solto no mesmo instante. O editor não poderia duvidar da autenticidade dessas informações...[4]

Não se tem as anotações de Dostoiévski sobre *Os irmãos Karamázov*, nem seus diferentes "projetos" – que Anna Grigórievna garantiu que existiram –, rabiscados em folhas dispersas, jogados no lixo um atrás do outro em um momento em que o escritor não tinha nenhuma ideia clara do desenrolar da narrativa. Por isso, seria inútil tentar imaginar como os poucos elementos díspares que preocupam Dostoiévski, provavelmente desde o outono de 1877, se reúnem e se fecundam de maneira recíproca para criar uma obra de ficção vasta e complexa.

No entanto, é certo que no início de julho de 1878, uma vez estabelecido na casa de Stáraia Russa, que se tornou familiar e onde pode retomar hábitos e horários, Dostoiévski começa a redigir *Os irmãos Karamázov*. Pretende avançar depressa.

Não leva em conta sua doença. Em 18 de julho, uma crise aguda o impede de trabalhar durante uma semana inteira.

Não leva em conta os persistentes ressentimentos contra, por um lado, "as satânicas potências ocidentais" que, no Congresso de Berlim, privaram a Rússia do que a guerra nos Balcãs deveria lhe trazer; e, por outro, contra adversários ideológicos mais difíceis de fustigar desde que, ao abrir mão de *Diário de um escritor*, Dostoiévski não tem mais ao alcance um espaço para acertar suas contas todos os meses. Assim, interrompe a produção romanesca para publicar no *Cidadão*, sem assinar, um texto estranho, vagamente inspirado nas histórias fantásticas de Gogol, que lhe permite disparar algumas flechas envenenadas.

Para resumir: um Tritão teria aparecido em 27 de julho na ilha Yelagin. Ele corresponde com exatidão à imagem feita desde a Antiguidade e nada permite que se duvide de sua autenticidade. No entanto, os céticos acreditam que "todo o acontecimento não passava de uma alegoria política intimamente ligada à questão oriental, resolvida nesse exato momento no Congresso de Berlim".[5] Trata-se de um ataque à Inglaterra, cuja política, sempre traiçoeira, é agora liderada pelo judeu Disraeli. Outro a Saltykov-Chtchedrin, que está convencido de que o monstro em questão é apenas um dos policiais encarregados de vigiá-lo. Logo o Tritão desaparece nas águas de onde emergira, para o remorso daqueles que não o viram. Conclusão: "Ao menos o Tritão reanimou a sociedade, que já cochilava com o ronronar da guerra que a todos adormece, e a despertou para a noção de problemas internos".[6]

Isso não contribui para o andamento do romance

Dostoiévski ainda hesita, não sabe como proceder para iniciar a saga dessa "grande família" dos Karamázov. O *Summarium I* reúne algumas folhas com cenas e diálogos que só serão utilizadas no livro II do romance. Em outro lugar aparece a ideia de um personagem secundário, uma pobre mulher, simplória, Lizavieta Smierdiáschaia, que perambula pelas ruas, imunda e repugnante, mas que ainda assim tem um filho de pai desconhecido. Quem poderia levar o vício e a ignomínia ao cúmulo de dormir com essa infeliz que, além do desgosto, não pode despertar senão impulsos animais? Por que não Karamázov pai, sem limites na libertinagem? Assim a "família" poderia crescer com um meio-irmão e, se a ideia de parricídio ganhasse importância no romance, a quantidade de pistas que levam ao desenlace poderia aumentar, o que é sempre proveitoso em literatura.

Outras páginas que sobreviveram por acaso estão repletas de anotações muitas vezes rasuradas ou cobertas com palavras exclamativas, escritas em letras maiores e com uma pressão mais forte da pena, para que o traço seja mais amplo: "Falso, Não, Eureca, Excelente!".[7] Muitos desenhos: retratos, arcos góticos, rabiscos que não significam nada. Às vezes, exercícios de caligrafia. Sinal inegável de uma produção que não sai do lugar, que está empacada, que não consegue arrancar. No início de agosto, Dostoiévski começa a entrar em pânico e, em uma carta a Iúlia Denissovna Zassetskaia, já tem dúvidas se será capaz de entregar a tempo, dentro de três meses, os primeiros capítulos de seu próximo romance. No final do verão, em outra missiva, a mesma história: "A coisa avança terrivelmente mal, estou apenas no início e muito descontente comigo. Tem feito um tempo bastante ruim por aqui, e tive duas crises...".[8]

Datada de 29 de agosto de 1878, essa carta é endereçada a Víktor Feofilovitch Putsikóvitch, seu sucessor na direção do *Cidadão*. Embora bastante breve, permite a Dostoiévski comentar o assassinato em plena rua do general Nikolai Vladímirovitch Mezentsev, chefe da Terceira Seção da Chancelaria Imperial, cometido por "essa escória de niilistas", entre os quais "existe um número fantástico (de acordo com minhas observações)", esclarece Dostoiévski, "de judeus e talvez de poloneses". Uma vez mais, sucinta o suficiente para ser suficientemente clara, a argumentação de Dostoiévski é coerente do ponto de vista de suas convicções: sendo *status in statu*, o judeu, ligado à sua comunidade, tem uma inclinação natural, se não para destruir, ao menos para enfraquecer qualquer outra estrutura coletiva. Tem "todo interesse nas revoltas radicais e nos golpes de Estado".[9]

No início de outubro, Dostoiévski deixa com pesar Stáraia Russa, volta a São Petersburgo e se muda para o número 5 da Rua Kuznechny, a Rua dos Ferreiros, em um apartamento que será sua residência até a morte e que, a partir de 1971, vai se tornar um museu em sua homenagem. O local fica em um imóvel de três andares localizado no cruzamento com a Rua dos Cocheiros.* Situado no primeiro andar, é composto por um hall de entrada, uma pequena sala e uma sala de jantar, dois quartos para Anna Grigórievna e as crianças, uma peça que faz as vezes de biblioteca e enfim, um pouco mais iluminado, o cômodo de Dostoiévski. No meio do quarto, encostada à parede, coberta com feltro verde, fica a mesa de Dostoiévski. Em um canto, ao alcance da mão, a Bíblia que ganhou de presente de Natália Fonvízina, em Tobolsk: Dostoiévski nunca se separa do livro sagrado e muitas vezes interrompe o trabalho para ler algumas passagens ou abre o volume ao acaso, convencido de que, premonitório, o primeiro versículo da página da esquerda pode ajudá-lo a encontrar o caminho nas horas ou dias seguintes ou a lhe fornecer a saída para uma situação difícil. Em um tabuleiro, para o porta-penas, um tinteiro duplo de latão. Dois castiçais de cobre. Um estojo de lata para o tabaco. Bem à frente, no canto das paredes, ao lado da janela, um ícone da Virgem banhado a prata e, pendurado embaixo por três correntes, o suporte, também de prata, da pequena lamparina a óleo que nunca se extingue na casa de um cristão. Separado do escritório por uma pequena estante, um canapé que serve como cama, ao lado do aquecedor, revestido com placas quadradas de faiança branca.

Como de costume, Dostoiévski escreve à noite, acorda tarde, toma o café da manhã ao meio-dia, rodeado pelos filhos, dita para Anna Grigórievna, que passa a limpo as páginas que escreveu de madrugada. Sai de casa ao entardecer, obrigado a dar uma satisfação aos muitos convites, que não poderia recusar sem ofender os amigos, algo que não prejudicaria o lugar que agora ocupa na sociedade de São Petersburgo, que o aceita, apesar de seu mau humor. Seu amigo Vsiévolod Soloviov conta:

---

* Hoje Rua Dostoiévskaia.

> Quando ele vinha à minha casa, era como se uma nuvem negra
> entrasse pela porta. Às vezes, chegava até a se esquecer de
> cumprimentar e a procurar qualquer pretexto para se enfu-
> recer, para humilhar: via em tudo ofensa e malícia contra si.[10]

Também sente prazer em ser admirado por toda essa aristocracia, o que lhe permite acreditar que está, pelo menos, à altura de Turguêniev, Gontcharóv ou do conde Tolstói – em relação a quem, definitivamente, continua tendo uma atitude no mínimo ambígua. Nos salões, Dostoiévski parece lhe devotar uma admiração ilimitada e chega a se referir ao colega como um "Deus da arte". Porém, sabe-se por suas anotações que acha a literatura de Tolstói afetada e falsa, com o lado didático por vezes triunfando sobre a "beleza artística".[11] Dostoiévski gostaria de conhecê-lo e chega a censurar Strákhov – que levou em segredo o autor de *Guerra e paz* a uma conferência de Vladímir Soloviov, à qual Dostoiévski também estava presente – por não ter lhe apresentado o conde, mas seus *Diários* testemunham a pequena simpatia que tem por esse personagem que "se adora"[12] tanto que se torna desagradável.

Entre as reuniões na casa da condessa Tolstaia, esposa do poeta e dramaturgo Aleksei Konstantínovitch Tolstói, e as noites no salão de Iúlia Zassetskaia – filha do poeta Denis Davydov –, que reúne uma constelação de artistas e escritores; entre as visitas aos Chtakenschneider, cuja filha mais velha, inteligente e cheia de vida, apesar da deficiência decorrente de uma doença óssea, torna-se uma de suas melhores amigas, e sua presença constante nos encontros de quarta-feira do príncipe Mechtchérski; entre os jantares solenes, como aquele em homenagem ao general Radetski, herói da Guerra dos Balcãs, e as leituras públicas, Dostoiévski, que volta tarde e cansado, quase não tem tempo nem vontade de escrever.

Ainda assim, em novembro, os primeiros capítulos prometidos a Kátkov estão prontos. Dostoiévski acrescenta a eles um prefácio, que permite esclarecer que o autor faz desta vez uma obra biográfica. Seu herói é o mais novo dos irmãos Karamázov, Aleksei, Alióchka. Alguns acharão que ele não tem nada digno de nota para merecer interesse. O autor considera que Alióchka é um tipo "original", ou seja, alguém com uma personalidade própria, a qual se esforça para preservar seguindo um caminho diferente daquele de todos. Ora, às vezes esses indivíduos singulares permitem que os leitores compreendam melhor seu próprio destino. No mesmo prefácio, o autor informa que essa biografia é importante porque Alióchka Karamázov cometerá mais tarde atos incomuns, que serão tratados em um segundo romance do mesmo ciclo e que só poderiam ser compreendidos se o leitor tivesse conhecimento prévio dos acontecimentos deste romance, que fazem deste homem o que ele é. Dostoiévski realmente planejaria fazer de Alióchka um revolucionário que, depois de passar pelo mosteiro, cometeria um assassinato político e seria condenado à morte e executado? Aleksei Suvórin, diretor do *Tempos novos*, afirma isso em suas *Memórias*, mas não existem elementos para embasar essa dedução que, à luz dos outros romances e das preocupações de Dostoiévski, não deve ser desconsiderada.

Com o manuscrito na mão, Dostoiévski parte para Moscou, na esperança de conseguir de Kátkov a segunda metade do adiantamento prometido, no valor de dois mil rublos. Kátkov se esquiva: ora está em sua casa de campo, ora doente. Hospedado como de costume no hotel Europa, cujos quartos não têm calefação, o que nessa época do ano é muito desconfortável, Dostoiévski aproveita a estadia para ir atrás dos livreiros moscovitas que devem dinheiro à sua editora. Rassókhin deve vinte rublos; Káchkin, sessenta rublos e 35 copeques; Soloviov, 109 rublos e noventa copeques.

Não há dúvida de que Dostoiévski adora números exatos. Termina a carta endereçada a Anna Grigórievna, com o relato de suas atividades em Moscou, beijando-a "50.335 vezes".

Mikhail Kátkov lhe paga mil rublos, promete entregar o restante em um prazo razoável, mas não convida o escritor para jantar. Em retaliação, Dostoiévski decide não comparecer à sua festa de aniversário. Por fim, sabendo que muita gente vai estar presente e que terá uma sessão de agradecimentos, muda de ideia. É recebido de braços abertos pela anfitriã, depois pessoalmente por Kátkov, que começa apresentando-o ao príncipe Vladímir Andréievitch Dolgorúkov, governador de Moscou, que também viera dar os parabéns ao amigo. Dostoiévski fica impressionado com "suas quatro estrelas e com a cruz de diamantes de Santo André Apóstolo". Ao cumprimentá-lo, o príncipe exclama: "Claro, u-uma ce-le-bri-da-de de-de-ssas, hum-hum-hum!".[13]

Como o hotel Europa fica em frente ao Teatro Mali, Dostoiévski aproveita para ir à estreia da peça de Ostróvski, *A moça sem dote*. Não gosta. Entretanto, a peça entrará para a história como uma das mais perfeitas da literatura russa do século XIX.

Em 13 de novembro, Dostoiévski volta a São Petersburgo, doente. Tem tosse, problemas estomacais, está esgotado. O dr. Van Bretzel o examina alguns dias depois e recomenda que descanse e saia o mínimo possível. Dostoiévski se vê forçado a pedir desculpas aos alunos do Instituto de Engenharia Civil, que o convidaram para participar de um sarau musical e literário em prol dos estudantes carentes de sua escola. Em contrapartida, não pode se esquivar da cerimônia de sua eleição ao comitê diretor da Sociedade Eslava Beneficente, nem das leituras públicas já programadas: uma sessão na Soliani Gorodok, organizada pela Sociedade Froebel, a outra no liceu Aleksandrovski, para recolher fundos para os cursos de Bestujev. Também não pode faltar à festa organizada a favor do Fundo Literário, na sala das suntuosas colunas brancas do Círculo da Nobreza – o que o obriga a recusar o convite do jantar de Sua Alteza Imperial Konstantin Konstantínovitch Románov.

Em virtude do estado de saúde do marido, Anna Grigórievna, que antes preferia esperá-lo em casa, agora considera um dever acompanhá-lo. Ela carrega na bolsa os livros de que ele precisa, um medicamento para a tosse, um lenço reserva e uma echarpe para lhe cobrir a garganta que, depois da leitura, de vez em quando fica irritada, motivo por que Dostoiévski acha bom deixá-la protegida. Essas saídas a dois não são alegres: Dostoiévski cisma o tempo todo que os homens olham demais para Anna Grigórievna e a cortejam, o que sugere que ela dá motivos para isso. Ele faz cenas de ciúme que deixam a esposa constrangida e, ainda que se desculpe uma vez em casa, isso não impede que reincida.

O ano de 1879 começa muito bem. Dostoiévski comemora a virada em família, com a presença, direto de Yaroslavl, do irmão Andrei e dos sobrinhos, por quem tem simpatia. Kátkov envia os mil rublos prometidos. Pacha, o filho de sua primeira esposa, que ainda vive às suas custas, consegue um emprego em Moscou, para onde se muda com a família, o que deixa Dostoiévski com esperanças de ter menos aborrecimentos por conta de pedidos descabidos. Em 31 de janeiro, Dostoiévski envia a Kátkov o livro III de seu novo romance. Em 1º de fevereiro, o *Mensageiro russo* dá início à publicação de *Os irmãos Karamázov*.

Seria de se supor que Dostoiévski estivesse, se não feliz, ao menos satisfeito.

Não é o caso.

Alguns dias mais tarde, durante a festa que alunos organizam na Sala Kononov para comemorar a fundação da Universidade de São Petersburgo, Dostoiévski é ovacionado demoradamente ao final da leitura de um de seus poemas favoritos, "O profeta", de Púchkin. Uma jovem estudante que sonha em se tornar escritora, E.P. Letkova--Sultánova, lhe pede conselhos. A resposta de Dostoiévski é amarga e demonstra a que ponto está descontente com o modo como leva sua vida de escritor:

> Nunca venda sua alma. Nunca trabalhe sob a ameaça da vara dos adiantamentos. Acredite em mim! Durante toda a minha vida sofri com isso, durante toda a minha vida escrevi com pressa. Acima de tudo, não publique nada até que tenha terminado. Não é só um suicídio, como um assassinato. Existe o medo de não entregar no prazo, de estragar tudo... e provavelmente isso acontecerá. Toda vez é um desespero.[14]

"Estragada" ou não, a publicação dos primeiros capítulos de *Os irmãos Karamázov* desperta os mesmos comentários que, sem meio-termo, são favoráveis ou desfavoráveis, de acordo com o campo a que pertence o crítico. A.M. Skabitchévski, em sua crônica em um jornal bem liberal e bem de esquerda, assinala que mais uma vez Dostoiévski não traz nada de novo em relação aos romances anteriores: continua abordando casos psiquiátricos e trazendo seus sermões, que glorificam a fé ortodoxa. Um artigo anônimo publicado por *A voz* observa que os únicos personagens positivos do romance são aqueles que têm o Evangelho na ponta da língua, ao passo que os demais são tão incultos a ponto de parecer ora vigaristas, ora doentes mentais. A favor, no *Diário de Petersburgo*, Zaguliaiev fala do "enorme talento" e da originalidade de Dostoiévski, que tem ainda o mérito de "trazer respostas às grandes perguntas intelectuais e morais de sua época".[15] Mikhail Kátkov acredita que às vezes o "realismo" do autor vai longe demais: precisou esconder algumas passagens de suas filhas.

Dostoiévski está satisfeito com o livro III de *Os irmãos Karamázov*: "Estou longe de julgá-lo ruim, pelo contrário, o considero bom. Seja magnânimo e perdoe essa pequena satisfação pessoal"[16], escreve a Nikolai Liubimov, que cuida do *Mensageiro russo* na ausência de Kátkov, adoentado. Trata-se do livro em que Lizavieta Smierdiáschaia, a idiota, é violentada e engravida de Fiódor Karamázov, em um momento em que, recém-viúvo, este passa o tempo farreando na companhia de outros bêbados de sua laia.

Trata-se também do tomo em que Dmítri Karamázov faz a confissão ao meio-irmão Aliócha e fala dessa semente do vício que está no sangue de todos os Karamázov. Há ainda a luta incessante e terrível entre Deus e o Diabo no coração do homem.

Em 11 de março de 1879, Dostoiévski leva uma forte pancada na rua, de um camponês que provavelmente tem intenção de roubá-lo. O agressor está tão bêbado que, no inquérito, não se lembrará de nada. Atordoado, Dostoiévski desaba. Alguns transeuntes correm para ajudá-lo. Outros controlam o bêbado, que logo é preso. Convocado para apresentar queixa, Dostoiévski se recusa e pede ao juiz para o infeliz não ser punido. Ele será, mas apenas por desordem em via pública: quatro dias de prisão e uma multa de dezesseis rublos. Dostoiévski espera o condenado na saída do tribunal e lhe dá o dinheiro para pagar a multa.

Não é tão benevolente com seu velho amigo e adversário Ivan Turguêniev. Um jantar solene em homenagem a este é organizado quase no mesmo momento no restaurante Borel. Embora existam versões desencontradas sobre o incidente, que teve repercussão na imprensa, sabe-se que no meio do discurso de Turguêniev, quando fala das reformas que devem ser realizadas na Rússia, Dostoiévski o interrompe: "Vamos, diga, qual é o seu ideal?". Ele teria acrescentado: "Diga para nós que futuro quer impor à Rússia!". De acordo com uns, Dostoiévski teria se levantado e deixado a sala sem esperar a resposta. De acordo com outros, teria se retirado depois que Turguêniev teria dito que não estava ali para se submeter a um interrogatório. Alguns acreditam ter ouvido Turguêniev afirmar que era a favor de uma monarquia constitucional. No dia seguinte, quando lhe observam que talvez tivesse ofendido Turguêniev, Dostoiévski se revolta: sempre teve grande estima pelo colega, prova disso é que, no dia da cerimônia, vestira seu fraque. Seja como for, o episódio não impede os dois homens de se encontrar alguns dias depois, durante uma sessão de leitura pública, outra vez no grande salão do Clube da Nobreza. Dostoiévski faz enorme sucesso lendo para o público a "confissão" de Dmítri Karamázov ao seu irmão Aliócha.

Mais uma vez, Dostoiévski atrasa o andamento da obra. Em 10 de maio de 1879, tão logo chega a Stáraia Russa, onde as cerejeiras e as macieiras estão floridas e onde espera ter condições melhores para produzir, sem ao menos precisar comparecer às obrigações mundanas, algo que não se atreve a evitar em São Petersburgo, Dostoiévski escreve a Nikolai Liubimov para anunciar que não enviará no prazo os próximos capítulos de *Os irmãos Karamázov*. Provavelmente não antes de 15 de maio: "O problema é que estou chegando ao clímax do romance. Devo conduzi-lo bem e, para isso, não me apressar demais".[17]

"Clímax" por assim dizer. Como ele poderia saber quando se trata do livro V de um romance que terá doze e mais um epílogo, sendo que ainda está longe da metade do enredo? Sem falar que, neste momento, Dostoiévski ainda não sabe bem a continuação da história. E por um bom motivo: à medida que desenvolve a narrativa, Dostoiévski toma caminhos que estava longe de prever. Mais adiante, vai se convencer outras tantas vezes de que chegou ao "clímax" do romance, sem que esteja realmente certo – ou errado, aliás.

Por ora, se Dostoiévski tem a sensação de que chegou ao ápice, não é em relação ao enredo policial. Em contrapartida, como explica em detalhes a Nikolai Liubimov para se desculpar pelo atraso na entrega, nos capítulos que vem redigindo está o que lhe parece essencial para a compreensão de sua "mensagem":

> [Trata-se] do sacrilégio supremo e do embrião da ideia de destruição na Rússia de hoje, no meio da juventude separada da realidade. Tais convicções são precisamente o que considero a síntese do anarquismo russo contemporâneo. A negação não de Deus, e sim do sentido de sua criação. Todo o socialismo

> nasceu e partiu da negação do sentido da realidade histórica e desembocou em um programa de destruição e de anarquismo. Os grandes anarquistas foram, em muitos casos, pessoas com convicções sinceras. Meu herói aborda um tema de meu ponto de vista irrefutável: o absurdo do sofrimento das crianças, e acaba chegando à conclusão do absurdo de toda a realidade histórica. Não sei se fui bem-sucedido, mas sei que a figura de meu herói é, no mais alto grau, real.[18]

Não se pode duvidar. Nesse final de década, houvera um aumento na atividade dos grupos anarquistas e revolucionários. Os atentados, que Dostoiévski reprova embora tentando compreender o mecanismo mental dos autores, estão se multiplicando. A opinião pública está chocada com a determinação desses jovens dispostos a sacrificar as próprias vidas por convicções ideológicas precisas e coerentes: "Dizemos que são loucos", escreve Dostoiévski a Konstantin Pobedonóstsev, "no entanto esses loucos têm uma lógica, uma doutrina, um código, um deus, e tudo isso está enraizado neles mais do que qualquer coisa".[19]

O oficial Dubróvin, do regimento de Vilmanstrand, vai à forca exortando o povo a matar o tsar. Em março de 1879, Aleksandr Románovitch Drentel, novo chefe da polícia de São Petersburgo, escapa por um triz dos tiros de L.F. Mírski e, em 2 de abril, Aleksandr Soloviov, do grupo "Terra e Liberdade", dispara cinco balas sem conseguir atingir o tsar, que fazia sua caminhada e é ferido durante a fuga. Detido no momento do atentado, Soloviov consegue engolir o veneno que trazia, escondido em casca de noz. Ele é salvo graças à intervenção rápida e eficaz do dr. Kochalkov, o mesmo que trata do enfisema de Dostoiévski, a quem fornece informações em uma primeira mão sobre a personalidade do "terrorista". Soloviov será julgado e enforcado em 28 de maio no campo de Smolensk, diante de uma grande multidão.

Um desfecho e dez folhas suplementares

Ávido leitor de jornais, Dostoiévski parece à espreita da mais ínfima notícia estranha que possa figurar nesse imenso conjunto romanesco que devora a atualidade, mesmo a mais incongruente – e talvez sobretudo esta –, para alimentar a história que se pretende a de todos os homens, a de todos os dias.

Nessa mesma carta de 10 de maio de 1879 enviada de Stáraia Russa a Nikolai Liubimov, Dostoiévski previne o redator do *Mensageiro russo* de que não vale a pena mudar, por medo da censura, algumas palavras de seu texto: ele retomou à risca, utilizando exatamente as mesmas palavras, informações publicadas em jornais e que não tinham incomodado a Comissão de Censura. De fato, esta poderia ficar chocada com as palavras de Ivan Karamázov, que evoca como melhor exemplo para provar o absurdo do mundo o destino de uma menina que os pais cobrem "com o próprio cocô" para puni-la quando ela não acorda durante a noite para ir ao banheiro. Os fatos não são invenção. A imprensa, em especial *A voz*, emprega exatamente essas palavras ao relatar um julgamento que ocorre na Carcóvia e que parece ter dado a Dostoiévski a ideia dessa cena repugnante. O casal Brunst é julgado por maus-tratos à filhinha de cinco anos. Eles surram e chicoteiam a criança e, se esta não pede a tempo para ir ao banheiro, emporcalham o rosto dela com os excrementos, que ainda a obrigam a comer.

Uma semana depois, quando envia o texto prometido, Dostoiévski aproveita para lembrar que, tendo já entregue ao *Mensageiro russo* umas quinze folhas, a quantia que a revista lhe deve é muito maior do que os quatro mil rublos recebidos. Pede novo adiantamento de dois mil rublos, de que precisa com urgência. A situação financeira da revista não permite atender de imediato às exigências de Dostoiévski, e o pagamento será feito em várias parcelas durante o verão – a primeira, de quinhentos rublos, é entregue no início de junho.

No final de maio, faz tempo bom em Stáraia Russa. Os lilases espalhados por todos os lados estão floridos, e seu perfume se mistura ao dos pilriteiros e ao da madressilva pendurada nas árvores ao redor dos três riachos do local. As caminhadas da tarde são uma verdadeira satisfação – quando não está ventando demais! Não se trata de um mero fenômeno natural. Nesse ponto, Dostoiévski é categórico: após a abolição da servidão e a distribuição de terras, o desmatamento desenfreado de comerciantes e proprietários pouco preocupados com o interesse coletivo teve consequências catastróficas. As florestas não detêm mais os ventos, a umidade foi varrida, o clima da Rússia está mudando. Empobrecido e agora estéril, o solo da Rússia não é mais bom, diz ele, e só serve "para ser entregue aos calmucos".

Lamentavelmente, Dostoiévski não vai bem. Na opinião dos médicos, trabalha demais. Precisaria descansar, mas como interromper a produção no exato momento em que parece estar escrevendo as páginas mais importantes do romance?

> O próximo livro trará a morte do *stárietz* Zossima e suas últimas conversas com amigos. Não é um sermão, e sim uma espécie de relato, uma narrativa de sua própria vida. Se me sair bem, farei algo de bom: me esforço para demonstrar que o cristão puro, ideal, não é de modo algum uma abstração, mas que é metaforicamente real, possível, que pode ser visto a olhos nus, e que o cristianismo é o único refúgio da Terra russa contra todos os males. Peço a Deus para me sair bem, será uma coisa comovente, se ao menos eu tiver inspiração suficiente. E, acima de tudo, é um tema que não ocorreu a

nenhum dos nossos escritores e poetas atuais, logo perfeitamente original. É para ele que todo o romance é escrito...[1]

No início de julho, agradece por telegrama àqueles que o elegeram, por unanimidade, membro do comitê de honra da Associação Literária Internacional, presidida por Victor Hugo e que conta também com Turguêniev e Tolstói entre seus integrantes. Em seguida, convencido de que desta vez o romance atual avança de modo tão eficaz e tão natural que a estadia em Ems, fortemente recomendada pelos médicos, não prejudicará o fazer literário, Dostoiévski decide passar um tempo lá.

Em São Petersburgo, onde fica apenas dois dias antes de tomar o trem para a Alemanha, Dostoiévski compra três pares de meias a um rublo, três outros a 65 copeques, e um pente a oitenta copeques. Seus amigos acham que não está com cara boa, o que o preocupa: "Ania, estou mal e, se Ems não ajudar, então, realmente, não sei o que vai acontecer".[2]

Em 22 de julho de 1879, Dostoiévski chega a Berlim e, dois dias depois, a Ems.

Por sorte, no hotel Ville d'Alger os dois quartos onde se sentira tão bem nos anos anteriores estão vagos. Assim que se hospeda, Dostoiévski dá uma volta pela cidade a fim de pesquisar preços, sempre em alta. De volta ao hotel, estabelece um minucioso plano de orçamento com o que pretende gastar durante a estadia, e envia detalhes a Anna Grigórievna. Tudo está incluído: o hotel, o café da manhã, o almoço, o tratamento, as consultas médicas... sem esquecer o tabaco. Acrescente-se a isso o valor de um casaco encomendado, apesar dos pesares, no melhor alfaiate de Berlim. Em suma, os seiscentos rublos previstos serão insuficientes. Deve acrescentar mais duzentos. Se ao menos os pagamentos prometidos pelo *Mensageiro russo* chegassem a tempo! Em sua resposta, Anna Grigórievna recomenda que o marido cuide de cada rublo "como a menina dos seus olhos".

O dr. Ort, que já conhece bem o caso de "seu escritor russo", encontra no paciente um princípio de enfisema pulmonar – que agora é bem tratável, avisa. Prescreve gargarejos com água da fonte Kesselbrunnen, além de dois copos de água da fonte Krähnchen por dia, um para tomar de manhã, outro à tarde.

A estadia começa mal. Dostoiévski está esgotado, se cansa ao fazer qualquer ínfimo esforço, tosse muito e tem o sono interrompido por pesadelos. Acorda empapado de suor, precisando trocar de camisa. Após nova consulta, o dr. Ort tranquiliza o paciente: se o estômago está bem, então tudo está bem. Ora, desta feita ele não está com problemas estomacais. A irritação dos nervos é normal no início da cura termal – já ver judeus por todos os cantos não é tanto, o que talvez não tenha relação apenas com a irritabilidade provocada pela água. Ao final de dez dias, o dr. Ort toma uma decisão corajosa: Dostoiévski deve passar a beber quatro copos de água da fonte Krähnchen por dia.

Ele compra a um preço revoltante papel, penas, que nem sequer são da qualidade desejada, um porta-penas e tinta na loja de um... judeu – estão por todos os cantos da Alemanha, exclama Dostoiévski, e conseguiram impor aos autóctones seu "espírito de realismo especulativo".[3] Assim armado, em 28 de julho retoma o romance. Em dez dias, apesar dos inconvenientes do tratamento termal, apesar do barulho dos vizinhos – judeus, evidentemente –, apesar da tosse que "arrebenta o peito" e apesar de dormir mal, Dostoiévski consegue terminar o livro VI, "Um monge russo", de *Os irmãos Karamázov*. Trata-se de "um capítulo exaltado e poético, cujo protótipo tomou emprestado alguns ensinamentos de Tíkhon de Zadonsk e cuja ingenuidade no modo de se expressar teve influência do livro das peregrinações do monge Parthenius".[4] Seja como for, a quantidade de páginas chega mais ou menos a cem – o que é surpreendente caso Dostoiévski trabalhe apenas duas horas por dia, como alega.

A Anna Grigórievna, ele escreve que se levanta às seis da manhã para estar às sete na fonte, a fim de fazer os gargarejos e tomar o primeiro copo d'água mineral. Às nove, toma café, descansa uns quinze minutos e em seguida trabalha das dez ao meio-dia, antes de sair para uma caminhada leve, quando aproveita para ir ao correio e pegar a correspondência. Depois do almoço, escreve cartas, normalmente muito longas, sobretudo a Anna Grigórievna, mas com uma frequência maior do que a habitual a Konstantin Pietróvitch Pobedonóstsev, figura influente nos círculos eclesiásticos: este poderia intervir se a Igreja achasse inaceitáveis algumas passagens de seu romance, que tantas vezes aborda temas religiosos. Uma vez colados os envelopes, Dostoiévski volta ao correio para despachar as cartas e, enquanto espera o horário para tomar o segundo copo de água da fonte Krähnchen, lê os jornais russos no pavilhão das termas. Às seis da tarde, faz a "caminhada obrigatória", com uma escala no parque para ouvir a música, "que é boa" – infelizmente, tocam pouco Mozart e Beethoven, substituídos na maioria das vezes por Wagner, "um canalha alemão dos mais chatos, apesar de toda a fama". Às oito, a noite já caiu e Dostoiévski toma chá à luz de velas. Às dez, cansado, deita para ler um pouco antes de adormecer.

Dorme mal e tem pesadelos.

Sonha com seu irmão Mikhail: ele tem a garganta cortada e perde muito sangue. Dostoiévski quer procurar ajuda, mas reluta em deixar o irmão sozinho. Acorda assustado e não consegue mais dormir. No dia seguinte, recebe a notícia da morte de sua cunhada, a esposa de Mikhail. Dostoiévski é invadido por lembranças dolorosas e, de repente, diante da ideia de que com a morte o irmão deixara a esposa e os filhos desamparados, fica preocupado em relação ao futuro de sua própria família. "Todos pensam que temos dinheiro, mas não temos nada"[5], escreve a Anna Grigórievna, para logo falar sobre um projeto que deveria protegê-la dos problemas financeiros caso ele falecesse. Naturalmente, por enquanto, precisa dedicar todo seu tempo ao romance:

> No momento estou com os *Karamázov* nas costas, preciso terminá-los bem, lapidá-los como um diamante. Ora, é algo difícil e arriscado, que vai me exigir muito. Isso selará o meu destino: marcará meu nome ou não haverá mais esperança.[6]

Porém, assim que concluir esse trabalho, Dostoiévski pretende retomar o *Diário de um escritor* e abrir uma livraria para divulgar, "exclusivamente no interior", seus livros em particular, mas também os de outros autores, assim como revistas. Tudo isso deveria render o suficiente para comprar uma propriedade, cujo valor está convencido de que triplicará quando os filhos atingirem a maioridade. Com a parte que enfim recebe da herança da tia Kumánina, cerca de duzentos hectares de bosque e cem de terra cultivável, Liubov e Fédia serão "cidadãos consolidados e independentes".

Anna Grigórievna não está completamente convencida: acostumada a ver o lado concreto e prático das coisas, ela se pergunta, caso pudessem comprar mesmo uma propriedade, quem seria o responsável por cuidar dela. Em geral, os administradores são velhacos que aproveitam a ignorância dos proprietários para roubá-los e às vezes arruiná-los. No entanto, evita contrariar o marido, que parece muito apegado a essa ideia. De qualquer maneira, seria uma insensatez criar problemas na medida em que não passa de um projeto, e ela promete pensar na questão quando a propriedade sonhada pelo marido for adquirida.

Em Ems, Dostoiévski sente falta dos filhos. Toda vez que vê uma menina e um menino da idade de Liubov e Fédia seu coração para de bater. Como já sabem escrever, suas cartinhas o agradam muito. Fica à beira das lágrimas quando Fédia escreve que "nada é bom sem papai". Dostoiévski escreve cartas a cada um dizendo o quanto está com saudades e pedindo para que estudem e obedeçam a mãe. Preocupa-se com as brincadeiras e cumprimenta os filhos pelo sucesso de um pequeno espetáculo baseado nas fábulas de Krylov, preparado com outras crianças das famílias que passam as férias em Stáraia Russa. Liubov interpretou a formiga, o galo e a macaca, enquanto Fédia fez todo mundo rir no papel do urso Misha. Porém, ele deve trocar as brincadeiras infantis pela leitura: "Ele precisa de um livro para que tome aos poucos gosto pela leitura, refletindo. Na sua idade, eu já lia algumas coisas. No momento, sem ocupação, ele só pensa em dormir. No entanto, logo vai procurar outras formas de consolo, deploráveis desta vez, se não tiver livros".[7]

Para resumir, Dostoiévski pensa nos filhos todos os dias e todas as noites reza por eles.

Também sente falta de Anna Grigórievna, muita. Gostaria de ter a esposa ao lado, beijá-la e... As linhas seguintes, e algumas outras, dessa carta datada de 30 de julho de 1879 são ilegíveis, rasuradas provavelmente por alguém que as considerou inconvenientes. O fim se salvou: "Beijo seus lábios, depois suas mãozinhas, seus pezinhos, depois você toda". Alguns dias depois, novas linhas riscadas. Dostoiévski faz alusão a sonhos que Anna lhe contou, sonhos particularmente "sedutores". Depois dessa lacuna, Dostoiévski faz alguns esclarecimentos, interrompidos outra vez por uma passagem rasurada:

> Fiquei entusiasmado com isso e entrei em êxtase porque, e não apenas à noite, de dia também, penso na minha tsarina e rainha sem reservas, com loucura. Não vá pensar que seja apenas nesse plano, oh, não! Em contrapartida, devo confessar

> com sinceridade, desse ponto de vista penso nisso até o abrasamento. Você me escreve cartas tão secas e de repente deixa escapar essa frase sobre seus sonhos dos mais sedutores...[8]

As dez linhas seguintes desaparecem por trás de insistentes rasuras.

Sem sombra de dúvida, em Ems Dostoiévski sente de maneira bem concreta a ausência da esposa:

> Meu anjo, você escreve que imagina o que ando fazendo e pensando. Meu tesouro, em noventa por cento do dia penso em você e passo o tempo imaginando você. Em pensamentos, beijo você em cada instante, beijo também o que "me extasia e me embriaga". Ah, e como beijo, e como beijo! Anka, não diga que é grosseiro, o que posso fazer, sou assim, há prescrição.[9]

Por volta de dez dias depois, em resposta a uma carta em que Anna fala outra vez sobre seus "sonhos maravilhosos" – que ela hesita em contar, constrangida diante da ideia de que um estranho pudesse ler o conteúdo –, Dostoiévski volta ao assunto e evoca com insistência o que chama de "seu fervor conjugal". Após doze anos de casamento, longe de diminuir, é mais intenso a cada dia. Ele acrescenta que não existe nada de chocante no fato: "Na verdade, todo o resto depende disso".[10]

Dostoiévski deixa Ems em 29 de agosto, descontente com os resultados da estadia. Sem prejulgar potenciais efeitos benéficos que poderia sentir com a aproximação do inverno, constata que continua tossindo e tendo dificuldade para respirar. No fim das contas, talvez seja culpa do dr. Ort, que lá pelo final da cura termal, quando Dostoiévski começava a se sentir melhor, teve a "ideia diabólica" de fazê-lo trocar a fonte e passar da Krähnchen para a Kesselbrunnen.

Tão logo chega a Stáraia Russa nos primeiros dias de setembro, Dostoiévski se apressa a escrever a Nikolai Liubimov: cansado demais pela viagem, não está em condições de voltar ao trabalho. A redação não deve ter expectativa de receber os capítulos seguintes antes de 15 de setembro, mas posteriormente ele promete que as entregas ocorrerão nas datas previstas. Por fim, e apesar de nova crise, o livro VII chega à redação em dois envios, em 17 e 20 de setembro. O atraso aconteceu, explica Dostoiévski, principalmente porque se dedicou muito ao último capítulo, "Caná da Galileia": "É essencial, o capítulo de desfecho".[11]

Um desfecho! Qual?

Trata-se de uma cena muito curta, nem sequer dez folhas. Aliócha Karamázov está rezando diante do caixão em que se encontram os restos do *stárietz* Zossima, já em decomposição e cheirando mal. Um monge lê uma passagem do Evangelho, as bodas de Caná. Aliócha adormece e vê em sonho o *stárietz*, que se levanta para convidá-lo à festa daqueles que, ao menos, estenderam ao longo da vida uma cebolinha. Entre eles, há aquele que, por amor aos homens, tornou-se homem. Ele está presente e festeja com os demais. Aliócha acorda e deixa o mosteiro. É noite. Uma noite tranquila. A paz da terra se funde à das estrelas. Aliócha desaba, beija o chão, chora. Queria perdoar todas as ofensas de todos os homens e pedir que perdoassem também não só o que fez, como também todos os pecados de seus semelhantes. Uma força imensa o invade e ele se sente transformado: "'Minha alma foi visitada naquela hora', dizia ele mais tarde, acreditando inabalavelmente na verdade de suas palavras".[12]

Talvez seja um desfecho, de fato.

Só que é apenas a metade do romance – algo que aparentemente o autor não sabe e com o que, por sinal, não parece ter preocupação específica. Ao menos, sabe quem é o assassino: para tranquilizar uma leitora impaciente, E.N. Lebedeva, ao que tudo indica indignada com a ideia de um parricídio, Dostoiévski revela o segredo do enredo policial:

> O velho Karamázov foi morto pelo servo Smierdiakóv. Ivan Fiódorovitch só tomou parte indireta no crime, e de longe, apenas porque se absteve (de propósito) de trazer Smierdiakóv à razão e de lhe expressar, de modo claro e categórico, sua aversão ao crime que este planejava. [...] Dmítri Fiódorovitch não tem culpa pelo assassinato de seu pai.[13]

Em contrapartida, Dostoiévski parece não saber ainda quando e como irá comunicar isso para o leitor. Embora sabendo o caminho, dá a impressão de navegar sem bússola. A despeito de já ter há um tempo o conteúdo do livro VIII, "Mítia" – cujo personagem principal não é este, mas a mulher que o fez perder a razão, Grúchenka –, o livro IX surge de maneira inesperada: "Também foi uma surpresa para mim", confessa Dostoiévski, "ele me ocorreu do modo mais repentino".[14]

Tendo a preocupação de ser o mais exato possível, a fim de não cometer nenhuma gafe sobre os processos judiciais nos capítulos dedicados ao julgamento de Dmítri Karamázov, Dostoiévski, como fizera em outras ocasiões, consulta seu amigo procurador, Adrian Andréievitch Chtakenschneider. Este observa que o julgamento é apenas o resultado de uma "instrução preparatória". Dostoiévski não tinha pensado nisso, mas nunca é tarde para recuperar o tempo perdido. Dedica o livro IX ao tema. É uma boa oportunidade para reiterar as severas críticas ao sistema judicial russo, já manifestadas antes no *Diário de um escritor*, desta vez a respeito do andamento concreto de um inquérito. E também uma boa oportunidade para explicar a atitude de Dmítri Karamázov melhor do que fizera no capítulo anterior, em que o personagem permanecia ofuscado por essa mulher excepcional que fazia ferver o sangue de todos que se aproximavam dela.

Dostoiévski faz questão de explicar isso em detalhes a Nikolai Liubimov, para fazê-lo entender que, se estende a história, não é para adicionar páginas e garantir uma renda superior à prevista. Claro, é embaraçoso para a revista, que obriga os leitores a prolongar a assinatura para conhecer o fim da história. Porém, esse novo livro, o IX, "Investigação preliminar", é absolutamente necessário. Dostoiévski escreve em 16 de novembro de 1879 ao redator-chefe do *Mensageiro russo*:

> Vou marcar com mais força o caráter de Mítia Karamázov. Ele purifica o coração e a consciência diante da ameaça da desgraça e de uma acusação falsa. Aceita com toda a alma o castigo, não pelo que cometeu, mas porque estava tão desencaminhado que podia e queria cometer o crime de que será acusado injustamente, depois de um erro judicial. Trata-se de um personagem absolutamente russo: "É preciso que a tempestade comece para que o camponês se benza". Sua purificação moral começa a partir das poucas horas da instrução preparatória à qual dedico esse nono livro.[15]

E no mais, tanto pior para a prática das revistas literárias que desejam que um romance publicado em um ano termine na edição de dezembro! Dostoiévski está em condições de fazer exigências: não só seu romance, depreciado em alto e bom som por parte da imprensa liberal, agrada os leitores e garante o sucesso do periódico, que aumenta as vendas, como também todos sentem, na maioria das vezes de modo confuso, mas indiscutível, que se trata de um livro excepcional. Ele o é pelo vigor dos personagens, cuja validade das convicções, enfim, tem pouca importância, na medida em que elas são poderosas o suficiente para guiá-los no caminho de seu destino, em uma luta entre o bem e o mal nunca vencida com antecedência.

De qualquer maneira, esse livro IX, que deveria ser entregue no início de dezembro, não o será pelas razões de costume – Dostoiévski está doente, cansado, sem inspiração –, mas também porque agora esse livro lhe parece "um dos mais importantes do romance". Logo, deve ser "burilado com cuidado". Caso contrário, escreve Dostoiévski, "eu me prejudicaria como escritor agora e para sempre".[16]

E esteja Nikolai Liubimov avisado: haverá uma quarta parte composta de três livros – é preciso contar ao menos dez folhas de tipografia. O redator-chefe receberá os primeiros capítulos no início de março, e os leitores do *Mensageiro russo* serão notificados por uma carta do autor. Fortalecido pelo sucesso, evidenciado pela enorme quantidade de cartas recebida, ele explica por que não pôde respeitar as dimensões habituais dos romances publicados pelas revistas e se viu obrigado a estender a narrativa além dos limites habituais. Trata-se de algo indispensável para expor, de modo compreensível o bastante, comportamentos complexos, que deixam de parecer absurdos quando se compreendem os gatilhos.

Enquanto isso, a redação é gentilmente convidada a conceder um novo adiantamento de mil rublos, e quem sabe um pouco mais, se possível: "Vocês vão me salvar, porque estou em uma situação trágica".[17]

Pela primeira vez, Dostoiévski está exagerando. Já não é mais perseguido pelos credores, recentemente se tornou proprietário de uma casa em Stáraia Russa e recebeu enfim sua parte da herança da tia Kumánina. Aliás, quando sua irmã mais nova, Aleksandra Cheviakova, descontente com a partilha, lhe reclama por via judicial 435 rublos e quinze copeques, Dostoiévski prefere pagar de imediato o total sem discutir. De resto, os valores oferecidos pelo *Mensageiro russo* cobrem bem as necessidades atuais e lhe permitem até oferecer presentes "luxuosos" para sua esposa, como uma dúzia de camisas a doze rublos cada – Anna Grigórievna teria preferido algo mais útil.

É verdade que, depois de tantos anos difíceis, a sensação de perigo está tão arraigada na consciência que nada pode expulsá-la. Dostoiévski tem um medo crônico do amanhã, preocupado tanto com o futuro imediato, caso a doença o impedisse de escrever, quanto em relação ao que aconteceria com sua família caso viesse a falecer. Para adquirir a propriedade rural – cujos dividendos, espera ele, deixariam todos seguros do ponto de vista financeiro –, começa a tomar as medidas para, no momento oportuno, retomar o *Diário de um escritor*, que fora um negócio rentável. E realiza por fim o projeto que tinha em mente desde o verão: uma distribuidora para o interior de suas próprias obras, mas também de algumas revistas e de outros livros de autores conhecidos. A empresa está sediada no endereço do autor: "Rua dos Ferreiros, 5, apartamento 10, perto da igreja de São Vladímir, São Petersburgo". Anna Grigórievna continua fazendo os embrulhos, mas é um jovem empregado, Piotr Kuznetsov, que despacha os pedidos no correio. A nova distribuidora oferece para as livrarias *Humilhados e ofendidos*, *Memórias da casa dos mortos*, *Crime e castigo*, *O idiota*, *Os demônios*, *O adolescente* e as edições de 1876 e 1877 do *Diário de um escritor*.

As vendas são animadoras, o que deixa Dostoiévski contente.

Em seu aniversário, um presente inesperado o enche de alegria. No salão muito bem frequentado da condessa Tolstaia – viúva desde 1875 –, onde fora introduzido um ano antes pelo seu fiel admirador, o jovem filósofo Vladímir Soloviov, Dostoiévski mencionou reiteradas vezes a *Madona Sistina*. O quadro de Rafael causara fascínio desde a primeira vez que o vira no museu de Dresden. Desde então, sempre que se encontrava nessa cidade, Dostoiévski revia a pintura com a mesma emoção. Quis comprar uma reprodução fotográfica, mas não encontrou uma com as dimensões desejadas e a um preço acessível. Esquadrinhou em vão os cartões das livrarias de São Petersburgo e Moscou. Durante suas últimas viagens a Ems, de passagem por Berlim, dirigiu-se a vendedores especializados que não tinham em suas coleções a reprodução almejada.

Sem dizer nada a ninguém, a condessa Tolstaia escreveu a amigos em Dresden, que encontraram e enviaram uma linda fotografia do quadro. O enquadramento não pega São Sisto nem Santa Bárbara, que estão de um lado e do outro da Madona, mas esta aparece em total esplendor, como no quadro de Rafael. A condessa Tolstaia entrega a fotografia a Vladímir Soloviov, que adverte Anna Grigórievna. Juntos, decidem fazer uma surpresa para Dostoiévski no dia de seu aniversário.

Enquanto o escritor toma o chá na sala onde recebeu os parabéns da esposa e dos filhos, um prego é colocado às pressas acima do canapé do escritório, em um local bem-iluminado pela claridade que entra pela janela oposta. Dependuram ali a reprodução, protegida por uma maravilhosa moldura esculpida, feita de carvalho escuro, e envidraçada. Quando chega ao escritório, Dostoiévski fica comovido ao se deparar com o quadro. No mesmo dia, vai até a casa da condessa Tolstaia para agradecer. Anna Grigórievna registra:

> Quantas vezes, em seu último ano, vi Fiódor Mikháilovitch em pé diante desse quadro, em um êxtase tão grande que não me ouvia entrar! Eu saía na ponta dos pés para não perturbar o fervor dele. Pode-se entender minha gratidão à condessa Tolstaia, que oferecera a meu marido a oportunidade de viver esses momentos de profunda emoção e de encantamento diante dessa imagem da Virgem.[18]

Uma imensa coroa de louros

Nos primeiros dias de 1880, Anna Grigórievna adoece. Nada grave, uma simples bronquite. Porém, tem febre, dor de garganta e no peito, tosse muito e, por ser de constituição física frágil, fica consideravelmente enfraquecida pela doença, algo que a obriga a ficar de cama. "Resultado, reina em toda a minha vida uma desordem assustadora"[1], lamenta Dostoiévski, que de repente percebe a que ponto a esposa assume a responsabilidade de todos os problemas da casa para que ele possa se dedicar apenas à sua atividade de escritor. Pior ainda: o *Mensageiro russo* está esperando a próxima entrega de *Os irmãos Karamázov*, só que as páginas rabiscadas durante a noite, e que Dostoiévski muito raramente passa a limpo desde que Anna Grigórievna se encarrega disso, acumulam-se na mesa de trabalho da esposa.

Por sorte, ao fim de dez dias, ela está melhor e pode começar a transcrição. A vida de Dostoiévski retoma o curso normal. Ele acorda entre meio-dia e uma hora, toma o café da manhã com os filhos, revê os textos com Anna Grigórievna, faz suas caminhadas, lê os jornais e muitas vezes sai à noite, convidado por toda parte para leituras em prol de diferentes obras de caridade, algo que só recusa em casos de extrema necessidade, mais porque considera um dever cívico do que pelo prazer de ser aplaudido "tanto quanto Turguêniev". Marca presença em três eventos para o Fundo Literário e em dois para arrecadar doações a fim de melhorar a vida dos estudantes pobres da Universidade de São Petersburgo. Participa do sarau literário das alunas necessitadas do curso de enfermaria, daquele do liceu Kolomna e da festa de caridade organizada por

Ivan Ilitch Glazunov, prefeito de São Petersburgo, a favor dos menores da Casa Filantrópica Municipal. No dia seguinte, está no Círculo da Nobreza levantando fundos para cursos pedagógicos.

A essas atividades somam-se aquelas, menos cansativas, de membro de diferentes comitês e associações com fins beneficentes ou que pretendem promover atividades artísticas e o desenvolvimento do ensino. Dostoiévski privilegia a Sociedade Eslava Beneficente, cujas iniciativas a favor dos insurgentes sérvios ele apoiou, assim como aquelas durante a Guerra Russo-Turca de 1877-1878. Em 8 de fevereiro de 1880, Dostoiévski é eleito vice-presidente dessa associação, cujo presidente é o professor Bestujev-Riúmin, descendente de uma das mais antigas famílias russas e sobrinho de um jovem oficial executado por ter participado, em 1825, da tentativa de golpe de Estado dos decabristas. Na mesma sessão, os membros da Sociedade Eslava Beneficente pedem a Dostoiévski, que aceita, para escrever um esboço de carta que desejam enviar coletivamente a Alexandre II, para parabenizá-lo pelo 25º aniversário de sua ascensão ao trono – que, por sinal, ele quase não completa: em 5 de fevereiro, uma carga explosiva colocada no Palácio de Inverno fizera onze mortos e 56 feridos; devido a um atraso na agenda, o imperador não estava presente.

Se soubesse da iminência desse atentado, para impedi-lo, Dostoiévski teria denunciado os autores à polícia? Em suas *Memórias*, Aleksei Suvórin alega que não. Por medo de passar por um delator, teria lhe dito Dostoiévski – mas até que ponto é possível confiar nas afirmações de um homem tão complexo e contraditório, capaz de proferir em seu diário, o mais prestigiado de toda a Rússia, ideias que contradiz em ambiente privado?

A carta destinada a Alexandre II retoma com o ardor da circunstância as ideias já desenvolvidas no *Diário de um escritor*. O tsar é o pai que Deus deu ao povo, que lhe deve respeito e obediência. Essa harmonia "familiar" e quase natural de um amor mútuo garante a paz social, que os inimigos da Rússia trabalham para destruir. Ateus e imbuídos de um orgulho científico que os leva a esquecer os fundamentos espirituais da existência, eles contestam a autoridade do imperador, desprezam o povo e negam a realidade de Cristo. Em nome deste e de seu amor pelos homens, o tsar e a Rússia, à frente de uma união dos povos eslavos, têm o dever de oferecer o horizonte da fé ortodoxa a todos aqueles que foram desencaminhados ou que não tiveram a oportunidade de conhecê-la.

Supõe-se que o tom da carta fosse particularmente exaltado, na medida em que o ministro do Interior, a quem a missiva deveria ser submetida antes da entrega ao tsar, achou de bom-tom atenuar os termos de uma adulação tão excessiva que se tornava cômica.

O tsar provavelmente divide o ponto de vista daquele que o considera o pai do povo, o qual estima e castiga na medida. Se Stepan Nikoláievitch Khalturin, autor do atentado de 5 de fevereiro, permanece foragido, a polícia apanhou Ippolit Óssipovitch Mlodetski, que em 20 de fevereiro disparou alguns tiros, sem acertar, contra o conde Mikhail Tarielovitch Lóris-Mélikov, recém-nomeado chefe da Comissão Executiva Suprema, cuja missão é reunir sob uma única autoridade todas as instituições encarregadas de combater o terrorismo. Ippolit é enforcado dois dias depois na famosa praça de Smolensk, diante de mais ou menos cinquenta mil pessoas – algumas pagaram para assistir à execução.

Dostoiévski também está presente.

Fala a respeito com o grão-duque Konstantin Konstantínovitch. Um escritor deve conhecer todos os aspectos da vida, diz ele, e o modo de reação de alguém prestes a morrer o interessa de modo particular. Dois dias depois, a condessa Tolstaia acha que o amigo parece "desconcertado" e tem um semblante carregado. Dostoiévski diz que ainda está sob influência da execução. Para ele, a pena de morte é moralmente inaceitável. Ao mesmo tempo, o Estado tem o direito de se defender de quem mata ou tem intenção de matar. A menos que o Estado esteja unido à Igreja, obrigado a respeitar o sexto mandamento: não matarás. Essa união sagrada entre política e religião, autocracia e ortodoxia, separadas apenas por acidente, teria, entre outros benefícios, o da extinção natural da pena de morte. Trata-se do que Dostoiévski chama "socialismo russo".

Dividido entre os saraus literários e as execuções públicas, entre as exigências de uma vida mundana e os projetos de recuperação da Rússia, Dostoiévski não consegue mais produzir.

Em 29 de abril de 1880, nova carta constrangedora a Nikolai Liubimov: "Acredite que para mim é muito difícil lhe escrever..." etc. Trocando em miúdos, o *Mensageiro russo* não terá a continuação de *Os irmãos Karamázov* na edição de maio. Ao menos em parte, Dostoiévski atribui a culpa ao sucesso do romance: "Na cidade não me deixam literalmente trabalhar. [...] Tenho tantas visitas diárias sobre esse tema, tantas pessoas que querem me conhecer, me convidar para encontros em suas casas, que definitivamente estou perdido aqui e agora vou fugir de São Petersburgo".[2] Em Stáraia Russa, onde pretende chegar dentro de dez dias, Dostoiévski promete retomar um ritmo de trabalho mais constante. A redação receberá os capítulos seguintes a tempo de publicá-los nos números de junho e julho. Kátkov já pode anunciar aos leitores que terão o fim do romance em agosto, com um epílogo em setembro: "Algumas palavras sobre o destino dos personagens e uma cena muito distinta: o funeral de Iliúcha e o discurso, perto da tumba deste, de Aleksei Karamázov, que fala à meninada e passa certa ideia do sentido do romance em sua totalidade".[3]

Kátkov não anuncia nada, e está coberto de razão. O *Mensageiro russo* recebe os capítulos prometidos apenas em julho, e o fim do romance será publicado somente em novembro.

E por um bom motivo: a partir do mês de abril, Dostoiévski dedica seu tempo e sua energia para redigir o discurso que espera pronunciar durante um grande acontecimento nacional: a inauguração em Moscou da estátua de Púchkin, erguida por assinatura pública por iniciativa da Sociedade dos Amigos das Letras Russas. Obra monumental de Aleksandr Opékuchin, que prevê uma base de dimensões consideráveis, capaz de tornar ainda mais impressionante a silhueta em bronze do poeta, a estátua de cerca de onze metros de altura deve ser colocada em um lugar de prestígio, a Praça Strastnaia, no cruzamento do Anel dos Bulevares e da Tverskaia, a grande rua comercial de Moscou.

No início de abril, Serguei Andréievitch Iúriev, presidente da Sociedade dos Amigos das Letras Russas, encarregado de organizar as manifestações relacionadas à inauguração da estátua, e também redator-chefe de uma nova revista, *Pensamento russo*, de linha mais eslavófila, propõe a Dostoiévski que escreva para a ocasião um artigo em seu periódico. Não é o que espera Dostoiévski, que dá uma resposta ambígua. Começa sugerindo que sua participação neste evento talvez não devesse se reduzir a um simples artigo: "Sonhei mesmo, se for possível, ir a Moscou no dia da inauguração e dizer algumas palavras...".[4] Infelizmente, é impossível: ocupado demais com seu romance, não teria tempo de escrever o discurso importante que gostaria de dedicar a Púchkin. Por isso, não pode prometer nada, o que deixa todas as portas abertas.

Serguei Iúriev entende o recado. Envia duas cartas, uma pessoal e outra oficial, convidando para as festividades previstas para 25 de maio. E insiste, na esperança de poder publicar em sua revista o discurso de Dostoiévski. Este responde que, apesar de muitos obstáculos, fará o melhor para responder ao amável convite. Quanto ao discurso, ainda hesita. Será possível falar "deste grande poeta e grande russo" em poucas palavras? Terá ele o tempo necessário para fazer uma homenagem à altura entre tantos que desejam se expressar nesta ocasião, personalidades eminentes como Turguêniev, Aksákov, Ostróvski e Píssemski? Também é verdade, continua de maneira ardilosa, que as intervenções dessas sumidades serão pessoais, ao passo que ele é o representante oficial da Sociedade Eslava Beneficente, que na reunião de 4 de maio lhe pediu para ser "seu embaixador" nessas manifestações: "Então, se eu for, será como representante eleito da Sociedade".[5] Mas talvez não valha a pena se deslocar, se for apenas para dizer "poucas palavras". De qualquer maneira, estaria acima de suas possibilidades fazer um discurso verdadeiro em tão curto tempo. No entanto, supondo que consiga, Dostoiévski gostaria de saber quem deve autorizar isso.

Serguei Iúriev tranquiliza o escritor: a própria Sociedade dos Amigos das Letras Russas foi habilitada para aprovar os discursos, o que significa que não haverá censura prévia.

Depois de mais algumas sessões de leitura – entre elas uma na residência do grão-duque Konstantin Konstantínovitch, contando também com a presença de Maria Fiódorovna, a esposa do herdeiro do trono –, Dostoiévski finalmente se junta à família em Stáraia Russa. Aproveita a tão desejada calmaria para escrever a "sua palavra" destinada às festividades de 25 de maio. Elogio a Púchkin, por certo, mas também uma boa oportunidade de acertar algumas contas: "Não vou por prazer, mas categoricamente para afrontar inimigos"[6], escreveu a Konstantin Pobedonóstsev. Trata-se de defender suas "mais caras e fundamentais convicções" contra "uma corja de professores" que bajulam

Turguêniev e que até podem impedi-lo de falar. "Mas não pretendo me deixar afetar e não tenho medo, é preciso servir à causa e falar sem temor."[7]

Aleksei Suvórin se oferece para pagar a passagem de trem. Dostoiévski agradece, mas recusa: para este evento excepcional, a Sociedade de Caminhos de Ferro decidiu disponibilizar alguns trens especiais com tarifas reduzidas. Ele gostaria de aproveitar a ocasião para levar junto Anna Grigórievna e os filhos. Ela fica feliz com a ideia, não apenas pela chance de revisitar uma cidade que adora, como por estar ao lado do marido em um acontecimento tão importante. Ela também poderia consolá-lo durante esses poucos dias, que sente que serão "repletos de preocupação". Pensa sobretudo no estado de saúde do marido. Seu primo médico, o dr. N. Snítkin, examinara Dostoiévski quando este retornou de Ems. Embora tenha tranquilizado o paciente, achou necessário advertir Anna Grigórievna que o enfisema pulmonar de seu marido aumentara e que, a qualquer momento, um acidente grave poderia acontecer. Dostoiévski deve evitar fazer esforço físico e movimentos bruscos. As emoções violentas e as irritações também podem prejudicá-lo. Anna Grigórievna começa a acompanhar o marido nos saraus em que ele é convidado e, de vez em quando, a pedir para o anfitrião colocá-lo longe de algumas pessoas que poderiam irritá-lo. Ela monitora as conversas e, quando tem a impressão de que a discussão fica acalorada demais, põe na hora um ponto final, fingindo cansaço e pedindo para o marido levá-la imediatamente para casa.

Deixar Dostoiévski sozinho por dias a fio lhe causa as mais profundas preocupações, pois entre as pessoas existem aquelas que parecem odiá-lo de verdade.

Lamentavelmente, a estadia de no mínimo uma semana se revela cara demais, já que precisariam alugar um segundo quarto para os filhos e porque Anna Grigórievna teria que comprar roupas novas, para não passar por miserável no meio das esposas de outros convidados. Depois de "muita reflexão e muita hesitação", conta Anna Grigórievna, eles decidem que Dostoiévski irá sozinho a Moscou.

Ele já está no trem quando recebe a notícia da morte da imperatriz Maria Aleksandrovna, às nove da manhã de 22 de maio. Em razão do luto, Sua Majestade Imperial decide adiar "para outro momento" as festividades previstas para a inauguração do monumento de Púchkin. Na noite de 23 de maio, Dostoiévski chega a Moscou e é recebido com grande pompa na estação por toda a redação do *Pensamento russo* e por muitos membros da Sociedade dos Amigos das Letras Russas. Um jantar fora preparado em sua homenagem mas, "cansado e sujo demais", o escritor prefere se recolher. Um fiacre o espera para levá-lo até um dos melhores hotéis em Moscou: tanto luxo o assusta ao pensar no preço do quarto. Fica aliviado ao saber que sua estadia é bancada pela Duma de Moscou, que, como lhe dizem, considera uma grande honra ter um convidado tão ilustre.

No dia seguinte, é acolhido com festa pela redação do *Pensamento russo*.

Faz inúmeras visitas e o roteiro das livrarias que devem dinheiro à distribuidora que Anna Grigórievna faz funcionar e que vai bem. À noite, toma chá com Kátkov e Liubimov, que o recebem com muita cordialidade e lhe propõem a publicação de seu discurso em homenagem a Púchkin. Dostoiévski não diz nem sim nem não, mas escreve a Anna Grigórievna informando que pode abrir concorrência entre o *Mensageiro russo* e o *Pensamento russo* e obter "o máximo". Kátkov e Liubimov também insistem para ter a continuação de *Os irmãos Karamázov* para a edição de junho. Dostoiévski os censura por fazê-lo trabalhar "como um cão", promete tudo o que pedem e não cumpre a palavra.

O jantar oferecido pelo *Pensamento russo* em sua homenagem enfim ocorre em 25 de maio, no Hermitage, um dos mais famosos restaurantes de Moscou. São pronunciados seis discursos, "em pé", conta Dostoiévski na carta escrita no dia seguinte a Anna Grigórievna, em que também fala sobre o cardápio: "sopa de esturjão, esturjão inteiro de quase um metro, geleia de carne, morangos silvestres, codornizes, aspargos, sorvete, diversos tipos de vinho e champanhe 'aos montes'. Café, licores e charutos".[8] Durante o jantar, ele recebe dois telegramas de cumprimentos.

Como Dostoiévski queria voltar a Stáraia Russa, suplicam para que não faça isso: o príncipe Vladímir Andréievitch Dolgorúkov, governador de Moscou, acaba de anunciar que a inauguração do monumento de Púchkin poderia ocorrer entre 1º e 5 de junho

Enfim, a data marcada é 4 de junho. Dostoiévski hesita, mas acaba decidindo ficar ao saber que todos que compram ingressos para as diferentes manifestações previstas fazem a mesma pergunta aos organizadores: Dostoiévski vai estar presente? Escritor e diretor de inúmeras revistas famosas pela linha eslavófila, Ivan Serguéievitch Aksákov diz a Dostoiévski que não tem o direito de partir: ele tem grande influência sobre os jovens de Moscou, em particular sobre os estudantes, e é importante defender suas ideias diante deles. É verdade que a cerimônia desperta enorme interesse de público. Os lugares ao redor do monumento são vendidos a preço de ouro e todas as janelas de prédios vizinhos foram alugadas.

Dostoiévski passa os dias seguintes às voltas com convites para jantares e banquetes, com a companhia de admiradores, com pessoas que querem ouvi-lo e falar com ele. Nem sequer tem disponibilidade de passar outra vez em alguns livreiros que haviam prometido pagar o que estavam devendo se ganhassem alguns dias de prazo.

Com o decorrer dos dias, todas essas demonstrações de admiração, sem dúvida sinceras, tornam-se cansativas. "No geral minha vida está execrável, mas faz tempo bom", conclui Dostoiévski, que acrescenta: "E meus Karamázov, meus Karamázov! Em que turbilhão fui me enfiar?!".[9]

Mal ele imagina...

Tolstói, mais prudente, recusou o convite. Quando, encarregado pela Sociedade dos Amigos das Letras Russas para intermediar a delicada solicitação, Turguêniev sugeriu que se juntasse aos demais para as festividades, Tolstói declinou, precisamente porque temia esse "turbilhão" de mundanidades que não correspondiam, dissera ele, às suas exigências espirituais. Verdade que no momento está revendo todas as referências de sua vida, tentando encontrar Deus em uma abordagem diferente daquela da Igreja oficial, o que vai lhe render posteriormente a excomunhão. Dostoiévski desejava conhecer o conde e planejava aproveitar a ampliação da estadia em Moscou para ir a Iásnaia Poliana. Porém, quando manifesta sua intenção a Turguêniev, este, que retornou constrangido do encontro que teve por lá, faz tal descrição do mau humor de Tolstói que a ideia da viagem é logo abandonada. "Ele quase perdeu a razão, se é que não a perdeu mesmo"[10], escreve a Anna Grigórievna a respeito de Tolstói. Muda de ideia quando, alguns meses depois, Tolstói, que acaba de ler por acaso *Memórias da casa dos mortos*, pede que Nikolai Strákhov transmita ao autor que considera seu livro "o melhor de toda a literatura moderna: sincero, natural e cristão". Satisfeito, Dostoiévski agradece de maneira cordial.

A inauguração da estátua de Púchkin é outra vez adiada, de 4 para 6 de junho. Algo que vem a calhar, pois Dostoiévski tem tempo de passar alguns momentos no estúdio do fotógrafo Mikhail Mikháilovitch Pánov, que tira um retrato célebre do escritor. Suavizado pela iluminação e com duas linhas de sombras abaixo das sobrancelhas, escondendo os buracos negros dos olhos, o rosto de Dostoiévski só deixa entrever as rugas profundas que cavam suas faces.

Em 1º de junho acontece, na residência de Turguêniev, uma reunião com aqueles que supostamente vão ler as obras de Púchkin. Dostoiévski não é convidado. A rivalidade entre os dois amigos que se odeiam obriga os demais a adotar um comportamento ambíguo, algo observado por Dostoiévski. Desconfiado, começa a acreditar que está cercado de traidores e teme maquinações destinadas a humilhá-lo. Fica ofendido que o programa de leitura tenha sido estabelecido sem sua presença. Embora desejasse ler a cena do monge cronista de *Boris Godunov* e um monólogo do *Cavaleiro Avaro*, pedem que leia "O profeta". Em 5 de junho, todos os participantes das festividades são convidados para a Duma, onde será estabelecido o programa definitivo das cerimônias. Ao fim da reunião ocorrerá um ensaio das leituras diante de uma plateia de alunos de diversas escolas. Dostoiévski, ainda com o orgulho ferido por ter que ler um poema "atribuído", não desiste. Está contrariado: deve ir de fraque ou sobrecasaca? Ninguém lhe disse nada a respeito. Além disso, precisa encontrar com urgência um dentista para consertar a prótese quebrada. Encontra um, mas o velhaco lhe toma cinco rublos.

No dia seguinte, as coisas se passam melhor do que o esperado. Turguêniev se mostra "bastante amável". Dostoiévski lerá a cena do monge Pímen de *Boris Godunov* na noite do dia 6, pronunciará seu discurso na manhã do dia 8 e, na mesma noite, lerá três poemas de Púchkin de sua escolha e, no final, para fechar as festividades, "O profeta", "um poema curto, terrivelmente difícil de recitar: me colocaram de propósito no final para causar impacto, mas não sei se conseguirei".[11]

Chega o dia 6 de junho de 1880.

As festividades dedicadas à inauguração da estátua de Púchkin começam, como deve ser, por uma missa na Catedral da Dormição, a mais prestigiada de Moscou, a mesma da coroação de tsares. Localizada no coração do Kremlin, entre o Palácio das Facetas e o Campanário de Ivan, o Terrível, a catedral tem três cúpulas de ouro simples e elegantes como o corpo da igreja, protegido por arcadas, cada uma com uma parede imponente perfurada apenas por duas janelas filiformes sobrepostas. Aqueles que atravessam o limiar se encontram em uma escuridão só amenizada pela chama das minúsculas lamparinas a óleo acesas diante dos ícones. O cenário é solene e impregnado dessa espiritualidade ortodoxa de que querem fazer Púchkin, em parte de maneira abusiva, o panegirista. Ele é inegavelmente o de uma alma russa que encontra aqui um de seus lugares simbólicos, carregado de uma história nacional conturbada e gloriosa.

A estátua é destapada ao meio-dia e oferecida pelos subscritores à cidade de Moscou. Uma orquestra toca música clássica. Já cansado, Dostoiévski não vai até a universidade para a sessão solene que abre a série de homenagens. Está presente à noite no jantar oferecido pela Duma de Moscou, que conta com a participação do ministro da Educação e do prefeito da cidade. No sarau musical e literário que começa às nove da noite na Sala Catarina, da Assembleia dos Nobres, Dostoiévski lê a passagem desejada do drama de Púchkin, *Boris Godunov*. É muito aplaudido. Pessoas vão aos bastidores para cumprimentá-lo e agradecer por suas obras, em particular por *Os irmãos Karamázov*, um livro que "os tornou seres humanos melhores".[12] Alguns beijam sua mão. Ao fazer o relatório da noite a Anna Grigórievna, Dostoiévski escreve que Turguêniev, "que leu de maneira pavorosa", foi ainda assim mais aplaudido que ele.

No dia seguinte, Dostoiévski continua sendo reverenciado: "Quando levantei para ir embora, às nove e meia da noite, os presentes gritaram hurras, e aqueles que não têm simpatia por mim foram obrigados, a contragosto, a imitar o gesto. Em seguida, em multidão, as pessoas correram atrás de mim na escadaria e, sem capotes, sem chapéus, saíram ao meu lado para a rua e me colocaram em um fiacre. E então beijaram minhas mãos, e não um só, dezenas, e não só jovens, velhos de cabelos brancos também. Não, Turguêniev só tem admiradores comprados, já o entusiasmo dos meus é sincero".[13]

Em 8 de junho, à uma hora da tarde, ocorre a segunda sessão da Sociedade dos Amigos das Letras Russas. Quando sobe à tribuna, "a sala treme sob os aplausos". Dostoiévski pronuncia enfim suas "poucas palavras" sobre Púchkin.

Era de se esperar. Em um discurso de uma hora, redundante e sem lógica evidente, Dostoiévski recruta o poeta em uma luta que é sua. Toma como exemplo dois personagens, Aleko e Evguéni Oniéguin, para afirmar que Púchkin, "cujo nascimento traz em si, para todos os russos, algo de incontestavelmente profético"[14], foi o primeiro a compreender o mal que corrói o país: o desencaminhamento de todos esses "errantes russos sem lar". Eles se separam do povo e "partem com uma fé nova para outras terras, onde trabalham com fervor, acreditando com firmeza, como Aleko, que com sua quimérica demonstração de vitalidade alcançarão suas metas e a felicidade, não só a deles, mas a do universo". Estão perdidos, "a menos que desemboquem na estrada salvadora da comunhão com o povo".[15] Contrapondo-se a eles, a mulher russa mantém "o contato com a terra natal, com o povo que lhe é próximo, com o que ele venera". Ela é audaciosa e inquebrantável. Fortalecida com sua fé e confiante na solidez de seus princípios morais, como a Tatiana do poema "Evguéni Oniéguin", carrega uma verdade espiritual que indica o caminho da salvação.

Essa maneira de ver as coisas faz de Púchkin "o grande poeta do povo russo".

Além disso, observa Dostoiévski, há dois mil anos a literatura dos outros povos tenta, sem conseguir de todo, entregar a mensagem que Púchkin é o primeiro a formular em sua totalidade e com clareza. Deduz-se disso que apenas Púchkin oferece às demais literaturas a chance de se tornarem verdadeiramente inteligíveis, fecundadas pela genialidade daquele que pode se encarnar em cada uma delas, ao passo que, em troca, nenhuma produziu uma personalidade capaz de igualar Púchkin:

> Não, repito sem hesitar, não existe outro poeta que tenha tido a capacidade de ressonância universal de Púchkin, e não apenas de sua ressonância cabe falar, mas da espantosa profundidade dessa capacidade, do poder de reencarnação de sua genialidade na genialidade de outros povos, de uma reencarnação quase perfeita e, portanto, milagrosa, pois nunca se viu nada parecido em qualquer poeta do mundo inteiro.[16]

A conclusão se impõe naturalmente: como é apenas graças a Púchkin que a genialidade de outros povos consegue florescer e como o próprio Púchkin é a quintessência do povo russo, este não pode se furtar à sua vocação, que é levar luz ao mundo inteiro:

> De todos os povos europeus, talvez seja o povo russo, por suas qualidades de coração, o mais predestinado a realizar a união universal dos homens.[17]

Na sala, o entusiasmo não tem limites:

> Perto do fim, no momento em que falei da união universal dos homens, foi uma histeria, e quando terminei nem posso contar para você quantos gritos, quantos berros de entusiasmo. Pessoas que não se conheciam choravam, soluçavam, se abraçavam e juravam se tornar melhores, não se odiar mais no futuro, e sim se amar.[18]

Aos prantos, até mesmo Turguêniev abraça Dostoiévski, talvez enfeitiçado pelo entusiasmo geral ou porque pressentira que essa era a atitude que esperavam dele – um mês depois, em Paris, fala a Vladímir Vassílievitch Stássov que o discurso de Dostoiévski não passava de uma série de fabulações ridículas e de inverdades flagrantes. Acha ridícula essa "verborragia mística" a respeito "do homem russo e das Tatiana universais", que "lhe causa repugnância".[19]

Dostoiévski recebe uma imensa coroa de louros.

De volta ao hotel, não consegue dormir. Pede um fiacre e, tarde da noite, em um horário em que a Praça Strastnaia está deserta, coloca diante da estátua de Púchkin a coroa de louros que acabara de receber.

"Não pare"

Dostoiévski deixa Moscou em 10 de junho. Está contente.

Kátkov e Liubimov também: depois de um sucesso desses, repercutido pela imprensa, o *Mensageiro russo* vai vender como água com a continuação de *Os irmãos Karamázov*, apesar das interrupções e dos atrasos. Além disso, deixando na mão o *Pensamento russo*, que talvez não tivesse oferecido o preço que devia, Dostoiévski entregou ao *Notícias de Moscou*, de Kátkov, seu discurso sobre Púchkin – que parece despertar interesse em um público de leitores muito mais amplo, daí a ideia de uma edição especial do *Diário de um escritor*, que poderia se revelar um negócio rentável.

Em 6 de julho de 1880, Dostoiévski envia ao *Mensageiro russo* os cinco primeiros capítulos do livro XI de *Os irmãos Karamázov*. Inclui entre os cinco outros que devem completá-lo um capítulo "que não era esperado": "O diabo. O pesadelo de Ivan Fiódorovitch". A ideia lhe ocorreu ao escrever sua resposta a uma carta de Iúlia Fiódorovna Abaza, esposa de Aleksandr Agueievitch Abaza, um dos conselheiros "liberais" de Alexandre II e futuro ministro das Finanças. Ela enviara ao escritor uma notícia "fantástica", a história de um rapaz que tinha um pedaço de gelo no lugar do coração. Talvez ainda sob o efeito do seu ensaio a respeito de Púchkin, esquecendo-se de que no passado fora admirador incondicional de Gogol e de seu conto "O nariz", no qual em certa manhã o assessor do colegiado Kovaliov vê o nariz caminhando de uniforme de alto funcionário pelas ruas de São Petersburgo, Dostoiévski acha esse artifício literário inadequado, contrário às regras de um realismo plano que defende sem pestanejar, não se lembrando de que é o autor de *Bobók* e *Tritão*. Como os médicos que sem dúvida examinaram inúmeras vezes o rapaz não teriam percebido essa anomalia anatômica? Além disso: "Como pode um homem viver sem seus órgãos internos?".[1] O fantástico, explica Dostoiévski, "deve chegar tão perto do real a ponto de levar você quase a acreditar nisso". Menciona como exemplo a "visão" de Hermann, o herói da novela *A dama de espadas*, de Púchkin. Vítima de uma mente perturbada pela ganância, este afinal vê ou apenas pensa que vê o fantasma da velha condessa, vinda do além para lhe revelar o segredo de três cartas vencedoras no jogo de faraó? Impossível saber. "Isso é arte!", exclama Dostoiévski, que, de repente, quer aceitar o desafio e fazer tão bem como seu mestre. Ivan Karamázov teve uma discussão com o diabo, que veio falar pessoalmente com ele, ou foi uma alucinação?

Tal é o propósito desse capítulo, que "poderia não existir".[2] Ivan Karamázov sofre há alguns dias de uma "perturbação mental". O médico recomenda que fique de cama. Nesse estado, vê sentado diante de si um desconhecido, que parece ser um proprietário de terras qualquer. Ivan pensa que está delirando, mas o outro é tão "real"! A conversa aborda temas diversos, ora fúteis, ora sérios. Falam até sobre a existência de Deus. Discutem, e Ivan joga um copo no rosto do interlocutor. Quando seu irmão Aliócha bate ao caixilho da janela, enquanto se dirige para abrir, Ivan percebe que o copo continua no mesmo lugar. Ele exclama: "Eu não estava sonhando! Não, eu juro, tudo isso acabou de acontecer!".[3]

Em 1º de agosto de 1880, a Comissão de Censura autoriza a publicação de uma edição especial do *Diário de um escritor*, dedicada ao discurso sobre Púchkin. Uma longa introdução, tão confusa quanto o resto, explica de modo mais sucinto as quatro ideias que constituem a mensagem do autor:

não há erro pior do que cortar os laços com o povo, algo que Púchkin pressentiu corretamente; a mulher russa deve servir de exemplo a todos que querem permanecer ligados à sua terra, às suas tradições e à fé ortodoxa; fortalecido por essas verdades, Púchkin "propagou todas as vozes do universo"; em suma, ele encarna a vocação missionária do povo russo, chamado a realizar a fraternidade universal.

Para completar a edição especial, Dostoiévski acrescenta uma resposta de umas quarenta páginas ao artigo publicado em *A voz* pelo professor Aleksandr Dmítrievitch Gradóvski. Este está convencido de que "o mal russo" é decorrência do atraso político e social do país e de que, para remediar a situação, seria melhor a Rússia seguir o exemplo dos países europeus desenvolvidos em vez de sonhar com o "homem universal". Trata-se de mais uma oportunidade para Dostoiévski julgar o Ocidente, que vai se arruinar porque perdeu a fé: "Na verdade, o catolicismo não é mais o cristianismo e passa à idolatria, enquanto o protestantismo se encaminha a passos largos para o ateísmo".[4] O individualismo e o materialismo vulgar, o interesse pessoal, ou seja, os valores de uma sociedade despida de espiritualidade, não são "luzes" que devem ser importadas para a Rússia, onde o camponês, que se autonomeou крестьянин, isto é, cristão[5], soube preservar o maravilhoso amor ao próximo que levou Cristo a se tornar homem e morrer na cruz.

A edição especial de 1880 de *Diário de um escritor* afaga o patriotismo russo, e os patriotas são legião. Três mil dos 4.200 exemplares impressos são vendidos em menos de uma semana apenas por São Petersburgo, e uma nova tiragem é lançada em setembro. O sucesso também se explica pela controvérsia que o discurso de Dostoiévski despertou na imprensa. Os "eslavófilos" e os "ocidentalistas" têm uma boa oportunidade de trocar farpas, e o fazem com fervor. Aumenta o número de ataques a Dostoiévski e nos *Anais da pátria*, periódico em que havia publicado *O adolescente*, Nikolai Mikháilovski, que agora dirige a revista com Saltykov-Chtchedrin, escreve que Dostoiévski está "doente não de Púchkin, mas de si mesmo".

Anna Grigórievna talvez tenha razão em atribuir as crises de epilepsia do marido, que voltam com frequência crescente, ao nervosismo causado pelos inúmeros artigos maliciosos e até mesmo ofensivos publicados nos jornais. Por sorte, a família já se estabelecera em Stáraia Russa para passar o verão. Na grande casa que adora, ao lado dos filhos, a quem pode enfim dar a atenção desejada, em meio ao verde e longe dos salões da capital, os motivos para irritação são mais raros, e Dostoiévski está melhor. Consegue também retomar o trabalho. Anna Grigórievna tem condições de ir a São Petersburgo para negociar os termos de uma reimpressão da revista. Em suas caminhadas diárias, Dostoiévski tem a companhia dos filhos, que leva à quermesse do parque municipal, onde jogam bola. Fédia ouve com muita atenção as pequenas orquestras que tocam ao ar livre. Como perde a viseira do quepe, pede por carta para que sua mãe traga outra. Anna Grigórievna deve procurar na Gostiny Dvor, o imenso centro comercial na esquina da Névski Prospekt com a Sadovaia. Do lado da capela, há uma loja de brinquedos onde é possível encontrar lindíssimos quepes de oficial com brasão por apenas um rublo.

O sucesso da edição especial do *Diário de um escritor* e a percepção de que um público de leitores, na maioria jovens, espera suas palavras e entende o que ele diz; a sensação de que pode e deve guiar essa nova geração para fazê-la assumir a missão que Deus destinou à mãe Rússia; o desejo também de retomar um espaço para propagar suas convicções; por fim, a certeza de que só poderia expressar suas preocupações sobre o futuro político da Rússia em sua própria revista[6] reforçam em Dostoiévski a ideia de interromper de novo, por um ou dois anos, a atividade literária e empregar todo o tempo e toda a energia na publicação de uma nova série de seu periódico mensal. Poderia assim, e essa é uma de suas principais motivações, acertar algumas contas com o mundo literário, que acredita que lhe é hostil totalmente, ou quase, como escreve a um de seus correspondentes:

> Lancei todos contra mim, e todos me odeiam. Aqui, na literatura e nas revistas, não só me insultam como hienas (tudo em virtude do meu discurso, da minha orientação), mas também espalham em segredo diversos boatos caluniosos e indignos contra mim.[7]

Mas, meu Deus, antes de fazer isso, precisa concluir esse romance que se arrasta de longa data, que ocupa seu tempo "dia e noite como na galé" e que exige esforços extenuantes demais de alguém com um estado de saúde cada vez mais frágil, com nervos cada vez mais irritados. Dostoiévski escreve no fim de agosto de 1880 ao amigo Ivan Aksákov:

> Estou terminando os *Karamázov*. Faço o balanço de uma obra que, em todo caso, estimo, porque coloquei nela muito de mim e do que me é caro. De resto, escrevo tomado de nervosismo, preocupação e tormento. Quando trabalho forçando o ritmo, chego até a ficar fisicamente doente. [...] Chegou a hora em que devo terminar, e terminar sem atraso. Acredite, ainda que eu escreva a obra já há três anos, às vezes finalizo um capítulo e em seguida o ponho de lado, para reescrevê-lo mais e mais vezes. Apenas os trechos inspirados vêm de uma vez só, em uma torrente, todo o resto é um trabalho dos mais penosos.[8]

Duas novas e graves crises de epilepsia, em 2 e 7 de setembro, obrigam-no a interromper durante vários dias o trabalho. Dostoiévski descreve os sintomas nos *Diários*:

> Incoerência dos pensamentos, regressão a outros anos, devaneio, culpa, desloquei um ossinho nas costas ou distendi um músculo [...]. Quanto mais o tempo passa, mais o corpo se torna fraco para aguentar as crises e mais violentos são os efeitos dela.[9]

Em 8 de setembro, escreve ao *Mensageiro russo* para anunciar que uma vez mais a doença o impede de entregar no prazo a totalidade do 12º e último livro de *Os irmãos Karamázov*. Envia cinco capítulos sobre o julgamento de Dmítri Karamázov, injustamente acusado de assassinar seu pai. Para a acusação do procurador e a defesa do advogado, Dostoiévski volta a consultar seus dois amigos juristas, Adrian Chtakenschneider e Anatoli Kóni. Novamente, segue os conselhos desses especialistas com cuidado, por uma questão de verossimilhança, sem dúvida. E também, como sempre, para mostrar na obra, em uma sucessão de acontecimentos tão rica quanto possível, as forças que atuam sobre os homens como o ímã que conduz a limalha.

O outono de 1880 em Stáraia Russa é "dos mais magníficos". Dostoiévski aproveita para terminar seu romance. Em 5 de outubro, envia os capítulos finais do último livro de *Os irmãos Karamázov*. No dia 6, toda a família deixa Stáraia Russa para voltar a São Petersburgo, no apartamento da Rua Kuznechny.

Assim que chega, é sobrecarregado pelos convites e pelas obrigações mundanas. Dostoiévski desmorona sob dezenas de cartas de amigos e desconhecidos que pedem ajuda para resolver seus problemas, do mesmo modo como fazem as pessoas que batem à porta:

> O primeiro irá pedir uma coisa, o segundo outra, o terceiro exigir um favor, o quarto pedirá com insistência para que eu resolva uma questão "vital" insolúvel; caso contrário, me dirá, "Estou a ponto estourar os miolos". (Quanto a mim, será a primeira vez que vejo isso.) Por fim, uma delegação de

estudantes, de alunos do liceu, de sociedades de caridade vai desejar que eu leia algo em uma sessão de leitura pública...[10]

Em reuniões públicas e em salões, em eventos de caridade e na faculdade, Dostoiévski é convidado a ler fragmentos de seus livros e – com muita frequência, em virtude do sucesso alcançado em junho em Moscou – o poema de Púchkin "O profeta". Muitas vezes se vê obrigado a recusar o convite para evitar fazer um esforço que só ele e Anna Grigórievna sabem como pode ser arriscado para sua saúde delicada. Ao mesmo tempo, não deseja ofender ninguém – ainda que de vez em quando surpreenda seus interlocutores por ataques inesperados de ego: as estudantes do Instituto Pedagógico para Moças, que queriam contar em seu sarau literário com a presença dos dois escritores mais ilustres de São Petersburgo, cometem o erro de convidar Turguêniev antes de Dostoiévski; ao saber disso, este em um primeiro momento se recusa a participar: a presença de Turguêniev torna a sua desnecessária, justifica; enfim, assim que passa o mau humor, aceita o convite e encontra, como tantas vezes antes, sob os aplausos da sala, seu velho amigo, que inveja e considera, provavelmente de maneira equivocada, como "um inimigo pessoal".

A plateia o escuta, em fascínio. Elena Andréievna Chtakenschneider registra em seu *Diário*:

> Como Dostoiévski, adoentado, com problemas na garganta e seu enfisema, consegue ser mais audível do que os demais leitores, cuja voz mal dá para escutar? Um verdadeiro milagre! Quase sem fôlego, magro, pálido e só conseguindo falar em sussurros, assim que começa a ler parece se libertar de todos os males e recuperar a saúde. De onde vem essa força, esse poder?[11]

Anna Grigórievna se limita a observar que os aplausos "fazem as paredes tremer" e que sempre, no final do sarau, grupos de jovens cercam seu marido e fazem inúmeras perguntas. Ele responde da melhor maneira possível, com muitos detalhes, muitas explicações adicionais para ser entendido ao máximo. Isso resulta em outras perguntas que levam a outras respostas e, às vezes, debates acalorados têm início no corredor, nas escadas ou na rua. Anna se mantém à distância, mas ainda assim perto o bastante para intervir caso tenha a impressão de que Dostoiévski está cansado demais ou que a discussão pode irritá-lo. Em suas *Memórias*, não deixa de abordar o tema:

> Fiódor Mikháilovitch valorizava muito esse contato direto com a juventude, que o amava e apreciava o seu talento. Depois desses debates cordiais, voltava para casa muito cansado fisicamente, mas comovido, e me contava os detalhes dessas conversas que o interessavam demais.[12]

Como abrir mão de falar para essa juventude, em especial, que enfim parece lhe dar razão nessa discussão com aqueles que desejam desviá-la para as falsas "luzes" de uma Europa que perdeu sua fé e suas raízes? Como não querer oferecer um guia espiritual e uma leitura correta da atualidade, capaz de permitir a esses jovens compreender a verdadeira essência dos acontecimentos que estão vivenciando? Em 25 de outubro de 1880, Dostoiévski solicita autorização para publicar no ano seguinte uma nova série do *Diário de um escritor*. O Ministério do Interior dá parecer favorável no mesmo dia ao pedido, e essa resolução é transmitida de imediato à Comissão de Censura de São Petersburgo.

Atarefado em escrever o Epílogo de *Os irmãos Karamázov* e obrigado a pagar o preço da fama por sua participação em inúmeras reuniões literárias exaustivas, nesse outono de 1880 Dostoiévski não tem mais tempo "de ler um único livro, nem sequer os jornais". Também não passa mais tempo suficiente com os filhos: "Você não era assim antes, papai!", teria dito Fédia. Ainda assim, às pressas, sem perder tempo, entre uma frase e outra de seu romance, para não perder uma ideia que lhe ocorre sobre um fato atual ou uma questão mais geral, Dostoiévski começa a tomar notas e a esboçar comentários para o *Diário de um escritor*, cuja publicação é agora iminente.

Indignado com a votação escandalosa da Academia Imperial de Ciências, que provavelmente por razões políticas, temendo o veto discricionário do imperador, rejeita a candidatura de um dos mais eminentes químicos da época, Dmítri Ivánovitch Mendeléiev, Dostoiévski cogita a criação de uma Academia Imperial de Ciências "livre", cujos princípios de funcionamento pretende explicar no *Diário*. Também deseja abordar a questão do perigoso "quarto Poder": os proletários, que acabam de protagonizar, da última fileira da galeria de um teatro, uma cena em Paris, ao "apuparem o público rico sentado na orquestra". Queria falar mais e mais de Cristo e sua mensagem. Dos niilistas também: eles existem porque, entre nós, "somos todos niilistas".[13] Por isso os russos precisam de uma moral capaz de fazê-los evitar essa armadilha. Porém, "uma consciência moral sem Deus é um horror, podendo beirar até a própria imoralidade".[14] O que suscita uma pergunta mais concreta, embora retórica, que Dostoiévski gostaria de fazer aos leitores do *Diário* que, é bom não esquecer, deve ser também uma arma polêmica: "Será que a ação do *Mensageiro da Europa*, que me caluniou, é moral?".[15] Definitivamente, esses panegiristas da Europa, dessa Europa que "só crê no dinheiro", estão enganados. Eles não entendem nada da Rússia, que deve ser estudada "como uma ciência, porque seu conhecimento espontâneo se perdeu entre nós".[16] Então vão perceber "que pode haver mais esperança para nós na Ásia do que na Europa"...[17] Oh, já é hora de publicar esse *Diário de um escritor*: Dostoiévski tem tanta coisa a dizer, tantos ensinamentos a esbanjar, tantas convicções a dividir, e com isso vai enchendo seus cadernos.

Em 8 de novembro de 1880 – que alívio! –, Dostoiévski envia enfim a Nikolai Liubimov o Epílogo de *Os irmãos Karamázov*. Ele escreve:

> Aqui está o romance acabado! Trabalhei durante três anos nele, publiquei durante dois, é um momento memorável para mim.[18]

Acrescenta:

> Quanto a mim, permita não lhe dizer adeus. Ainda pretendo viver vinte anos e escrever.

Está mais perto da verdade quando, quase no mesmo momento, escreve a Pelagueia Iegórovna Gusseva:

> A senhora não pode imaginar como vou mal de saúde. Estou com os dias contados.[19]

Restam exatos oitenta dias de vida a Dostoiévski.

Que lhe trazem as últimas satisfações. Em 30 de novembro, depois de um sarau literário e musical na universidade, ocasião em que lê um fragmento de *Os irmãos Karamázov*, "Os funerais de Iliúcha", os estudantes lhe oferecem uma coroa de louros e fazem fila para cumprimentá-lo. Em 9 de dezembro, é lançada em livro a edição de *Os irmãos Karamázov*, em uma tiragem de três mil exemplares, vendidos imediatamente. Por intermédio de Konstantin Pobedonóstsev, o herdeiro do trono – o futuro Alexandre III – lhe solicita um exemplar autografado, que o autor entrega pessoalmente no dia 16, sendo recebido com toda a simplicidade: o futuro soberano não se ofende com o fato de que, ao se despedir, o escritor tenha virado as costas: a etiqueta pediria que se retirasse andando para trás. Ao saber que Dostoiévski receia as intervenções da Comissão de Censura em seu *Diário*, Nikolai Sávitch Abaza, que é o presidente da instituição desde março e divide as opiniões liberais de seu parente distante Aleksandr Agueievitch Abaza, amigo do escritor, informa que não há o que temer: "Nunca a censura vai levantar a mão para algum de seus pensamentos", comunica ele. O número de assinantes já é grande – em suas *Memórias*, Anna Grigórievna não revela a quantidade, mas esclarece que é considerável. Em 25 de janeiro de 1881, Dostoiévski entrega ao tipógrafo as últimas páginas do *Diário*, que deve ser publicado no final do mês.

Durante a noite, relata Anna Grigórievna, Dostoiévski teria deixado cair o porta-penas, que era o seu favorito, pois tinha o tamanho certo para preencher o tabaco nos tubinhos de papelão dos *papirossi*. Para apanhar o objeto, teria arrastado a pequena estante envidraçada que ficava atrás da escrivaninha. O esforço teria causado a ruptura de uma artéria pulmonar, e Dostoiévski teria sentido a garganta se encher de sangue. Na manhã seguinte, teria comentado isso com a esposa. Anna afirma ter alertado imediatamente, sem o conhecimento do marido, o dr. Von Bretzel, que estava visitando pacientes e só teria recebido o recado na parte da tarde. É certo que virá apenas à noite, depois de um segundo alerta.

De acordo com a filha Liubov, que tinha onze anos na época da morte do pai e cujas palavras devem ser consideradas com cuidado, já que raramente se trata de depoimentos diretos, o acidente vascular teria ocorrido na tarde de 26 de janeiro, depois de uma discussão no almoço com Vera Ivánovna, irmã do escritor. Ela teria vindo de Moscou para pedir que abdicasse de suas propriedades de Riazan, herdadas de Aleksandra Kumánina, em prol das irmãs, que teriam sido desfavorecidas no testamento da tia. Anna Grigórievna menciona em outro texto essa discussão incômoda, mas em suas *Memórias* prefere atribuir o nervosismo do marido às palavras irritantes de uma visita cujo nome não é revelado.

Não fosse isso, o resto do dia teria se passado sem contratempos. Dostoiévski havia escrito a Nikolai Liubimov para pedir os quatro mil rublos que o *Mensageiro russo* ainda lhe devia. Passara um tempo com Fédia, que fora brincar no escritório e teria ficado contente ao saber que o pai lhe fizera uma assinatura da *Estilhaços* – Fédia gostava muito dos poemas humorísticos e das caricaturas dessa revista.

No momento de passar à mesa para o jantar, Dostoiévski desaba no divã, e começa a sair sangue de sua boca. Anna Grigórievna envia alguém – "pela segunda vez", diz ela – à casa do dr. Von Bretzel, para pedir que venha o mais depressa possível. Para tranquilizar os filhos, Dostoiévski, que recobrara os sentidos, leva-os ao escritório e lhes arranca risadas lendo, na revista *Libélula*, os versos que acompanham um desenho mostrando dois pescadores que caem na água, com os pés presos na própria rede.

A hemorragia volta a acontecer, mais violenta, na presença do médico, que a constata sem conseguir estancá-la. Dostoiévski perde a consciência. Quando volta a si, calmo, pede a Anna Grigórievna para buscar um padre para que possa se confessar e receber o santo sacramento. Como a igreja de Nossa Senhora de Vladímir fica em frente, o padre Megorski chega depressa, dá a extrema-unção e reza uma Ave-Maria para o alívio da alma.

Depois que o padre se retira, Dostoiévski abençoa a esposa e os filhos, pedindo que se amem. Pede aos filhos para cuidar de sua mãe e suplica que Anna Grigórievna perdoe os erros que cometeu com ela. Parece em paz, e Anna Grigórievna acredita nisso. Estaria mesmo? Estaria completamente enganado quando, cerca de 25 anos antes, ao deixar a galé, escrevia a Natália Fonvízina:

> Sobre mim, direi que sou filho do meu tempo, filho da descrença e da dúvida. Sou até hoje e serei (sei disso) até o

túmulo. Quantos terríveis tormentos me valeu e continua me valendo essa sede de fé, ainda mais forte em minha alma quanto mais argumentos encontro para confrontá-la?[20]

O dr. Von Bretzel retorna, acompanhado por dois eminentes colegas: os médicos Pfeifer e Kochalkov, que já tratou da doença pulmonar de Dostoiévski. Reservados, fazem um diagnóstico que não exclui a possibilidade de cura. Dostoiévski passa uma noite tranquila, na companhia de seu médico, que permanece na casa, pronto para intervir em caso de necessidade, e de Anna Grigórievna.

No dia seguinte, Dostoiévski parece melhor. Ainda de cama, chama os filhos, com quem conversa um tempo em voz baixa, e recebe o tipógrafo do *Diário de um escritor*. Este informa que Nikolai Abaza assinou a autorização para publicação sem nem sequer olhar a revista. Entretanto, para que o texto caiba em duas páginas de tipografia, deve excluir sete linhas. Dostoiévski hesita, e quem acaba se encarregando da tarefa é Anna Grigórievna, que propõe a supressão de um parágrafo do primeiro capítulo. Dostoiévski concorda.

A notícia da piora do estado de saúde de Dostoiévski já se espalhou pela cidade. Durante a tarde, amigos e desconhecidos batem à porta para saber notícias. Contínuos vêm e vão trazendo cartas e telegramas de pessoas que desejam boa e rápida recuperação ao escritor. Para que o marido possa descansar, Anna Grigórievna se vê forçada a bloquear a entrada. Ela recebe pessoal e brevemente os visitantes para agradecer a preocupação com a saúde de seu marido. Comenta isso com Dostoiévski, que, tocado por essas demonstrações de afeto, dita algumas respostas às cartas mais carinhosas.

Tranquilizado ao constatar que não houve nova hemorragia durante o dia, o dr. Kochalkov está bastante confiante. O paciente precisa sobretudo de repouso. Ele dorme cedo. Anna Grigórievna também, em uma poltrona perto da cama. Ela acorda de vez em quando para se certificar de que o marido continua dormindo com serenidade.

Por volta das sete horas, Dostoiévski abre os olhos e fita o vazio. Anna Grigórievna pergunta se o marido está bem. Ele responde que vai morrer durante o dia e pede para a esposa acender uma vela e lhe trazer sua Bíblia. Trata-se daquela que recebeu na prisão de Tobolsk, por volta de trinta anos antes, das mãos de Natália Fonvízina. Às vezes, em momentos de dúvida, Dostoiévski abria aleatoriamente os *Evangelhos* e lia os primeiros versículos da página da esquerda para encontrar uma pista do caminho a seguir. Pede que Anna Grigórievna faça isso para ele. É uma passagem do Evangelho de Mateus. Vindo para ser batizado por São João Batista, que, ao reconhecê-lo, hesita, Jesus diz: "Não pare; é assim que devemos realizar a verdade inteira".

– Está vendo? – fala Dostoiévski. – Não pare. Isso quer dizer que vou morrer.[21]

Dostoiévski fecha a Bíblia e, à tarde, quando as crianças voltam a vê-lo, confia o livro sagrado a Fédia. Algumas palavras de Anna Grigórievna escritas em tinta azul na margem superior marcam a página que lera ao marido no dia em que ele faleceu. Antes de voltar a dormir, com a mão na da esposa, Dostoiévski diz:

> Saiba, Ania, que sempre amei você com todo o coração e que nunca a traí, nem sequer em pensamentos.[22]

Nova hemorragia pouco antes do meio-dia. Dostoiévski parece esgotado, sente falta de ar, perde as forças. Pável Issáiev, filho de sua primeira esposa, chega correndo. Sempre o mesmo, se agita para mandar trazer um notário, a fim de que seu padrasto possa escrever o testamento, algo de que os médicos o proíbem formalmente.

Por volta das sete da noite desse dia 28 de janeiro de 1881, após ter um espasmo que lhe permite levantar parte do corpo e ver a esposa e os filhos de joelhos perto da cama, rezando, Dostoiévski perde a consciência.

Nikolai Strákhov registra o horário exato da morte: oito horas e 38 minutos.

O cemitério Tikhvin do mosteiro Alexandre Névski

O catafalco é montado no escritório.

A casa se enche de gente. Durante os ofícios religiosos regulares – haverá outros, que diferentes instituições solicitam a permissão de fazer –, Anna Grigórievna e os filhos mal conseguem se aproximar do caixão, em uma atmosfera tão sufocante por conta da multidão que as velas e as candeias se apagam. Liubov arranca algumas flores das grinaldas colocadas perto do caixão de seu pai e as distribui para os presentes.

Anna Grigórievna tem um mal-estar. Alguém corre para comprar valeriana em um farmacêutico, que acrescenta um frasco de amoníaco, para o caso de ela perder a consciência. Por engano e pressa, lhe dão para beber amônia, que ela consegue cuspir a tempo de evitar um acidente mais grave.

Um portador do ministro do Interior, o conde Lóris-Mélikov, vem trazer à viúva do grande escritor um valor destinado a cobrir o funeral. Anna Grigórievna agradece, mas não aceita. Quando outro mensageiro, enviado pelo imperador, informa a ela que o soberano, em sinal de reconhecimento pelos serviços prestados por Dostoiévski à literatura russa, decidiu oferecer à sua esposa e aos seus filhos uma gratificação anual de dois mil rublos, seu primeiro impulso é correr para contar ao marido que suas preocupações financeiras acabaram. Ela tem dificuldade de aceitar que ele não está mais vivo.

Como Dostoiévski, no momento da morte de Nekrássov, comentara que gostaria de ser enterrado no cemitério de Novodevitchy, Anna Grigórievna envia o cunhado, Pável Grigórievitch Svatkovski, e Liubov para comprar um jazigo. Já que o superior do mosteiro, a que pertence o cemitério, cria empecilhos com o local escolhido, Anna Grigórievna acaba aceitando a oferta do mosteiro Alexandre Névski: a família é convidada a aceitar a doação de uma concessão perpétua no cemitério, onde repousam aqueles que fizeram a glória das artes e das letras russas. Em um primeiro momento, o metropolita Isidor, o arquimandrita do mosteiro, teria sido contra: para ele, tratava-se de um autor insignificante cujo funeral poderia provocar desordem, como no enterro de Nekrássov, algo que era melhor evitar. A intervenção rápida e decidida de Konstantin Pobedonóstsev, cujas funções são de fato as de um ministro da Religião, leva a mudar de ideia o metropolita, que logo se apresenta como o responsável pela iniciativa generosa de oferecer um sepulcro e serviços religiosos gratuitos a alguém que fez a glória da Rússia.[1]

Às onze da manhã de 31 de janeiro, um cortejo de cerca de sessenta mil pessoas – algo até então nunca visto na Rússia –, formado de maneira espontânea, depois de informações publicadas nos jornais ou passadas no boca a boca, acompanha o caixão do escritor pela avenida Vladímir e pela Névski Prospekt até a igreja do Espírito Santo do mosteiro Alexandre Névski. Jovens carregam as cerca de oitenta grinaldas oferecidas por instituições do Estado e por associações de comerciantes e artesãos, por instituições de caridade e por diversas escolas e institutos. Anna Grigórievna fica contente:

> A grandeza desse funeral solene decorre do fato de que não foi preparado, nem organizado. Pessoas com pontos de vista bem diferentes e muitas vezes antagônicos se encontravam no desejo comum de testemunhar, da maneira mais solene, seu reconhecimento para com aquele que acabava de falecer.[2]

No mesmo dia é lançada a edição especial, datada de janeiro 1881, do *Diário de um escritor*. A segunda edição, com uma faixa de luto, será impressa no dia seguinte. Mais uma vez, se trata de uma acusação contra os "liberais ativos, ateus baratos, que desprezam o povo do alto de sua instrução fajuta".[3] Não tendo compreendido que a história da Rússia é única e que a nação não pode seguir o itinerário dos outros países europeus, esses intelectuais desencaminhados a fazem tomar o caminho da industrialização e da vantagem financeira. Ora, a força da Rússia é sua terra e seus camponeses. Unido com o tsar em laços afetivos tão naturais como aqueles entre pai e filhos, o povo russo, uma vez libertado da burocracia de origem ocidental, poderia se beneficiar de um espaço de liberdade civil único no mundo, porque seria o do amor mútuo dos cidadãos e de seu imperador. Já é hora de a Rússia, subjugada demais pela Europa, virar as costas: seu futuro está além dos montes Urais, na sua parte asiática, infinitamente mais vasta e mais rica: "Talvez haja mais esperança para nós na Ásia do que na Europa. E mais: talvez seja a Ásia, em nossos destinos, nossa principal saída. [...] A Ásia é nossa principal porta no futuro, lá está nossa riqueza, lá está nosso oceano; ao passo que, na Europa, até pelo simples fato de sua exiguidade, vai se instalar, inevitável e já ameaçador, o mais aviltante comunismo".[4]

Ao anoitecer, para o velório, milhares de pessoas se espremem no adro e na igreja do Espírito Santo, onde é colocado o caixão. Durante toda a noite, jovens se revezam para ler os Salmos.

Às dez da manhã do dia 1º de fevereiro de 1881, ocorre a missa de réquiem. Uma multidão enorme ocupa a Praça Alexandre Névski. Anna Grigórievna, que entregara Fédia ao cunhado, não está em mãos com o convite, enviado pelo comitê formado ad hoc por Grigórovitch, para o bom andamento do funeral. Os encarregados pela segurança não permitem que ela passe: diversas pretensas viúvas do escritor, todas de luto e com crianças, já tentaram enganá-los. Alguém que a conhece intercede a tempo de ela chegar à igreja no momento em que o serviço religioso acaba de começar. A missa celebrada pelo bispo de Viborg, monsenhor Nestor, conta com a presença dos mais altos dignitários na ordem monástica, incluindo Simeão, o superior do mosteiro.

Como era de se esperar, o cemitério Tikhvin, do outro lado da praça, já fora invadido por curiosos, que pisam nos monumentos funerários e escorregam sobre as camadas de gelo que cobrem as lápides. Eles sobem no muro de tijolo, não muito alto, e nas árvores com galhos pesados pela neve. O cortejo – com o caixão aberto, como manda a tradição ortodoxa – avança com dificuldade por entre a multidão. Antes do enterro, amigos e personalidades da literatura, com a cabeça descoberta, apesar do frio e do vento que sopra em rajadas, fazem discursos. Outros leem poemas e textos do finado. A cerimônia dura até as quatro da tarde. Muitos permanecem no local até de madrugada.

Dois anos depois, em 1883, talvez encorajado pela atitude de Tolstói, cujas opiniões nunca são definitivas e que agora acredita que "transformaram em profeta e santo um homem que morreu na fase mais delicada de um conflito interno entre o bem e o mal"[5], Nikolai Strákhov lhe escreve uma carta que só será publicada em 1913. O homem que foi durante vinte anos amigo íntimo de Fiódor Mikháilovitch e está escrevendo a primeira biografia do autor a pedido da viúva, que é a editora, o escritor que Dostoiévski sempre admirou e incentivou, expressa ao ilustre correspondente sua perturbação. Ele está "enojado" de contar a vida de um homem "mau, invejoso, debochado, cuja existência foi uma série sem fim de emoções e irritações que o teriam tornado desprezível e até ridículo se ele não fosse tão inteligente quanto odioso." [...] "Observe que", acrescenta Strákhov, "além de sua volúpia animal, ele não tinha nenhum gosto, nenhuma percepção da beleza feminina e seu encanto, o que se vê em seus romances. Os personagens que mais se parecem com ele são: o herói de *Notas do subsolo*, Svidrigailov de *Crime e castigo* e Stavróguin de *Os demônios*. [...] Em suma, quase todos os seus romances são justificativas pessoais e provam que em um mesmo indivíduo podem coexistir a nobreza e todos os tipos de abjeções".[6]

Para defender o marido, Anna Grigórievna, ainda viva no momento da publicação dessa carta, escreve que Dostoiévski era "de uma bondade infinita".[7]

Talvez os dois tenham razão.

Alguns consideram hoje Dostoiévski o maior romancista dos tempos modernos.

ANEXOS

Cronologia

1821. *30 de outubro*: nascimento de Fiódor Mikháilovitch Dostoiévski, em Moscou.

1822-1835. Nascimento das quatro irmãs e dos dois irmãos mais novos de Dostoiévski: Várvara (1822), Andrei (1825), Vera (1829, sua irmã gêmea, Liubov, morre nos primeiros anos de vida), Nikolai (1831) e Aleksandra (1835).

1828. O dr. Dostoiévski é inscrito, assim como os filhos, no *Livro genealógico* da nobreza hereditária de Moscou.

1831. Aquisição da propriedade de Darovóie, onde Dostoiévski passa muitas férias de verão.

1834-1837. Dostoiévski estuda em diversos estabelecimentos de Moscou.

1837. *27 de fevereiro*: morte de Maria Fiódorovna, mãe de Dostoiévski.
Maio: por desejo do pai, que quer matriculá-los na Escola Central de Engenharia Militar, Dostoiévski e Mikhail, o irmão mais velho, chegam a São Petersburgo para realizar cursos preparatórios. Dostoiévski passa no exame de admissão. O irmão Mikhail é reprovado por motivos médicos.

1838. *Outubro*: apesar das boas notas, Dostoiévski repete o ano.

1839. *6 de junho*: morte de Mikhail Andréievitch, pai de Dostoiévski, aparentemente assassinado por seus servos.

1840-1841. Iniciação de Dostoiévski na literatura. Começa, sem nunca terminar, diversos textos dramáticos, como *Maria Stuart* e *Boris Godunov*.

1841. Promovido a suboficial, Dostoiévski se muda para a cidade. Leva uma vida desregrada, joga cartas e bilhar, contrai dívidas.

1843. Dostoiévski termina os estudos de engenharia.

1844. *Junho*: primeiro texto publicado: a tradução de *Eugénie Grandet* de Balzac para a revista *Repertório e Panteão*.
Outubro: Dostoiévski pede e consegue uma licença não remunerada com a patente de tenente.

1845. *Maio*: Dostoiévski termina *Gente pobre*. Os elogios de Vissarion Bielínski são a porta de entrada para o meio literário de São Petersburgo.

1846. *Janeiro*: *Gente pobre* é publicado na antologia de Nekrássov, *Almanaque de Petersburgo*.
Fevereiro: Publicação da novela *O duplo*. Diversas narrativas de importância menor decepcionam. O meio literário de São Petersburgo, que elogiara Dostoiévski, passa a criticá-lo.

1847. Dostoiévski começa a frequentar as reuniões de sexta-feira no círculo de Mikhail Petrachévski.
Julho: primeiras manifestações da epilepsia.

1848. *Outono*: a polícia vigia o círculo de Petrachévski e infiltra um informante.
Dezembro: Dostoiévski publica *Noites brancas*.

1849. *Janeiro-fevereiro*: Dostoiévski publica *Niétotchka Niezvânova*.
23 de abril: prisão de Dostoiévski.
13 de novembro: Dostoiévski é condenado ao pelotão de fuzilamento.
22 de dezembro: simulacro da execução. A pena de morte foi comutada por quatro anos de trabalhos forçados.
25 de dezembro: partida de Dostoiévski, com os pés acorrentados, para a Sibéria.

1850. *23 de janeiro*: Dostoiévski chega à galé de Omsk, lugar do cumprimento da sentença.

1850-1854. Dostoiévski cumpre a pena.

1852. *Janeiro*: o comandante da fortaleza de Omsk solicita a retirada dos grilhões dos pés do condenado Dostoiévski. O imperador recusa.

1854. *Fevereiro*: Dostoiévski é solto. Serve como soldado raso no regimento de Semipalatinsk.
Abril: Dostoiévski conhece Maria Dmítrievna Issáieva. Apaixona-se.

1855. *4 de agosto*: falecimento do marido de Maria Issáieva, que fica viúva e com um filho, Pável (Pacha). Dostoiévski pede sua mão.

1856. *1º de outubro*: Dostoiévski é promovido oficial.

1857. *15 de fevereiro*: Dostoiévski se casa com Maria Dmítrievna Issáieva.
18 de abril: Dostoiévski recupera os títulos de nobreza e volta a ter o direito de publicar.

1858. *Março*: Dostoiévski pede reforma do exército por motivos de saúde.

1859. *Março*: o ministro da Guerra assina a reforma de Fióder Mikháilovitch Dostoiévski, com a patente de tenente.
Dezembro: Dostoiévski é autorizado a retornar a São Petersburgo.

1860. *Setembro*: a revista *Mundo russo* começa a publicar *Memórias da casa dos mortos*.

1861. *Janeiro*: Mikhail e Fióder Dostoiévski, respectivamente diretor e redator-chefe, publicam a revista *Tempo*, com os primeiros capítulos do romance *Humilhados e ofendidos*.
Dostoiévski conhece Apolinária Súslova.

1862. *7 de junho-24 de agosto*: Dostoiévski viaja para o exterior: Berlim, Dresden (onde vê a *Madona Sistina*, de Rafael), Wiesbaden (após ganhar de primeira na roleta, o demônio do jogo só vai deixá-lo cerca de uma década depois), Paris, Londres (onde encontra Herzen e talvez Bakúnin), Genebra (onde se junta ao amigo Strákhov), Milão, Florença, Veneza, Viena, Dresden, Hamburgo.

1863. *24 de maio*: a revista *Tempo* é proibida.

4 de agosto a 21 de outubro: Dostoiévski parte para encontrar Apolinária Súslova em Paris. Passa por Wiesbaden (onde perde na roleta). Em Paris, cenas dramáticas com Apolinária, que primeiro quer se suicidar, depois parte com Dostoiévski para a Itália. Dostoiévski volta a São Petersburgo, passando por Bad Homburg (para jogar na roleta).

1864. *27 de janeiro*: Mikhail Dostoiévski é autorizado a publicar uma nova revista, *Época*.

15 de abril: morte de Maria Dmítrievna, primeira esposa de Dostoiévski.

10 de julho: morte de Mikhail Dostoiévski.

Novembro: relacionamento com Marfa Brown.

1865. *28 de fevereiro*: Dostoiévski conhece as irmãs Korvin-Kriukóvski. Pede a mão de Anna, que recusa.

Junho: *Época* deixa de ser publicada.

Julho a outubro: Dostoiévski viaja ao exterior.

1866. *30 de janeiro*: o *Mensageiro russo* publica os primeiros capítulos de *Crime e castigo*.

Abril: os credores ameaçam colocar Dostoiévski na cadeia por conta das dívidas.

Junho a novembro: para não perder o direito de todos os romances futuros – como prevê o contrato assinado com Stelóvski no ano anterior –, Dostoiévski, que precisa seguir enviando ao *Mensageiro russo* a continuação de *Crime e castigo*, começa a escrever um novo romance: *O jogador*.

4 de outubro: Dostoiévski conhece Anna Grigórievna Snítkina, contratada como estenodatilógrafa para a redação de *O jogador*.

31 de outubro: Dostoiévski consegue entregar a tempo o romance prometido a Stelóvski.

8 de novembro: Dostoiévski declara o que sente a Anna Grigórievna Snítkina.

1867. *15 de fevereiro*: Dostoiévski se casa em segundas núpcias com Anna Grigórievna Snítkina.

14 de abril: Dostoiévski e Anna Grigórievna viajam ao exterior. Ficam em Dresden, que abandonam para se estabelecer em Genebra, onde chegam passando por Baden-Baden (Dostoiévski joga na roleta) e pela Basileia, onde Dostoiévski fica fascinado com o quadro de Holbein, o Jovem: *Cristo morto*.

Setembro a maio de 1868: Dostoiévski passa breves estadias em Saxon-les-Bains para jogar na roleta.

Dezembro: Dostoiévski envia ao *Mensageiro russo* os primeiros capítulos de *O idiota*.

1868. *22 de fevereiro*: nascimento em Genebra do primeiro filho de Dostoiévski, uma menina, Sofia.

12 de maio: morte de Sofia.

Junho a dezembro: Dostoiévski e Anna Grigórievna passam o verão em Vevey, Suíça, que deixam para ir a Florença, onde chegam depois de passar por Milão.

1869. *Julho*: Dostoiévski e Anna Grigórievna voltam a Dresden.

14 de setembro: nascimento da segunda filha, Liubov.

1870. *Janeiro*: *Aurora* dá início à publicação de *O eterno marido*.

Primavera-verão: Dostoiévski trabalha em seu romance *Os demônios*.

Abril: Dostoiévski vai a Bad Homburg para jogar roleta.

1871. *23 de janeiro*: o *Mensageiro russo* começa a publicar *Os demônios*.

13 a 19 de abril: Dostoiévski vai a Wiesbaden para jogar na roleta. Depois de perder tudo, sente-se libertado do demônio do jogo. Nunca mais vai jogar.

8 de julho: Dostoiévski e Anna Grigórievna voltam a São Petersburgo.

16 de julho: nascimento do terceiro filho, Fiódor (Fédia).

1872. *Janeiro*: a pedido de Dostoiévski, o herdeiro do trono, o futuro Alexandre III, oferece uma gratificação ao escritor, que agradece com palavras obsequiosas.

Maio-setembro: a família se estabelece em Stáraia Russa, que se torna seu lugar de férias durante o verão e onde comprarão uma casa.

20 de dezembro: Dostoiévski torna-se redator-chefe do *Cidadão*, periódico semanal e conservador. Publica ali, de maneira irregular, seu *Diário de um escritor*.

1873. *Fevereiro*: ao saber que Aleksandr Románov, herdeiro do trono, demonstra interesse por seu romance *Os demônios*, Dostoiévski lhe envia o livro com uma carta para apresentar a obra.

1874. *Março*: Dostoiévski pede demissão da redação do *Cidadão*.

4 de junho-30 de julho: Dostoiévski faz tratamento termal em Ems, na Alemanha.

1875. *Janeiro*: a revista *Anais da pátria* publica os primeiros capítulos de *O adolescente*.

25 de maio-3 de julho: Dostoiévski volta a fazer tratamento termal em Ems.

10 de agosto: nascimento do quarto filho, Aleksei (Aliócha).

1876. *Janeiro*: começa a publicação mensal de *Diário de um escritor*.

5 de julho-11 de agosto: nova cura termal em Ems.

Novembro: publicação no *Diário de um escritor* da novela *Uma criatura dócil*.

1877. *12 de abril*: a Rússia declara guerra ao império otomano. Dostoiévski reza pela vitória. Guarda o jornal com a declaração de guerra junto com seus documentos preciosos.

2 de dezembro: Dostoiévski é eleito membro da Academia Imperial de Ciências, seção língua e literatura russas.

Dezembro: morte de Nekrássov. Dostoiévski pronuncia um elogio fúnebre diante do caixão do amigo.

1878. *Fevereiro*: o imperador pede a Dostoiévski que exerça, em conversas regulares, "uma boa influência" sobre os grão-duques Serguei e Pável. Terá inúmeros encontros com os membros da família imperial.

16 de maio: morte de Aleksei, provavelmente em virtude de uma crise de epilepsia, doença herdada de seu pai.

23 a 27 de junho: Dostoiévski vai na companhia de Vladímir Soloviov ao mosteiro de Optina Pústin.

2 de dezembro: Dostoiévski é eleito membro do comitê da Sociedade Eslava Beneficente.

1879. *1º de fevereiro*: o *Mensageiro russo* começa a publicar *Os irmãos Karamázov*.

21 de junho: Dostoiévski é eleito para o comitê de honra do Congresso Internacional de Literatura, que ocorre em Londres.

17 de julho-29 de agosto: Dostoiévski volta a Ems para tratamento termal.

1880. *Janeiro*: abertura da distribuidora de livros e revistas de Dostoiévski.

Fim de maio-começo de junho: Dostoiévski participa em Moscou das festividades pela inauguração da estátua de Púchkin.

25 de outubro: Dostoiévski pede autorização para retomar a publicação mensal do *Diário de um escritor* a partir de janeiro de 1881. A autorização é dada no mesmo dia.

Novembro: o *Mensageiro russo* publica o fim de *Os irmãos Karamázov*.

1881. *25 de janeiro*: Dostoiévski entrega ao tipógrafo as últimas folhas do primeiro número da nova série do *Diário de um escritor*, que deve ser publicada no fim do mês.

Noite de 25 para 26 de janeiro: pequena hemorragia pulmonar, talvez depois de um esforço.

26 e 27 de janeiro: novas hemorragias, mais graves. Ao cair da tarde do dia 26, Dostoiévski se confessa e recebe a extrema-unção.

28 de janeiro: Dostoiévski morre à noite, às oito horas e 38 minutos.

1º de fevereiro: enterro de Dostoiévski no cemitério Tikhvin do mosteiro Alexandre Névski de São Petersburgo.

Referências

Das inúmeras obras dedicadas ao trabalho e à vida de Dostoiévski – de Berdiáev e Chestov a Ludmila Saráskina e Igor Volguin, passando por André Gide e Henri Troyat –, consultou-se, com mais ou menos proveito, apenas uma parte. Embora todas tenham sido úteis, parece tedioso fazer uma lista completa. Por isso, estão indicados apenas os trabalhos citados.

OBRAS DE DOSTOIÉVSKI

Correspondance [Correspondência]. 3 volumes. Apresentação e notas de Jacques Catteau. Tradução do russo de Anne Coldefy-Faucard. Paris: Bartillat, 1998.

Journal d'un écrivain [Diário de um escritor]. Tradução do russo, apresentação e notas de Gustave Aucouturier. Paris: Gallimard, 1972. (Bibliothèque de la Pléiade).

Nouvelles et Récits [Novelas e contos]. Tradução do russo, apresentação e notas de Bernard Kreise. Paris: L'Âge d'homme, 1993.

Carnets [Diários]. Tradução do russo de Bernard Kreise. Paris: Rivages, 2005.

OBRAS DE REFERÊNCIA

DOSTOÏEVSKAIA, Anna Grigórievna. *Dostoïevski, mémoires d'une vie.* Tradução do russo de André Beuder. Paris: Mercure de France, 2011.

GROSSMAN, Leonid. *Dostoïevski.* Tradução do russo de Michèle Khan. Prefácio de Michel Parfenov. Lyon: Parangon, 2003.

Pascal, Pierre. *Dostoïevski, l'homme et l'œuvre*. Paris: L'Âge d'homme, 1970.

Saraskina, Ludmila. *Fiodor Dostoïevski, une victoire sur les démons*. Tradução do russo de Bruno Bisson. Paris: L'Âge d'homme, 2008.

Volguin, Igor. *La Dernière Année de Dostoïevski*. Tradução do russo de Anne-Marie Tatsis-Botton. Paris: Fallois/ L'Âge d'homme, 1994.

Достоевский без глянца. Antologia. Амфора, 2008.

Notas

UM TÁRTARO CONVERTIDO, UM SACERDOTE UNIATA E UM MÉDICO POR ACASO

1. *Cf.* Dostoiévski. *Correspondance*. Apresentação e notas de Jacques Catteau. Paris: Bartillat, 1998, t. III, p. 331.

2. *Idem*. As palavras em itálico foram grifadas pelo autor, o que vale para toda essa obra.

3. *Cf.* Достоевский без глянца. Antologia. Амфора, 2008, p. 157.

4. Dostoiévski. *Journal d'un écrivain*. Paris: Gallimard, 1972. (Bibliothèque de la Pléiade), p. 396.

5. Dostoiévski. *Correspondance*. Ed. cit., t.1, p. 1317.

6. *Idem*, t. III, p. 871.

O PALÁCIO MIKHÁILOVSKI

1. *Apud* Grossman, Leonid. *Dostoïevski*. Lyon: Parangon, 2003, p. 30.

2. Dostoiévski. *Journal d'un écrivain*. Ed. cit., p. 369.

3. Dostoiévski. *Correspondance*. Ed. cit., t.1, p. 158.

4. *Idem*, p. 177.

5. *Idem*, p. 161.

6. *Idem*, p. 165.

7. *Idem*, p. 191.

8. *Idem*, p. 170.

9. *Idem*.

10. Cit. *apud* Saraskina, Ludmila. *Fiodor Dostoïevski*. Paris: L'Âge d'homme, 2008, p. 108.

11. Dostoiévski. *Correspondance*. Ed. cit., t.1, p. 172.

12. *Idem*, p. 181.

13. *Idem*, p. 183.

14. *Idem*, p. 229.

15. Carta a Piotr Andréievitch Karepin de 25 de setembro de 1844.

16. Dostoiévski. *Correspondance*. Ed. cit., t.1, p. 232.

Um romance "bastante original" e uma sociedade secreta

1. Dostoiévski. *Correspondance*. Ed. cit., t. I, p. 238.

2. *Cf.* Grossman, Leonid. *Op. cit.*, p. 62.

3. Dostoiévski, *Correspondance*. Ed. cit., t.1, p. 248.

4. *Idem*, p. 259.

5. *Idem*, p. 287.

6. *Idem*, p. 281.

7. *Idem*, p. 288.

8. Cit. *apud* Dostoiévski, Fiódor. *Nouvelles et récits*. Tradução, apresentação e notas de Bernard Kreise. Paris: L'Âge d'homme, 1993, p. 599.

9. Dostoiévski. *Correspondance*. Ed. cit., t.1, p. 300.

10. *Cf.* Достоевский без глянца. Ed. cit., p. 219.

Nossa juventude e nossas esperanças

1. *Cf.* Grossman, Leonid. *Op. cit*, p. 125.

2. Dostoiévski. *Correspondance*. Ed. cit., t.1, p. 315.

3. *Cf.* Saraskina, Ludmila. *Op. cit.*, p. 263.

4. Достоевский без глянца. Ed. cit., p. 220.

5. Dostoiévski. *Correspondance*. Ed. cit., t.1, p. 323.

6. *Idem*, p. 332.

Casamento de um proscrito

1. Достоевский без глянца. Ed. cit., p. 246.

2. Dostoiévski, *Correspondance*. Ed cit, t.1, p. 329.

3. *Idem*, p. 332.

4. *Idem*, p. 335

5. *Idem*, p. 341.

6. Достоевский без глянца. Ed., cit., p. 135.

7. Dostoiévski, *Correspondance*. Ed. cit., t.1, p. 435.

8. *Idem*, p. 421.

9. *Idem*, p. 407.

10. Dostoiévski, *Correspondance*. Ed. cit., t. II, p. 862.

Vaudeville mundano

1. Dostoiévski. *Correspondance*. Ed. cit., 1.1, p. 638.

2. Sobre esse encontro *cf.* Dostoiévski. *Journal d'un écrivain*. Ed cit., p. 33-34.

3. Dostoiévski. *Correspondance*. Ed. cit., 1.1, p. 686.

4. *Idem*, p. 660.

5. Cit. *apud* Grossman, Leonid. *Op. cit.*, p. 231.

6. Dostoiévski. *Correspondance*. Ed. cit., t. II, p. 563.

7. Dostoiévski. *Journal d'un écrivain*. Ed. cit., p. 8.

Vaudeville fúnebre

1. Dostoiévski. *Correspondance*. Ed. cit., 1.1, p. 694-695.

2. Cit. *apud* Grossman, Leonid. *Op. cit.*, p. 268.

3. Dostoiévski. *Correspondance*. Ed. cit., t. II, p. 86.

4. Cit. *apud* cronologia de Dostoiévski feita por Jacques Catteau. *Correspondance*. Ed. cit., t.1, p. 128.

5. *Ibidem*.

6. Dostoiévski. *Correspondance*. Ed. cit., t. II, p. 86.

Vil metal

1. Kovalevskaïa, Sophia. *Souvenirs d'enfance*. Paris: Hachette, 1895.

2. *Cf.* Dostoiévski. *Journal d'un écrivain*. Ed. cit., p. 30 e seguinte.

3. Dostoiévski. *Correspondance*. Ed. cit., t. II, p. 101.

4. *Idem*, p. 105.

5. *Idem*, p. 108.

6. *Idem*, p. 103.

7. *Idem*, p. 115.

Em busca de uma esposa

1. *Cf.* Grossman, Leonid. *Op. cit.*, p. 294.

2. Dostoiévski. *Correspondance*. Ed. cit., t. II, p. 133.

3. *Idem*, p. 127.

4. *Idem*, p. 409.

5. *Idem*, p. 156.

6. *Cf.* sobre o tema a obra de Arkádi Dolinin, *O laboratório de criação de Dostoiévski*, publicada em 1947 em Leningrado, e a carta de Dostoiévski a Anna Grigórievna de 2 de janeiro de 1867.

7. DOSTOIÉVSKAIA, Anna Grigórievna. *Dostoïevki, mémoires d'une vie*. Paris: Mercure de France, 2011, p. 36. *Cf.* também p. 45.

8. *Idem*, p. 53.

9. DOSTOIÉVSKI. *Correspondance*. Ed. cit., t. II, p. 164.

10. DOSTOIÉVSKAIA, Anna Grigórievna. *Op. cit.*, p. 71.

11. *Idem*, p. 74.

12. *Ibidem*.

UM HOMEM TOTALMENTE BOM

1. DOSTOIÉVSKAIA, Anna Grigórievna. *Op. cit.*, p. 305.

2. DOSTOIÉVSKI. *Correspondance*. Ed. cit., t. II, p. 189.

3. *Idem*, p. 191.

4. *Idem*, p. 199.

5. *Idem*, p. 201.

6. *Idem*, p. 202.

7. *Idem*, p. 206.

8. *Ibidem*.

9. DOSTOIÉVSKAIA, Anna Grigórievna. *Op. cit.*, p. 189.

10. DOSTOIÉVSKI. *Correspondance*. Ed. cit., t. II, p. 224.

11. *Idem*, p. 225.

12. DOSTOIÉVSKAIA, Anna Grigórievna. *Op. cit.*, p. 188-189.

13. *Idem*, p. 191-192.

14. DOSTOIÉVSKI. *L'Idiot*. Paris: Gallimard, 1953, p. 266. (Folio classique)

15. DOSTOIÉVSKI. *Correspondance*. Ed. cit., t. II, p. 244, 250 e 303.

16. *Idem*, p. 211 e 278.

17. *Idem*, p. 293.

18. *Idem*, p. 244.

19. DOSTOIÉVSKAIA, Anna Grigórievna. *Op. cit.*, p. 146.

20. DOSTOIÉVSKI, *Correspondance*. Ed. cit., t. II, p. 240.

21. DOSTOIÉVSKAIA, Anna Grigórievna. *Op. cit.*, p. 196.

LUTOS E ALEGRIAS DE UM POSSESSO

1. DOSTOIÉVSKI. *Correspondance*. Ed. cit., t. II, p. 363.
2. *Idem*, p. 371.
3. *Idem*, p. 393.
4. *Idem*, p. 397.
5. *Idem*, p. 424.
6. *Idem*, p. 408.
7. *Idem*, p. 448.
8. *Idem*, p. 483.
9. DOSTOIÉVSKI. *Carnets*. Paris: Rivages, 2005, p. 93.
10. DOSTOIÉVSKI. *Correspondance*. Ed. cit., t. II, p. 557.
11. DOSTOIÉVSKAIA, Anna Grigórievna. *Op. cit.*, p. 224.
12. DOSTOIÉVSKI. *Carnets*. Ed. cit., p. 119.
13. DOSTOIÉVSKI. *Correspondance*. Ed. cit., t. II, p. 612.

O DEMÔNIO DO JOGO

1. DOSTOIÉVSKI. *Correspondance*. Ed. cit., t. II, p. 607.
2. *Idem*, p. 611.
3. *Idem*, p. 617.
4. *Idem*, p. 617.
5. *Idem*, p. 618.
6. *Idem*, p. 599.
7. *Idem*, p. 717.
8. *Idem*, p. 192.
9. *Idem*, p. 691.
10. *Idem*, p. 693.
11. DOSTOIÉVSKAIA, Anna Grigórievna. *Op. cit.*, p. 229.

UM ESTUDO HISTÓRICO PARA EXPLICAR FENÔMENOS MONSTRUOSOS

1. Cit. *apud* DOSTOIÉVSKAIA, Anna Grigórievna. *Op. cit.*, p. 502.
2. DOSTOIÉVSKI. *Correspondance*. Ed. cit., t. II, p. 736.
3. *Idem*, p. 735.

4. *Idem*, p. 758.
5. *Idem*, p. 765.
6. DOSTOIÉVSKAIA, Anna Grigórievna. *Op. cit.*, p. 285.
7. *Idem*, p. 305.
8. *Idem*, p. 306.
9. DOSTOIÉVSKI. *Correspondance*. Ed. cit., t. II, p. 790.
10. DOSTOIÉVSKI. *Journal d'un écrivain*. Ed. cit., p. 199.
11. *Idem*, p. 202.

UMA AMIZADE DE TRINTA ANOS

1. DOSTOIÉVSKI. *Journal d'un écrivain*. Ed. cit., p. 6.
2. *Idem*, p. 83.
3. Cit. *apud* SARASKINA, Ludmila. *Op. cit.*, p. 368.
4. *Idem*, p. 369.
5. DOSTOIÉVSKI. *Correspondance*. Ed. cit., t. II, p. 799.
6. *Idem*, p. 831.
7. Cit. *apud* GROSSMAN, Leonid. *Op. cit.*, p. 412-413.
8. DOSTOIÉVSKI. *Journal d'un écrivain*. Ed. cit., p. 104.
9. DOSTOIÉVSKAIA, Anna Grigórievna. *Op. cit.*, p. 321.
10. DOSTOIÉVSKI. *Correspondance*. Ed. cit., t. III, p. 221.
11. DOSTOIÉVSKI. *Journal d'un écrivain*. Ed. cit., p. 337.
12. DOSTOIÉVSKI. *Correspondance*. Ed. cit., t. III, p. 161.
13. *Ibidem*.
14. *Idem*, p. 177.
15. DOSTOIÉVSKAIA, Anna Grigórievna. *Op. cit.*, p. 245.
16. DOSTOIÉVSKI. *Correspondance*. Ed. cit., t. III, p. 172.
17. *Idem*, p. 174.

A MALA PRETA

1. DOSTOIÉVSKAIA, Anna Grigórievna. *Op. cit.*, p. 330.
2. *Idem*, p. 331.
3. DOSTOIÉVSKI. *Journal d'un écrivain*. Ed. cit., p. 336-337.
4. *Idem*, p. 337.
5. DOSTOIÉVSKI. *Correspondance*. Ed. cit., t. III, p. 35.
6. Достоевский без глянца. Ed. cit., p. 72.

7. *Idem*, p. 86.

8. Dostoiévski. *Correspondance*. Ed. cit., t. III, p. 38.

9. Dostoiévski. *Carnets*. Ed. cit., p. 46-48.

10. Dostoiévski. *Correspondance*. Ed. cit., t. III, p. 307.

Otelo

1. Cit. *apud* Catteau, Jacques. Cronologia do volume III. *In*: Dostoiévski. *Correspondance*. Ed. cit., p. 41.

2. *Idem*.

3. Dostoiévski. *Journal d'un écrivain*. Ed. cit., p. 451.

4. *Idem*, p. 724.

5. *Idem*, p. 724-725.

6. *Idem*, p. 728.

7. *Idem*, p. 1007.

8. Dostoiévski. *Correspondance*. Ed. cit., t. III, p. 336.

9. Dostoiévskaia, Anna Grigórievna. *Op. cit.*, p. 367.

10. *Idem*, p. 368.

11. Dostoiévski. *Journal d'un écrivain*. Ed. cit., p. 573.

12. *Idem*, p. 567.

13. *Idem*, p. 564.

14. *Idem*, p. 592.

15. Dostoiévski. *Correspondance*. Ed. cit., t. III, p. 359.

16. *Idem*, p. 388, nota 1.

17. Dostoiévski. *Journal d'un écrivain*. Ed. cit., p. 661.

Nossa Senhora de Kazan

1. Dostoiévski. *Journal d'un écrivain*. Ed. cit., p. 685.

2. *Idem*, p. 818.

3. *Idem*, p. 811.

4. *Idem*, p. 716.

5. *Idem*, p. 831.

6. Dostoiévski. *Carnets*. Ed. cit., p. 198. Sobre o tema também *cf.* Dostoiévski. *Journal d'un écrivain*. Ed. cit., p. 925 e 935.

7. Dostoiévski. *Correspondance*. Ed. cit., t. III, p. 439, nota.

8. Dostoiévski. *Journal d'un écrivain*. Ed. cit., p. 937.

9. Dostoiévski. *Correspondance.* Ed. cit., t. III, p. 440.
10. *Idem*, p. 440.
11. *Idem*, p. 916.
12. *Idem*, p. 965.
13. *Idem*, p. 966.
14. *Idem*, p. 968.
15. *Idem*, p. 449.
16. *Idem*, p. 463.
17. *Idem*, p.469.
18. *Idem*, p. 531.
19. Dostoiévskaia, Anna Grigórievna. *Op. cit.*, p. 450.
20. Dostoiévski. *Carnets.* Ed. cit., p. 60.
21. Dostoiévski. *Correspondance.* Ed. cit., t. III, p. 468, nota 3.
22. Dostoiévski. *Journal d'un écrivain.* Ed. cit., p. 1111.
23. Dostoiévskaia, Anna Grigórievna. *Op. cit.*, p. 373.
24. Dostoiévski. *Journal d'un écrivain.* Ed. cit., p. 1080.

Cinquenta e seis anos

1. Dostoiévski. *Journal d'un écrivain.* Ed. cit., p. 1313.
2. *Idem*, p. 1315.
3. Dostoiévskaia, Anna Grigórievna. *Op. cit.,* p. 399.
4. Dostoiévski. *Correspondance.* Ed. cit., t. III, p. 506.
5. Cit. *apud* Dostoiévskaia, Anna Grigórievna. *Op. cit.*, p. 396.
6. Dostoiévski. *Correspondance.* Ed. cit., t. III, p. 506.
7. Cit. *apud* Grossman, Leonid. *Op. cit.*, p.481.
8. *Idem*, p. 463.
9. Dostoiévski. *Carnets.* Ed. cit., p. 242.
10. Dostoiévski. *Correspondance.* Ed. cit., t. III, p. 541.
11. *Idem*, p. 537.
12. *Idem*, p. 558.
13. *Idem*, p. 561.
14. Cit. *apud* Pascal, Pierre. *Op. cit.*, p 282.

O assassino, a idiota e o niilista

1. Dostoiévski. *Correspondance.* Ed. cit., t. III, p. 567.
2. *Cf.* Grossman, Leonid. *Op. cit.*, p. 417.

3. DOSTOIÉVSKI. *Souvenirs de la maison des morts*. Paris: Gallimard, 1977, p 53. (Folio)

4. *Idem*, p. 354.

5. DOSTOIÉVSKI. *Journal d'un écrivain.* Ed. cit., p. 1340.

6. *Idem*, p. 1343.

7. Sobre esse tema e o papel desempenhado por esses desenhos na elaboração do texto, *cf.* BARSHT, Konstantin. "Dostoïevski. le dessin comme écriture." *Genesis* 17, 2001, p. 113-129.

8. DOSTOIÉVSKI. *Correspondance*. Ed. cit., t. III, p. 575.

9. *Idem*, p. 575-577.

10. Cit. *apud* SARASKINA, Ludmila. *Op. cit.*, p. 252.

11. DOSTOIÉVSKI. *Journal d'un écrivain.* Ed. cit., p. 1113.

12. DOSTOIÉVSKI. *Carnets*. Ed. cit., p. 253.

13. DOSTOIÉVSKI. *Correspondance*. Ed. cit., t. III, p. 586.

14. Cit. *apud* CATTEAU, Jacques. Cronologia do volume III. *In*: DOSTOIÉVSKI. *Correspondance*. Ed. cit., *idem*, p. 87.

15. *Idem*, p.88.

16. DOSTOIÉVSKI. *Correspondance. Ed.* cit., t. III, p. 596.

17. *Idem*, p. 606.

18. *Idem*, p. 612.

19. *Idem*, p. 619.

UM DESFECHO E DEZ FOLHAS SUPLEMENTARES

1. DOSTOIÉVSKI. *Correspondance*. Ed. cit., t. III, p. 625.

2. *Idem*, p. 644.

3. *Idem*, p. 683.

4. *Idem*, p. 679.

5. *Idem*, p. 690.

6. *Ibidem*.

7. *Idem*, p. 691.

8. *Idem*, p. 668.

9. *Idem*, p. 676.

10. *Idem*, p. 698.

11. *Idem*, p. 717.

12. DOSTOIÉVSKI. *Les Frères Karamazov*. Paris: Gallimard, 1994, p. 485.

13. DOSTOIÉVSKI. *Correspondance*. Ed. cit., t. 111, p. 723.

14. *Idem*, p. 725.

15. *Idem*, p. 726.

16. *Idem*, p. 729.

17. *Idem*, p. 730.

18. Dostoiévskaia, Anna Grigórievna. *Op. cit.*, p. 449.

Uma imensa coroa de louros

1. Dostoiévski. *Correspondance.* Ed. cit., t. III, p. 742.

2. *Idem*, p. 765.

3. *Ibidem*.

4. *Idem*, p. 757.

5. *Idem*, p. 769.

6. *Idem*, p. 773.

7. *Ibidem*.

8. *Idem*, p. 782.

9. *Idem*, p. 802.

10. *Idem*, p. 791.

11. *Idem*, p. 813.

12. *Idem*, p. 820.

13. *Idem*, p. 821.

14. Dostoiévski. *Journal d'un écrivain.* Ed. cit., p. 1356.

15. *Idem*, p. 1358 e seguinte.

16. *Idem*, p. 1371.

17. *Idem*, p. 1374.

18. Dostoiévski. *Correspondance.* Ed. cit., t. III, p. 824.

19. *Cf.* sobre esse *tema* Volguin, Igor. *La Dernière Année de Dostoïevski.* Paris: Fallois / L'Âge d'homme, 1994. p. 321 e seguinte. *Cf.* também Catteau, Jacques. Cronologia do volume III. *In*: dostoiévski. *Correspondance.* Ed. cit., p. 113 e notas nas p. 825 e 849.

"Não pare"

1. Dostoiévski. *Correspondance.* Ed. cit., t. III, p. 839.

2. *Idem*, p. 862.

3. Dostoiévski. *Les Frères Karamazov.* Ed. cit., p. 809.

4. Dostoiévski. *Journal d'un écrivain*. Ed. cit., p. 1379.

5. *Idem*, p. 1406.

6. *Cf.* Dostoiévskaia, Anna Grigórievna. *Op. cit.*, p. 460.

7. Dostoiévski. *Correspondance*. Ed. cit., t. lit, p. 889.

8. *Idem*, p. 877.

9. Dostoiévski. *Carnets*. Ed. cit., p. 252.

10. Dostoiévski. *Correspondance*. Ed. cit., t. III, p. 884.

11. Достоевский без глянца. Ed. cit., p. 53.

12. Dostoiévskaia, Anna Grigórievna. *Op. cit.*, p. 459.

13. Dostoiévski. *Carnets*. Ed. cit., p. 236.

14. *Idem*, p. 238.

15. *Idem*, p. 239.

16. *Idem*, p. 243.

17. *Idem*, p. 246.

18. Dostoiévski. *Correspondance*. Ed. cit., t. III, p. 900.

19. *Idem*, p. 882.

20. Dostoiévski. *Correspondance*. Ed. cit., t. 1, p. 341.

21. Dostoiévskaia, Anna Grigórievna. *Op. cit.*, p. 467.

22. *Idem*, 468.

O cemitério Tikhvin do mosteiro Alexandre Névski

1. *Cf.* sobre esse tema Vologuin, Igor. *La Dernière Année de Dostoïevski*. Ed. cit., p. 534 e seguinte.

2. Dostoiévskaia, Anna Grigórievna. *Op. cit.*, p. 480.

3. Dostoiévski. *Journal d'un écrivain*. Ed. cit., p. 1426.

4. *Idem*, p. 1456 e 1464.

5. Tolstói. *Lettres*. Paris: Gallimard, 1986, t. II, p. 36.

6. *Apud* Dostoiévskaia, Anna Grigórievna. *Op. cit.*, p. 501-502.

7. A citação foi extraída do subcapítulo "Resposta a Strákhov" nas *Memórias* de Anna Grigórievna Dostoiévskaia. Esse subcapítulo não está presente na edição francesa citada, tendo o tradutor se limitado a fazer um resumo do assunto.

Sobre o autor

Prêmio de Literatura da União Latina e prêmio de dramaturgia da Academia Romena, Virgil Tanase nasceu em Galati, na Romênia. Cursou Letras na Universidade de Bucareste e Dramaturgia no Conservatório Nacional romeno. Autor de uma tese de semiologia do teatro sob orientação de Roland Barthes, mora na França desde 1977 e já realizou mais de trinta encenações. Em língua francesa, escreveu mais de quinze romances, incluindo o mais recente, *Zoïa*, lançado em 2009 pela Non Lieu. Em 2011, a Adevărul, de Bucareste, publicou um volume de memórias, e a Axis Libri, sua mais recente peça, *Les Fauves*. Pela coleção "Folio Biographies", publicou uma biografia de Tchékhov (2008) e uma de Camus (2010). Para o teatro, adaptou textos de diversos autores, como Balzac, Anatole France, Saint-Exupéry, Proust e Dostoiévski. Em 2010, sua adaptação de *Crime e castigo* foi montada no Théâtre des Capucins, em Luxemburgo. No ano seguinte, o festival de Grignan recebeu seu espetáculo escrito a partir da correspondência de Dostoiévski.

Coleção L&PM POCKET

762. **Sigmund Freud** – Edson Sousa e Paulo Endo
763. **Império Romano** – Patrick Le Roux
764. **Cruzadas** – Cécile Morrisson
765. **O mistério do Trem Azul** – Agatha Christie
768. **Senso comum** – Thomas Paine
769. **O parque dos dinossauros** – Michael Crichton
770. **Trilogia da paixão** – Goethe
773. **Snoopy: No mundo da lua! (8)** – Charles Schulz
774. **Os Quatro Grandes** – Agatha Christie
775. **Um brinde de cianureto** – Agatha Christie
776. **Súplicas atendidas** – Truman Capote
779. **A viúva imortal** – Millôr Fernandes
780. **Cabala** – Roland Goetschel
781. **Capitalismo** – Claude Jessua
782. **Mitologia grega** – Pierre Grimal
783. **Economia: 100 palavras-chave** – Jean-Paul Betbèze
784. **Marxismo** – Henri Lefebvre
785. **Punição para a inocência** – Agatha Christie
786. **A extravagância do morto** – Agatha Christie
787(13). **Cézanne** – Bernard Fauconnier
788. **A identidade Bourne** – Robert Ludlum
789. **Da tranquilidade da alma** – Sêneca
790. **Um artista da fome** seguido de **Na colônia penal e outras histórias** – Kafka
791. **Histórias de fantasmas** – Charles Dickens
796. **O Uraguai** – Basílio da Gama
797. **A mão misteriosa** – Agatha Christie
798. **Testemunha ocular do crime** – Agatha Christie
799. **Crepúsculo dos ídolos** – Friedrich Nietzsche
802. **O grande golpe** – Dashiell Hammett
803. **Humor barra pesada** – Nani
804. **Vinho** – Jean-François Gautier
805. **Egito Antigo** – Sophie Desplancques
806(14). **Baudelaire** – Jean-Baptiste Baronian
807. **Caminho da sabedoria, caminho da paz** – Dalai Lama e Felizitas von Schönborn
808. **Senhor e servo e outras histórias** – Tolstói
809. **Os cadernos de Malte Laurids Brigge** – Rilke
810. **Dilbert (5)** – Scott Adams
811. **Big Sur** – Jack Kerouac
812. **Seguindo a correnteza** – Agatha Christie
813. **O álibi** – Sandra Brown
814. **Montanha-russa** – Martha Medeiros
815. **Coisas da vida** – Martha Medeiros
816. **A cantada infalível** seguido de **A mulher do centroavante** – David Coimbra
819. **Snoopy: Pausa para a soneca (9)** – Charles Schulz
820. **De pernas pro ar** – Eduardo Galeano
821. **Tragédias gregas** – Pascal Thiercy
822. **Existencialismo** – Jacques Colette
823. **Nietzsche** – Jean Granier
824. **Amar ou depender?** – Walter Riso
825. **Darmapada: A doutrina budista em versos**
826. **J'Accuse...!** – **a verdade em marcha** – Zola
827. **Os crimes ABC** – Agatha Christie
828. **Um gato entre os pombos** – Agatha Christie
831. **Dicionário de teatro** – Luiz Paulo Vasconcellos
832. **Cartas extraviadas** – Martha Medeiros
833. **A longa viagem de prazer** – J. J. Morosoli
834. **Receitas fáceis** – J. A. Pinheiro Machado
835.(14). **Mais fatos & mitos** – Dr. Fernando Lucchese
836.(15). **Boa viagem!** – Dr. Fernando Lucchese
837. **Aline: Finalmente nua!!! (4)** – Adão Iturrusgarai
838. **Mônica tem uma novidade!** – Mauricio de Sousa
839. **Cebolinha em apuros!** – Mauricio de Sousa
840. **Sócios no crime** – Agatha Christie
841. **Bocas do tempo** – Eduardo Galeano
842. **Orgulho e preconceito** – Jane Austen
843. **Impressionismo** – Dominique Lobstein
844. **Escrita chinesa** – Viviane Alleton
845. **Paris: uma história** – Yvan Combeau
846(15). **Van Gogh** – David Haziot
848. **Portal do destino** – Agatha Christie
849. **O futuro de uma ilusão** – Freud
850. **O mal-estar na cultura** – Freud
853. **Um crime adormecido** – Agatha Christie
854. **Satori em Paris** – Jack Kerouac
855. **Medo e delírio em Las Vegas** – Hunter Thompson
856. **Um negócio fracassado e outros contos de humor** – Tchékhov
857. **Mônica está de férias!** – Mauricio de Sousa
858. **De quem é esse coelho?** – Mauricio de Sousa
860. **O mistério Sittaford** – Agatha Christie
861. **Manhã transfigurada** – L. A. de Assis Brasil
862. **Alexandre, o Grande** – Pierre Briant
863. **Jesus** – Charles Perrot
864. **Islã** – Paul Balta
865. **Guerra da Secessão** – Farid Ameur
866. **Um rio que vem da Grécia** – Cláudio Moreno
868. **Assassinato na casa do pastor** – Agatha Christie
869. **Manual do líder** – Napoleão Bonaparte
870(16). **Billie Holiday** – Sylvia Fol
871. **Bidu arrasando!** – Mauricio de Sousa
872. **Os Sousa: Desventuras em família** – Mauricio de Sousa
874. **E no final a morte** – Agatha Christie
875. **Guia prático do Português correto – vol. 4** – Cláudio Moreno
876. **Dilbert (6)** – Scott Adams
877(17). **Leonardo da Vinci** – Sophie Chauveau
878. **Bella Toscana** – Frances Mayes
879. **A arte da ficção** – David Lodge
880. **Striptiras (4)** – Laerte
881. **Skrotinhos** – Angeli
882. **Depois do funeral** – Agatha Christie
883. **Radicci 7** – Iotti
884. **Walden** – H. D. Thoreau
885. **Lincoln** – Allen C. Guelzo
886. **Primeira Guerra Mundial** – Michael Howard
887. **A linha de sombra** – Joseph Conrad

888. O amor é um cão dos diabos – Bukowski
890. Despertar: uma vida de Buda – Jack Kerouac
891(18). Albert Einstein – Laurent Seksik
892. Hell's Angels – Hunter Thompson
893. Ausência na primavera – Agatha Christie
894. Dilbert (7) – Scott Adams
895. Ao sul de lugar nenhum – Bukowski
896. Maquiavel – Quentin Skinner
897. Sócrates – C.C.W. Taylor
899. O Natal de Poirot – Agatha Christie
900. As veias abertas da América Latina – Eduardo Galeano
901. Snoopy: Sempre alerta! (10) – Charles Schulz
902. Chico Bento: Plantando confusão – Mauricio de Sousa
903. Penadinho: Quem é morto sempre aparece – Mauricio de Sousa
904. A vida sexual da mulher feia – Claudia Tajes
905. 100 segredos de liquidificador – José Antonio Pinheiro Machado
906. Sexo muito prazer 2 – Laura Meyer da Silva
907. Os nascimentos – Eduardo Galeano
908. As caras e as máscaras – Eduardo Galeano
909. O século do vento – Eduardo Galeano
910. Poirot perde uma cliente – Agatha Christie
911. Cérebro – Michael O'Shea
912. O escaravelho de ouro e outras histórias – Edgar Allan Poe
913. Piadas para sempre (4) – Visconde da Casa Verde
914. 100 receitas de massas light – Helena Tonetto
915(19). Oscar Wilde – Daniel Salvatore Schiffer
916. Uma breve história do mundo – H. G. Wells
917. A Casa do Penhasco – Agatha Christie
919. John M. Keynes – Bernard Gazier
920(20). Virginia Woolf – Alexandra Lemasson
921. Peter e Wendy seguido de Peter Pan em Kensington Gardens – J. M. Barrie
922. Aline: numas de colegial (5) – Adão Iturrusgarai
923. Uma dose mortal – Agatha Christie
924. Os trabalhos de Hércules – Agatha Christie
926. Kant – Roger Scruton
927. A inocência do Padre Brown – G.K. Chesterton
928. Casa Velha – Machado de Assis
929. Marcas de nascença – Nancy Huston
930. Aulete de bolso
931. Hora Zero – Agatha Christie
932. Morte na Mesopotâmia – Agatha Christie
934. Nem te conto, João – Dalton Trevisan
935. As aventuras de Huckleberry Finn – Mark Twain
936(21). Marilyn Monroe – Anne Plantagenet
937. China moderna – Rana Mitter
938. Dinossauros – David Norman
939. Louca por homem – Claudia Tajes
940. Amores de alto risco – Walter Riso
941. Jogo de damas – David Coimbra
942. Filha é filha – Agatha Christie
943. M ou N? – Agatha Christie
945. Bidu: diversão em dobro! – Mauricio de Sousa
946. Fogo – Anaïs Nin
947. Rum: diário de um jornalista bêbado – Hunter Thompson
948. Persuasão – Jane Austen
949. Lágrimas na chuva – Sergio Faraco
950. Mulheres – Bukowski
951. Um pressentimento funesto – Agatha Christie
952. Cartas na mesa – Agatha Christie
954. O lobo do mar – Jack London
955. Os gatos – Patricia Highsmith
956(22). Jesus – Christiane Rancé
957. História da medicina – William Bynum
958. O Morro dos Ventos Uivantes – Emily Brontë
959. A filosofia na era trágica dos gregos – Nietzsche
960. Os treze problemas – Agatha Christie
961. A massagista japonesa – Moacyr Scliar
963. Humor do miserê – Nani
964. Todo o mundo tem dúvida, inclusive você – Édison de Oliveira
965. A dama do Bar Nevada – Sergio Faraco
969. O psicopata americano – Bret Easton Ellis
970. Ensaios de amor – Alain de Botton
971. O grande Gatsby – F. Scott Fitzgerald
972. Por que não sou cristão – Bertrand Russell
973. A Casa Torta – Agatha Christie
974. Encontro com a morte – Agatha Christie
975(23). Rimbaud – Jean-Baptiste Baronian
976. Cartas na rua – Bukowski
977. Memória – Jonathan K. Foster
978. A abadia de Northanger – Jane Austen
979. As pernas de Úrsula – Claudia Tajes
980. Retrato inacabado – Agatha Christie
981. Solanin (1) – Inio Asano
982. Solanin (2) – Inio Asano
983. Aventuras de menino – Mitsuru Adachi
984(16). Fatos & mitos sobre sua alimentação – Dr Fernando Lucchese
985. Teoria quântica – John Polkinghorne
986. O eterno marido – Fiódor Dostoiévski
987. Um safado em Dublin – J. P. Donleavy
988. Mirinha – Dalton Trevisan
989. Akhenaton e Nefertiti – Carmen Seganfredo e A. S. Franchini
990. On the Road – o manuscrito original – Jack Kerouac
991. Relatividade – Russell Stannard
992. Abaixo de zero – Bret Easton Ellis
993(24). Andy Warhol – Mériam Korichi
995. Os últimos casos de Miss Marple – Agatha Christie
996. Nico Demo: Aí vem encrenca – Mauricio de Sousa
998. Rousseau – Robert Wokler
999. Noite sem fim – Agatha Christie
1000. Diários de Andy Warhol (1) – Editado por Pat Hackett
1001. Diários de Andy Warhol (2) – Editado por Pat Hackett
1002. Cartier-Bresson: o olhar do século – Pierre Assouline

1003. **As melhores histórias da mitologia: vol. 1** – A.S. Franchini e Carmen Seganfredo
1004. **As melhores histórias da mitologia: vol. 2** – A.S. Franchini e Carmen Seganfredo
1005. **Assassinato no beco** – Agatha Christie
1006. **Convite para um homicídio** – Agatha Christie
1008. **História da vida** – Michael J. Benton
1009. **Jung** – Anthony Stevens
1010. **Arsène Lupin, ladrão de casaca** – Maurice Leblanc
1011. **Dublinenses** – James Joyce
1012. **120 tirinhas da Turma da Mônica** – Mauricio de Sousa
1013. **Antologia poética** – Fernando Pessoa
1014. **A aventura de um cliente ilustre** *seguido de* **O último adeus de Sherlock Holmes** – Sir Arthur Conan Doyle
1015. **Cenas de Nova York** – Jack Kerouac
1016. **A corista** – Anton Tchékhov
1017. **O diabo** – Leon Tolstói
1018. **Fábulas chinesas** – Sérgio Capparelli e Márcia Schmaltz
1019. **O gato do Brasil** – Sir Arthur Conan Doyle
1020. **Missa do Galo** – Machado de Assis
1021. **O mistério de Marie Rogêt** – Edgar Allan Poe
1022. **A mulher mais linda da cidade** – Bukowski
1023. **O retrato** – Nicolai Gogol
1024. **O conflito** – Agatha Christie
1025. **Os primeiros casos de Poirot** – Agatha Christie
1027(25). **Beethoven** – Bernard Fauconnier
1028. **Platão** – Julia Annas
1029. **Cleo e Daniel** – Roberto Freire
1030. **Til** – José de Alencar
1031. **Viagens na minha terra** – Almeida Garrett
1032. **Profissões para mulheres e outros artigos feministas** – Virginia Woolf
1033. **Mrs. Dalloway** – Virginia Woolf
1034. **O cão da morte** – Agatha Christie
1035. **Tragédia em três atos** – Agatha Christie
1037. **O fantasma da Ópera** – Gaston Leroux
1038. **Evolução** – Brian e Deborah Charlesworth
1039. **Medida por medida** – Shakespeare
1040. **Razão e sentimento** – Jane Austen
1041. **A obra-prima ignorada** *seguido de* **Um episódio durante o Terror** – Balzac
1042. **A fugitiva** – Anaïs Nin
1043. **As grandes histórias da mitologia greco-romana** – A. S. Franchini
1044. **O corno de si mesmo & outras historietas** – Marquês de Sade
1045. **Da felicidade** *seguido de* **Da vida retirada** – Sêneca
1046. **O horror em Red Hook e outras histórias** – H. P. Lovecraft
1047. **Noite em claro** – Martha Medeiros
1048. **Poemas clássicos chineses** – Li Bai, Du Fu e Wang Wei
1049. **A terceira moça** – Agatha Christie
1050. **Um destino ignorado** – Agatha Christie
1051(26). **Buda** – Sophie Royer
1052. **Guerra Fria** – Robert J. McMahon
1053. **Simons's Cat: as aventuras de um gato travesso e comilão – vol. 1** – Simon Tofield
1054. **Simons's Cat: as aventuras de um gato travesso e comilão – vol. 2** – Simon Tofield
1055. **Só as mulheres e as baratas sobreviverão** – Claudia Tajes
1057. **Pré-história** – Chris Gosden
1058. **Pintou sujeira!** – Mauricio de Sousa
1059. **Contos de Mamãe Gansa** – Charles Perrault
1060. **A interpretação dos sonhos: vol. 1** – Freud
1061. **A interpretação dos sonhos: vol. 2** – Freud
1062. **Frufru Rataplã Dolores** – Dalton Trevisan
1063. **As melhores histórias da mitologia egípcia** – Carmem Seganfredo e A.S. Franchini
1064. **Infância. Adolescência. Juventude** – Tolstói
1065. **As consolações da filosofia** – Alain de Botton
1066. **Diários de Jack Kerouac – 1947-1954**
1067. **Revolução Francesa – vol. 1** – Max Gallo
1068. **Revolução Francesa – vol. 2** – Max Gallo
1069. **O detetive Parker Pyne** – Agatha Christie
1070. **Memórias do esquecimento** – Flávio Tavares
1071. **Drogas** – Leslie Iversen
1072. **Manual de ecologia (vol.2)** – J. Lutzenberger
1073. **Como andar no labirinto** – Affonso Romano de Sant'Anna
1074. **A orquídea e o serial killer** – Juremir Machado da Silva
1075. **Amor nos tempos de fúria** – Lawrence Ferlinghetti
1076. **A aventura do pudim de Natal** – Agatha Christie
1078. **Amores que matam** – Patricia Faur
1079. **Histórias de pescador** – Mauricio de Sousa
1080. **Pedaços de um caderno manchado de vinho** – Bukowski
1081. **A ferro e fogo: tempo de solidão (vol.1)** – Josué Guimarães
1082. **A ferro e fogo: tempo de guerra (vol.2)** – Josué Guimarães
1084(17). **Desembarcando o Alzheimer** – Dr. Fernando Lucchese e Dra. Ana Hartmann
1085. **A maldição do espelho** – Agatha Christie
1086. **Uma breve história da filosofia** – Nigel Warburton
1088. **Heróis da História** – Will Durant
1089. **Concerto campestre** – L. A. de Assis Brasil
1090. **Morte nas nuvens** – Agatha Christie
1092. **Aventura em Bagdá** – Agatha Christie
1093. **O cavalo amarelo** – Agatha Christie
1094. **O método de interpretação dos sonhos** – Freud
1095. **Sonetos de amor e desamor** – Vários
1096. **120 tirinhas do Dilbert** – Scott Adams
1097. **200 fábulas de Esopo**
1098. **O curioso caso de Benjamin Button** – F. Scott Fitzgerald
1099. **Piadas para sempre: uma antologia para morrer de rir** – Visconde da Casa Verde
1100. **Hamlet (Mangá)** – Shakespeare
1101. **A arte da guerra (Mangá)** – Sun Tzu

1104. **As melhores histórias da Bíblia (vol.1)** – A. S. Franchini e Carmen Seganfredo
1105. **As melhores histórias da Bíblia (vol.2)** – A. S. Franchini e Carmen Seganfredo
1106. **Psicologia das massas e análise do eu** – Freud
1107. **Guerra Civil Espanhola** – Helen Graham
1108. **A autoestrada do sul e outras histórias** – Julio Cortázar
1109. **O mistério dos sete relógios** – Agatha Christie
1110. **Peanuts: Ninguém gosta de mim... (amor)** – Charles Schulz
1111. **Cadê o bolo?** – Mauricio de Sousa
1112. **O filósofo ignorante** – Voltaire
1113. **Totem e tabu** – Freud
1114. **Filosofia pré-socrática** – Catherine Osborne
1115. **Desejo de status** – Alain de Botton
1118. **Passageiro para Frankfurt** – Agatha Christie
1120. **Kill All Enemies** – Melvin Burgess
1121. **A morte da sra. McGinty** – Agatha Christie
1122. **Revolução Russa** – S. A. Smith
1123. **Até você, Capitu?** – Dalton Trevisan
1124. **O grande Gatsby (Mangá)** – F. S. Fitzgerald
1125. **Assim falou Zaratustra (Mangá)** – Nietzsche
1126. **Peanuts: É para isso que servem os amigos (amizade)** – Charles Schulz
1127. (27).**Nietzsche** – Dorian Astor
1128. **Bidu: Hora do banho** – Mauricio de Sousa
1129. **O melhor do Macanudo Taurino** – Santiago
1130. **Radicci 30 anos** – Iotti
1131. **Show de sabores** – J.A. Pinheiro Machado
1132. **O prazer das palavras** – vol. 3 – Cláudio Moreno
1133. **Morte na praia** – Agatha Christie
1134. **O fardo** – Agatha Christie
1135. **Manifesto do Partido Comunista (Mangá)** – Marx & Engels
1136. **A metamorfose (Mangá)** – Franz Kafka
1137. **Por que você não se casou... ainda** – Tracy McMillan
1138. **Textos autobiográficos** – Bukowski
1139. **A importância de ser prudente** – Oscar Wilde
1140. **Sobre a vontade na natureza** – Arthur Schopenhauer
1141. **Dilbert (8)** – Scott Adams
1142. **Entre dois amores** – Agatha Christie
1143. **Cipreste triste** – Agatha Christie
1144. **Alguém viu uma assombração?** – Mauricio de Sousa
1145. **Mandela** – Elleke Boehmer
1146. **Retrato do artista quando jovem** – James Joyce
1147. **Zadig ou o destino** – Voltaire
1148. **O contrato social (Mangá)** – J.-J. Rousseau
1149. **Garfield fenomenal** – Jim Davis
1150. **A queda da América** – Allen Ginsberg
1151. **Música na noite & outros ensaios** – Aldous Huxley
1152. **Poesias inéditas & Poemas dramáticos** – Fernando Pessoa
1153. **Peanuts: Felicidade é...** – Charles M. Schulz
1154. **Mate-me por favor** – Legs McNeil e Gillian McCain
1155. **Assassinato no Expresso Oriente** – Agatha Christie
1156. **Um punhado de centeio** – Agatha Christie
1157. **A interpretação dos sonhos (Mangá)** – Freud
1158. **Peanuts: Você não entende o sentido da vida** – Charles M. Schulz
1159. **A dinastia Rothschild** – Herbert R. Lottman
1160. **A Mansão Hollow** – Agatha Christie
1161. **Nas montanhas da loucura** – H.P. Lovecraft
1162. (28).**Napoleão Bonaparte** – Pascale Fautrier
1163. **Um corpo na biblioteca** – Agatha Christie
1164. **Inovação** – Mark Dodgson e David Gann
1165. **O que toda mulher deve saber sobre os homens: a afetividade masculina** – Walter Riso
1166. **O amor está no ar** – Mauricio de Sousa
1167. **Testemunha de acusação & outras histórias** – Agatha Christie
1168. **Etiqueta de bolso** – Celia Ribeiro
1169. **Poesia reunida (volume 3)** – Affonso Romano de Sant'Anna
1170. **Emma** – Jane Austen
1171. **Que seja em segredo** – Ana Miranda
1172. **Garfield sem apetite** – Jim Davis
1173. **Garfield: Foi mal...** – Jim Davis
1174. **Os irmãos Karamázov (Mangá)** – Dostoiévski
1175. **O Pequeno Príncipe** – Antoine de Saint-Exupéry
1176. **Peanuts: Ninguém mais tem o espírito aventureiro** – Charles M. Schulz
1177. **Assim falou Zaratustra** – Nietzsche
1178. **Morte no Nilo** – Agatha Christie
1179. **Ê, soneca boa** – Mauricio de Sousa
1180. **Garfield a todo o vapor** – Jim Davis
1181. **Em busca do tempo perdido (Mangá)** – Proust
1182. **Cai o pano: o último caso de Poirot** – Agatha Christie
1183. **Livro para colorir e relaxar** – Livro 1
1184. **Para colorir sem parar**
1185. **Os elefantes não esquecem** – Agatha Christie
1186. **Teoria da relatividade** – Albert Einstein
1187. **Compêndio da psicanálise** – Freud
1188. **Visões de Gerard** – Jack Kerouac
1189. **Fim de verão** – Mohiro Kitoh
1190. **Procurando diversão** – Mauricio de Sousa
1191. **E não sobrou nenhum e outras peças** – Agatha Christie
1192. **Ansiedade** – Daniel Freeman & Jason Freeman
1193. **Garfield: pausa para o almoço** – Jim Davis
1194. **Contos do dia e da noite** – Guy de Maupassant
1195. **O melhor de Hagar 7** – Dik Browne
1196. (29).**Lou Andreas-Salomé** – Dorian Astor
1197. (30).**Pasolini** – René de Ceccatty
1198. **O caso do Hotel Bertram** – Agatha Christie
1199. **Crônicas de motel** – Sam Shepard
1200. **Pequena filosofia da paz interior** – Catherine Rambert